中国政法大学科研创新项目（项目号：23ZFQ82008）成果
国家社会科学基金青年项目（项目号：23CFX083）成果
中央高校基本科研业务费专项资金项目（项目号：24CXTD06）成果

认罪认罚错案防范机制研究

鲍文强 著

CPPSUP 中国人民公安大学出版社
全国百佳图书出版单位

图书在版编目（CIP）数据

认罪认罚错案防范机制研究/鲍文强著．--北京：中国人民公安大学出版社，2025. 8. --ISBN 978-7-5653-4998-0

Ⅰ. D925. 210. 4

中国国家版本馆 CIP 数据核字第 20258Y3C87 号

认罪认罚错案防范机制研究

鲍文强　著

责任编辑：杜向军
责任印制：周振东

出版发行：中国人民公安大学出版社
地　　址：北京市西城区木樨地南里
邮政编码：100038
经　　销：新华书店
印　　刷：天津盛辉印刷有限公司

版　　次：2025 年 8 月第 1 版
印　　次：2025 年 8 月第 1 次
印　　张：16. 25
开　　本：787 毫米×1092 毫米　1/16
字　　数：211 千字

书　　号：ISBN 978-7-5653-4998-0
定　　价：65. 00 元

网　　址：www. cppsup. com. cn　www. porclub. com. cn
电子邮箱：zbs@ cppsup. com　zbs@ cppsu. edu. cn

营销中心电话：010-83903991
读者服务部电话（门市）：010-83903257
警官读者俱乐部电话（网购、邮购）：010-83901775
法律图书分社电话：010-83905745

序

“完善刑事诉讼中认罪认罚从宽制度”是党的十八届四中全会围绕刑事司法领域作出的重要部署。作为宽严相济刑事政策的集中体现，认罪认罚从宽制度以促进刑事案件繁简分流为目标，通过“实体从宽”与“程序从简”双重路径，为推进“以审判为中心”的诉讼制度改革提供制度保障。经 2018 年《刑事诉讼法》修改，认罪认罚从宽作为一项程序法基本原则和具体制度，在提升司法效率、优化资源配置等方面成效突出，标志着我国刑事司法迈入“合作型司法模式”，成为中国特色社会主义法治体系的重要创新。但不容忽视的是，透过认罪认罚从宽制度运行的实践，潜藏着刑事错案的幽微暗影：认罪自愿保障的薄弱、控辩协商机制的乏力、值班律师制度的异化、证明标准适用的争议等，这些现象及由此诱发的错案风险不仅关乎个案正义，更触及刑事诉讼的深层逻辑。

事实上，世界范围内的“合作型司法模式”囿于自身的特征，对实质真实及正当程序形成一定程度的冲击，并出现了一些具有典型形态的刑事错案，因而导致相关制度的正当性频遭各国理论界质疑：一方面，审前未决羁押和潜在重刑威胁使被追诉人的认罪自愿性发生改变；另一方面，“合意真实”的达成使裁判者怠于通过审判程序完成对案件真实性的确信，以至美国学者在面对本国合作型司法模式时，发出“辩诉交易是一场灾难！它可以并应当被废除”① 的感言。域外学者的这种理论哀鸣虽带有很强的悲观主义情绪，但本土实践和域外经验提醒我们，一旦疏于对这一诉讼模式下的刑事案件认罪自愿性和真实性的把关，将可能因控辩对抗因素的缺失而造成“错误合意”直至“错误定罪”；同时由于认罪认罚从宽制度更多适用于轻罪案件，这些错误往往无法像重罪案件一样引发社会公众的广泛关注，甚至被罪错者本人都会出于免受羁押、获得轻刑等功利原因而主动“容错”。错案大有可能成为认罪认罚从宽制度运行中的黑数，这种“无声之错”对刑事司法的破坏力绝不亚于传统错案。

在前述背景的驱动下，鲍文强博士的《认罪认罚错案防范机制研究》一书以“认罪认罚错案”为研究对象，综合运用比较研究、实证研究等方法，经由“防止错误合意生成”

① See Stephen J. Schulhofert, Plea Bargaining as Disaster, The Yale Law Journal, Vol. 101, No. 8, Symposium: Punishment (Jun., 1992), pp. 1979-2009.

和“阻却错误合意影响”双重进路，基于保障被追诉人认罪认罚的知悉权、自愿性和真实性，尝试在预防视角下通过理论构建避免无辜者认罪，维护刑事诉讼的底限正义，探讨合作型司法模式下对被追诉人的权利保障等问题。如果说学术研究贵在创新而重在务实，那么本书在理论上的努力无疑是值得称赞的，特别是书中不乏一些理论创新和精彩论断：第一，独特的研究视角。本书突破了传统错案研究的单一归因模式，将认罪认罚错案置于“效率与公正”的价值张力场域进行考察，揭示程序简化与权利克减的辩证关系，填补我国理论层面对合作型司法模式下刑事司法错误的关注不足。第二，深入的法理辨析。本书提出合作型司法模式语境下的诉讼真实观，阐明在尊重诉讼合意的基础上，必须坚守实体和程序两方面的底限正义，为错案的防范提供法理支点和程序支撑。第三，前沿的学术探索。证明标准问题是认罪认罚从宽制度中的学术难题，理论界与实务界存在诸多争议。作者主张构建层次化的证明标准体系，提出针对速裁、简易与普通程序构建有所差异的证明要求，呼吁关照程序与证明之间的互动关系，实现诉讼效率与错案防范的动态平衡，等等。这些理论创见反映出作者身为年轻学者扎实的学术功底，也体现出以问题为导向的治学追求，使得本书围绕认罪认罚错案防范问题的分析兼具理论深度和实际意义，为完善我国认罪认罚从宽制度提供了可资借鉴的智识增益。

作为本书作者的博士生导师，看到这本在作者博士学位论文基础上修改完善而成的专著付梓，我为他的学术成长感到由衷的欣喜。作者在吉林大学攻读博士学位期间，曾到美国加州大学戴维斯分校法学院联合培养并获得法学硕士学位，博士毕业后到中国政法大学诉讼法学研究院从事教学科研工作，求学和工作的经历培养了他较为开阔的学术视野、精到的文字表达和缜密的逻辑思维，更重要的是让他从中领略并感悟到刑事诉讼法学内蕴的人权保障、公平正义等价值意涵。据我了解，正是这种透过法律制度对人本身的关怀，促使他开始致力于防范刑事错案的研究，并在此动因下最终完成本书的写作。

《认罪认罚错案防范机制研究》是作者的第一本著作，也是我国刑事诉讼法学研究中关注认罪认罚错案的首部学术专著，相信未来会有更多的学者展开对这一主题的研究。本书既是对过往研究成果的阶段性小结，更是对未来学术人生的勉励式鞭策。当然，任何学术研究都是阶段性的探索，也正因为存在未竟之问，学术研究才更显其价值和生命力。希望作者能够以本书的出版为起点，用参与式的观察者视角持续在这一领域深耕，努力取得更大的学术成就。也希望读者在展卷读罢本书后，能够引发更多的思考与共鸣，进而展开对认罪认罚从宽制度更为深入的研究，共同推动合作型司法模式在我国的行稳致远。

是为序。

吉林大学法学院教授、博士生导师

中国刑事诉讼法学研究会副会长

闵春雷

二〇二五年七月于长春

目录

绪 论

一、写作背景和写作意义

（一）写作背景

“完善刑事诉讼中认罪认罚从宽制度”是党的十八届四中全会作出的重大改革部署，也是“认罪认罚从宽”作为一个概念首次完整出现在相关文件中。2016 年 7 月，中央全面深化改革领导小组第二十六次会议审议通过了《关于认罪认罚从宽制度改革试点方案》，同年 9 月全国人大常委会表决通过了《关于授权最高人民法院、最高人民检察院在部分地区开展刑事案件认罪认罚从宽制度试点工作的决定》，开始在北京、天津等 18 个城市开展试点，并将 2014 年最高人民法院、最高人民检察院在上述 18 个地区试点的速裁程序纳入认罪认罚试点工作中。2016 年 11 月，最高人民法院、最高人民检察院、公安部、国家安全部、司法部联合出台了《关于在部分地区开展刑事案件认罪认罚从宽制度试点工作的办法》（以下简称《认罪认罚试点办法》）。经过两年试点工作后，2018 年《刑事诉讼法》修改的重点内容之一即为将“认罪认罚从宽制度”正式写入该法。作为一项基本原则，《刑事诉讼法》第 15 条规定：“犯罪嫌疑人、被告人自愿如实供述自己的罪行，承认指控的犯罪事实，愿意接受处罚的，可以依法从宽处理。”本书所述的“认罪认罚从宽制度”不限于一项刑事诉讼基本原则，还包括与之相匹配的具体程序，因此本次修法新增的“速裁程序”和既有的“简易程序”等也都是下文将要涉及的重要内容。2019 年，最高人民法院、最高人民检察院、公安部、国家安全部、司法部联合发布了《关于适用认罪认罚从宽制度的指导意见》（以下简称《认罪认罚从宽指导意见》），对该制度的适用作出更为细化的具体规定。2019 年通过的《人民检察院刑事诉讼规则》及 2021 年发布的最高人民法院《关于适用〈中华人民共和国刑事诉讼法〉的解释》适时回应《刑事诉讼法》围绕认罪认罚从宽制度作出的修改，跟进并完善了该制度在刑事检察工作和刑事审判工作中的具体规定。

十余年来，从首次提出到臻于完备，认罪认罚从宽制度被理论界和实务界寄予厚望，最高司法机关更是将其视为中国特色社会主义刑事司法制度的重大创新，誉为丰富刑事司法和犯罪治理的“中国方案”，认为这一制度在促进社会和谐稳定、及时有效惩治犯罪、提升刑事诉讼效率、提供更好人权保障等国家治理方面彰显出极大优势。① 根据最高人民法院、最高人民检察院《关于在部分地区开展刑事案件认罪认罚从宽制度试点工作情况的中期报告》显示，在一项由中国政法大学课题组主持的，针对 1516 名相关人员进行问卷调查的项目中，被追诉人、律师和司法人员等对这项制度给予总体好评。其中，被追诉人满意度约为 94%，律师满意度约为 97%。2024 年《最高人民检察院工作报告》显示，认罪认罚从宽制度在检察环节适用率已超过 86%。可以说，认罪认罚从宽制度如火如荼地展开使我国刑事司法正式步入合作型司法模式的大门。

与此同时，围绕认罪认罚从宽制度的争议自该制度开展试点以来便始终相随。早期的一些观点认为，认罪认罚从宽制度脱胎于辩诉交易制度，控辩之间的“交易”可能导致“花钱买刑”等突破司法底

---

① 参见张军：《认罪认罚从宽：刑事司法与犯罪治理“中国方案”》，载《人民论坛》2020 年第 30 期，第 6 页以下。

限的不公现象。2017年，笔者随团队赴广东省深圳市就认罪认罚从宽制度的实施情况开展调研，在深圳市律师协会组织的座谈会上即有律师表示，由于控辩双方的不平等地位没有得到显著改善，导致认罪认罚完全由司法机关主导，被追诉人的选择权、律师的参与度都显得极为有限，很有可能侵蚀过去若干年围绕庭审实质化所取得的改革成果；同是在此次调研中，检察机关反映认罪认罚从宽制度并没有带来个案工作量的明显减少，反而导致检法机关之间因意见不同而关系紧张。应当承认的是，伴随着认罪认罚从宽制度入法、实践经验不断累积、相关配套规定日趋完善、合作型司法理念深入人心，绝大多数制度运行初期存在的顾虑得到了妥善解决，但个案中仍存在一些问题。在一起涉嫌敲诈勒索的案件中，被告人认罪认罚并获得单处罚金的量刑建议，一审法院对其判处单处罚金3万元，被告人不服进行上诉。二审法院综合全案证据，认为被告人犯罪情节显著轻微，不应认定为犯罪，并改判为无罪。[①] 这个案例说明实践中认罪认罚从宽制度存在一定的适用风险。

针对认罪认罚从宽制度褒贬不一的外界评价，同时基于这项制度尚且处于运行初期的背景，使我们有必要对合作型司法模式在诉讼效率和司法公正两方面的再平衡重新进行审视。创立认罪认罚从宽制度的初衷在于实现刑事司法资源的高效利用，完成刑事案件的繁简分流，但这不能以牺牲程序和实体正义为代价；合作型司法模式必然伴随被追诉人对相关诉讼权利的放弃，并以此为对价获得刑罚和强制措施适用上的宽缓，但这不能以忽视对案件事实基础的审查为前提。个案反映出的制度适用现状，加之域外国家和地区在合作型司法模式上的先行教训，使我们有必要对认罪认罚错案进行研究。

细化审理程序、保障诉讼权利，确保无罪之人免受刑事追究长期以来为党中央及政法机关高度关注。党的十八届三中全会要求“健全

---

① 参见（2022）津0114刑初767号及（2022）津01刑终300号。

错案防止、纠正、责任追究机制。严禁刑讯逼供、体罚虐待，严格实行非法证据排除规则”。[①] 党的十八届四中全会再次明确要“完善对限制人身自由司法措施和侦查手段的司法监督，加强对刑讯逼供和非法取证的源头预防，健全冤假错案有效防范、及时纠正机制”。[②] 党的二十届三中全会提出要“坚持正确人权观，加强人权执法司法保障”。[③] 中央政法委《关于切实防止冤假错案的规定》、最高人民检察院《关于切实履行检察职能防止和纠正冤假错案的若干意见》、最高人民法院《关于建立健全防范刑事冤假错案工作机制的意见》等一批文件相继出台，以顺应建设法治中国、深化司法改革、完善人权司法保障的新时代背景。认罪认罚从宽制度的创立无疑将刑事错案的研究场域进一步拓宽，通过错案研究促使合作型司法模式在证据制度、诉讼程序方面的进步，实现“让人民群众在每一个司法案件中感受到公平正义”的崇高目标，彰显刑事诉讼在服务中国式现代化进程中的重要作用。由此，体系化建构认罪认罚错案防范机制是本书意欲探讨的重点。

（二）写作意义

本书选择以“认罪认罚错案防范机制研究”为题，其理论意义主要体现在以下方面：第一，明晰“认罪认罚错案”的内涵与外因。通过对实践中认罪认罚从宽制度的运行现状进行分析，以美国辩诉交易制度等域外合作型司法模式的发展历程为主要参考，分析认罪认罚从宽制度的错案风险，以“错误合意”的生成路径为视角对错案进行类型划分，尝试实现由实践到理论的深度跨越。结合模式化的研究方法，总结归纳认罪认罚错案特点，结合制度运行现状，总结归纳认罪

---

① 《中共中央关于全面深化改革若干重大问题的决定》。

② 《中共中央关于全面推进依法治国若干重大问题的决定》。

③ 《中共中央关于进一步全面深化改革 推进中国式现代化的决定》。

认罚错案成因，从而弥补理论层面对合作型司法模式下刑事司法错误的关注不足，将对刑事错案问题的研究延拓至认罪认罚案件中。第二，建构“认罪认罚错案”的有效防范机制。以前瞻性防范错案为视角，将合作型司法模式与对抗型司法模式进行对比，提出阻断“错误合意”启动、生成、确认的三重进路，尝试理顺认罪认罚从宽制度的具体程序设计，结合制度特点对认罪认罚案件中的证据制度、诉讼规则等进行理论重构，使之符合认罪认罚从宽制度带来的诉讼模式变化。

本书的实践意义主要体现在以下方面：第一，规范认罪认罚从宽制度的实践运行。通过对认罪认罚错案的类型划分与成因探讨，有利于规范执法司法机关在适用该制度办理刑事案件时的行为；通过对认罪认罚法律后果问题的研究，有利于明晰值班律师提供法律帮助时的具体义务，为其履职提供明确可循的抓手，改善当前值班律师参与认罪认罚案件形式化、见证化的实践弊病。第二，回归认罪认罚从宽制度的制度初衷。进一步理顺诉讼效率与司法公正在合作型司法模式中的关系，实现诉讼价值平衡，确保该制度在促进社会和谐稳定、及时有效惩治犯罪、提升刑事诉讼效率、提供更好的人权保障等方面的预期目标得以实现。第三，明晰认罪认罚从宽制度的底限正义。从防范错案的视角出发，通过保障被追诉人的知悉权以及认罪自愿性、真实性等，避免无辜者被错误定罪，降低刑事司法运行的错误成本，最大限度地实现人权保障与惩治犯罪相结合，使刑事诉讼法的立法目的得以彰显。

二、研究综述

自 2014 年党的十八届四中全会首次提出“认罪认罚从宽制度”概念以来，围绕这一主题产出的研究成果可谓汗牛充栋。从总体上看，有关认罪认罚从宽制度的理论研究大体经历了如下发展历程：

第一，基础概念研究阶段。[①] 在认罪认罚从宽制度推行初期，学界围绕该制度的理论基础与实践路径展开了深入探讨。首先，学者们围绕如何科学界定“认罪”“认罚”“从宽”等概念的内涵展开探讨，明确“认罪”需具备自愿性、真实性，“认罚”需体现悔罪态度，“从宽”则应遵循比例原则，体现个别化、层次化。其次，阐释认罪认罚从宽制度的价值追求应为提高司法效率及优化司法资源配置，同时明确其应遵循庭审实质化的原则。再次，学界就参与主体、适用范围、诉讼流程、证明标准等进行论纲式制度建构，还深入探讨了速裁程序与认罪认罚从宽制度的一体化适用机制。值得注意的是，学界还围绕具体的某类罪名，如职务犯罪，对认罪认罚从宽检察工作中的机制展开论述，体现我国认罪认罚从宽制度适用中的个别化路径构建。但是，由于此时尚缺乏认罪认罚从宽制度的实践经验，因此研究多采用比较法的视角，通过深入研究美国辩诉交易制度、德国刑事认罪协商程序等域外经验，更多地从理论层面展开论述。这一阶段从理论层面构建了认罪认罚从宽制度的基本框架，为后续制度的完善与发展奠定了坚实的理论基础。

---

① 这一阶段的代表性成果参见陈卫东：《认罪认罚从宽制度研究》，载《中国法学》2016 年第 2 期，第 48-64 页；陈光中、马康：《认罪认罚从宽制度若干重要问题探讨》，载《法学》2016 年第 8 期，第 3-11 页；魏晓娜：《完善认罪认罚从宽制度：中国语境下的关键词展开》，载《法学研究》2016 年第 4 期，第 79-98 页；熊秋红：《认罪认罚从宽制度的理论审视与制度完善》，载《法学》2016 年第 10 期，第 97-110 页；蔡元培：《认罪认罚案件不能降低证明标准》，载《检察日报》2016 年 6 月 13 日第 3 版；韩成军：《职务犯罪认罪认罚从宽检察工作机制亟待完善》，载《河南社会科学》2016 年第 7 期，第 37-43 页；等等。

第二，试点经验总结阶段。[1] 这一时期，随着刑事速裁程序的第一个两年周期试点工作宣布完成，认罪认罚从宽制度在18个城市的试点工作亦步入中段，理论界积极开展了多维度、多层次的实证研究。学者们采用问卷调查、深度访谈、案例统计等实证研究方法，对18个试点地区的司法实践进行了系统性考察。研究重点聚焦于认罪认罚的自愿性保障、量刑协商机制、律师有效辩护等核心问题。通过实证考察发现，认罪认罚从宽制度运行良好，积累了一些有益经验，如法律援助律师参与认罪认罚程序、适用罪名扩大、多数认罪认罚案件适用速裁程序、部分地区检察机关设立轻罪办案组等。但与此同时，一些实践问题也逐渐凸显，如认罪认罚自愿性审查形式化、量刑建议精准度不足、值班律师参与度不高等。基于实证研究结果，理论界由点及面，由实践到理论，适时对试点地区所反映出的问题进行归纳总结，并提出了构建多层次的自愿性审查机制、完善量刑协商程序、强化律师实质参与等制度完善方案，为认罪认罚从宽制度的全面推行提供了重要的理论支撑和实践参考。

---

① 这一阶段的代表性成果参见顾永忠、肖沛权：《“完善认罪认罚从宽制度”的亲历观察与思考、建议——基于福清市等地刑事速裁程序中认罪认罚从宽制度的调研》，载《法治研究》2017年第1期，第56-70页；刘方权：《认罪认罚从宽制度的建设路径——基于刑事速裁程序试点经验的研究》，载《中国刑事法杂志》2017年第3期，第88-109页；林喜芬：《认罪认罚从宽制度的地方样本阐释——L、S、H三个区速裁试点规则的分析》，载《东方法学》2017年第4期，第130-141页；宋善铭：《认罪认罚从宽制度典型样态运行的实证分析——以浙江省实践为例》，载《河北法学》2017年第10期，第105-118页；王伟、王新环、郑圣果：《认罪认罚从宽制度改革试点的实证考察和理论思考》，载《认罪认罚从宽制度的理论与实践——第十三届国家高级检察官论坛论文集》，中国检察出版社2017年版，第91-96页；李立家：《我国法律援助值班律师制度的设想与实践——以从刑事案件速裁程序到认罪认罚从宽制度的变化为视角》，载《中国司法》2017年第6期，第45-50页；等等。

第三，具体制度建构阶段。[①] 2018 年前后，随着《刑事诉讼法》的修改和认罪认罚从宽制度在试点地区的深入实践，有关认罪认罚从宽制度的研究进入了一个新的深化阶段。理论界重点围绕制度运行中的核心问题展开研究。在值班律师制度方面，探讨了其从"形式参与"到"实质有效辩护"的职能转变路径，以及权利保障机制的完善；在控辩协商领域，研究了协商程序的规范化构建、协商结果的效力认定及救济机制；针对被追诉人上诉权问题，分析了上诉权限制的正当性基础与程序保障；在证明标准适用上，着重探讨了认罪认罚案件证明标准的差异化适用及其边界。同时学界也对认罪认罚从宽制度的价值目标进行了深入反思，并围绕公正与效率的平衡、被害人权益保护、司法公信力维护等展开讨论。此阶段的研究呈现出三个显著特征：一是研究视角更加精细化，注重制度运行的微观机制设计；二是研究方法更加具体化，强调实证分析与比较研究的结合；三是研究成果更具体系化，为制度完善提供了切实可行的方案。这一研究转向既反映了立法修改对理论研究的推动作用，也体现了学术界对司法实践需求的敏锐把握与积极回应，为认罪认罚从宽制度的规范化、体系化提供了坚实的理论支撑。

① 这一阶段的代表性成果参见胡铭：《律师在认罪认罚从宽制度中的定位及其完善——以 Z 省 H 市为例的实证分析》，载《中国刑事法杂志》2018 年第 5 期，第 115-126 页；韩旭：《认罪认罚从宽制度中的值班律师——现状考察、制度局限以及法律帮助全覆盖》，载《政法学刊》2018 年第 2 期，第 7-14 页；王飞：《论认罪认罚协商机制的构建——对认罪认罚从宽制度试点中的问题的检讨与反思》，载《政治与法律》2018 年第 9 期，150-161 页；臧德胜、杨妮：《论认罪认罚从宽制度中被告人上诉权的设置——以诉讼效益原则为依据》，载《人民司法》2018 年第 34 期，第 18-23 页；彭俊磊、郑红军：《审判中心视域下的认罪认罚从宽制度改革完善思考——基于司法公正的价值目标追求》，载《法律适用》2018 年第 15 期，第 67-76 页；等等。

第四，概念检视研究阶段。[①] 这一阶段，理论研究呈现出显著的反思化特征。有关认罪认罚从宽制度的研究重新回到对一些基础概念的厘清，再次审视认罪认罚、从宽处理等基础概念的内涵与外延。但此时已经不再是简单的关键词解读，而是饱含丰富的实践观察，将概念融入更为宏观的合作型司法模式下，以制度整体结构的视角进行系统性反思。这些研究更为关注认罪认罚从宽制度的中国面相，深入探讨了检察机关在合作型司法模式中的主导地位及其权力边界、控辩审三方关系的结构性调整、证明标准的个案化与差异化、量刑建议的层级式与刚性约束、从宽幅度的规范化与合理限度等诸多问题。此外，学者们还在积极探讨认罪认罚从宽制度与其他实体法的衔接，如与刑法的衔接、与刑事和解的衔接、与民事责任的协调解决等，从而为认罪认罚从宽制度提供多元理论支撑。这些研究突破了早期制度构建阶段的表层探讨，转向对制度运行机理的深层次剖析，既体现了理论界对实践发展的积极回应，也为制度的进一步完善提供了更为坚实的理论基础。

第五，关联制度研究阶段。[②] 随着认罪认罚从宽制度的深入发展，理论研究成果呈现出显著的体系化特征。学者们突破单一制度研究的

---

① 这一阶段的代表性成果参见熊秋红：《比较法视野下的认罪认罚从宽制度——兼论刑事诉讼“第四范式”》，载《比较法研究》2019年第5期，第80-101页；闵春雷：《回归权利：认罪认罚从宽制度的适用困境及理论反思》，载《法学杂志》2019年第12期，第1-11、153页；汪海燕：《三重悖离：认罪认罚从宽程序中值班律师制度的困境》，载《法学杂志》2019年第12期，第12-23页；刘伟琦：《认罪认罚的“321”阶梯式从宽量刑机制》，载《湖北社会科学》2018年第12期，第147-154页；等等。

② 这一阶段的代表性成果参见赵恒：《刑事缺席审判程序的理论检视》，载《北方法学》2020年第2期，第92-107页；李玉华：《以合规为核心的企业认罪认罚从宽制度》，载《浙江工商大学学报》2021年第1期，第61-72页；赵恒：《认罪答辩视域下的刑事合规计划》，载《法学论坛》2020年第4期，第149-160页；林艺芳、张云霄：《监察法与刑事诉讼法衔接视角下认罪认罚从宽的制度整合》，载《甘肃社会科学》2020年第2期，第37-44页；郭华、高涵：《认罪认罚从宽制度实施风险及程序控制——基于美国辩诉交易制度实施风险的展开》，载《法学论坛》2021年第1期，第153-160页；郭烁：《在自愿与真实之间：美国阿尔弗德答辩的启示》，载《当代法学》2020年第4期，第68-79页；等等。

局限，将认罪认罚从宽制度置于刑事诉讼制度改革的整体框架中进行关联性考察。其一，通过与刑事缺席审判程序的比较研究，探讨了被告人权利处分与程序选择的内在关联；其二，通过与刑事合规制度的互动研究，揭示了企业合规从宽与个人认罪认罚在激励机制、程序构造等方面的异同，丰富了“合作型司法模式”的理论内涵；其三，对《监察法》下认罪认罚从宽制度的适用进行探讨，研究《监察法》与《刑事诉讼法》衔接视角下的认罪认罚从宽制度整合。此外，学界再度将目光转向域外，借鉴域外辩诉交易、协商司法模式的成果，对制度实施风险与程序控制、认罪认罚自愿性审查机制完善等问题进行了重点探讨。这些关联研究成果使“放弃审判制度”的适用边界进一步延拓，理论内涵进一步丰富，合作型司法模式的建构日臻体系化、多元化和层次化，为刑事诉讼模式的现代化转型提供了更为全面的理论支撑和实践指引。

然而，在上述各个研究阶段，专门以“错案”为视角对认罪认罚从宽制度展开讨论的成果数量并不多。① 究其根本，或许是由于典型案例不足造成的实践给养匮乏，最终导致理论研究上的力有不逮。概言之，关于认罪认罚错案的一些既有研究成果主要表现出以下几方面缺憾：

第一，缺乏对认罪认罚错案的准确界定。例如，一些研究提出

① 在笔者检索范围内，较为规范的学术文章主要有王迎龙：《协商性司法错误：问题、经验与应对》，载《政法论坛》2020年第9期，第46-63页；王迎龙：《认罪认罚从宽制度下轻罪冤错案件的防范》，载《人民法院报》2019年2月14日第6版；刘少军、何沛军：《虚假认罪认罚从宽案件防治机制研究》，载《辽宁师范大学学报》（社会科学版）2017年第5期，第27-34页；郭烁：《认罪认罚背景下屈从型自愿的防范——以确立供述失权规则为例》，载《法商研究》2020年第6期，第127-138页。当然，还有一些关于认罪自愿性的研究成果涉及错案的部分内容，如孔令勇：《被告人认罪认罚自愿性的界定及保障——基于“被告人同意理论”的分析》，载《法商研究》2019年第3期，第63-75页；杜磊：《论认罪认罚自愿性判断标准》，载《政治与法律》2020年第6期，第148-160页；印波、郑肖垚：《认罪认罚从宽与民事责任解决之协调——以民刑交叉案件为背景的解析》，载《人民论坛》2019年第5期，第76-79页；周光权：《论刑法与认罪认罚从宽制度的衔接》，载《清华法学》2019年第3期，第28-41页。

“虚假认罪认罚从宽”的概念，将其界定为司法人员通过非法方式发现事实、证据进而迫使被追诉人承认被指控的罪名，或是当事人出于情感或获利心理虚假顶替他人认罪。① 从概念的阐述来看，上述论断未能深入揭示合作型司法模式的特征，将虚假的认罪认罚更多限于控辩双方之间的对抗与欺骗上，忽视了现实中一些被迫认罪认罚并非缘于司法人员的“非法行为”，而是被追诉人受制于认罪与不认罪之间较大刑罚差异所造成的不可拒绝性。合作型司法模式表现出较强的“检察主导”特征，诉讼活动的核心环节亦偏移到控辩协商阶段，因此认罪认罚错案的发生机理将在一定程度上区别于对抗型司法模式。对认罪认罚错案的研究，宜跳出理论界和实务界旧有的基于对抗型司法模式的规律发现和学术总结，从冲突、对立、暴力式微的现实层面出发，更为科学、准确地进行概念界定。

第二，缺乏错案防范机制研究的整体视角。关于认罪认罚错案的既有研究成果基本均为期刊文献，截至目前，以此为主题的相关学位论文、学术专著也是寥寥无几。囿于文章篇幅，这些研究往往只能涉及完善认罪认罚从宽制度的几个重要方面，如专门探讨值班律师制度、认罪自愿性保障、控辩实质协商等问题，但是均未能将上述问题置于更为宏观的理论视域中，从而导致一些问题间的关系未能得到有效挖掘与提炼，表现出某种“管中窥豹”的局限性。认罪认罚从宽制度引发了刑事诉讼模式的整体性变革，以证明活动为例，诉讼程序的简化必然会带来证据制度的协同变化，但是一些坚持认罪认罚案件中证明标准不应降低的观点，将放宽标准与易致错案捆绑，忽视了在省略法庭调查、法庭辩论情况下达至最高证明标准可能性的丧失。② 再如，一些针对值班律师制度的研究延续了对抗型司法模式下辩护人具

---

① 参见刘少军、何沛军：《虚假认罪认罚从宽案件防治机制研究》，载《辽宁师范大学学报》（社会科学版）2017 年第 5 期，第 27-34 页。

② 参见谢澍：《认罪认罚从宽制度中的证明标准——推定程序简化之关键所在》，载《东方法学》2017 年第 5 期，第 131-137 页。

有阅卷主动性的思维，主张通过赋予其阅卷权保障审前的证据知悉，[①]却忽视了实践中值班律师并非辩护人而是法律帮助者，以及由此造成的值班律师阅卷动力匮乏问题。总之，如果不能跨越诉讼模式的转变，深入剖析合作型司法模式的特征，对认罪认罚错案防范机制展开整体性研究，便很有可能导致理论构想在实践中的落空。

第三，缺乏对新兴科技手段的法律关注。随着实践中认罪认罚从宽制度的不断精细化推进，出现了一些借助科技手段保障被追诉人权益和防范冤错案件的新办法、新举措，既有的研究由于成文时间较早，未能将这些最新做法纳入观察视野。例如，2021 年 2 月 9 日浙江省瑞安市人民检察院出台了《关于规范适用认罪认罚从宽制度的规定（试行）》，创设性地提出了“控辩协商可视化”理念，对认罪认罚案件控辩协商及签署具结书的过程进行同步录音录像；2021 年 2 月 18 日，浙江省宁波市人民检察院出台了《认罪认罚案件控辩协商同步录音录像规定（试行）》；2023 年，浙江省温州市人民检察院研发“码上认”政法一体化认罪认罚同步录音录像智能协同平台，创新性地嵌入“量刑计算器”，将量刑依据、年月换算、百分比叠加等转化成机器运算，为办案人员提供参考刑期，减少低效负累，助力快速、精准量刑，通过可视化的量刑计算过程展示，促进控辩双方实质协商，确保犯罪嫌疑人认罪认罚真实、明智等。这些数字化、智能化的新兴科技手段在认罪认罚案件中的适用亟待从理论层面进行梳理与回应。

第四，缺乏对最新法律文本的及时吸纳。自 2018 年《刑事诉讼法》正式确立认罪认罚从宽原则，并较为系统地规定了这一制度以来，2019 年最高人民法院、最高人民检察院、公安部、国家安全部、司法部共同发布的《认罪认罚从宽指导意见》，2019 年发布的《人民

---

① 参见姚莉：《认罪认罚程序中值班律师的角色与功能》，载《法商研究》2017 年第 6 期，第 42-49 页。

检察院刑事诉讼规则》，2020 年发布的《法律援助值班律师工作办法》《关于规范量刑程序若干问题的意见》，2021 年发布的最高人民法院《关于适用〈中华人民共和国刑事诉讼法〉的解释》《人民检察院办理认罪认罚案件开展量刑建议工作的指导意见》《人民检察院办理认罪认罚案件听取意见同步录音录像规定》，2024 年修正的《监察法》均跟进完善了该制度在刑事检察工作和刑事审判工作中的具体规定。一些既有研究成果囿于写作与发表的时间间隔，导致部分有关防范认罪认罚错案的理论方案，因相关法律和规范性文件出台而不再具有必要性、即时性和可行性。

三、研究框架

本书聚焦认罪认罚从宽制度，以错案防范为视角展开相应的理论归纳和提炼，总体呈现“以错案防范为目的，以权利保障为基点，以控辩合意为重心，以实证研究为方法”的研究思路，采用“实践总结—理论归纳—制度建构”的整体框架，共分五章展开具体阐述。

本书第一章“认罪认罚从宽制度的实践隐忧与错案风险”首先通过收集检索数据、实证调研访谈、梳理文献资料等多种方式，采用白描手法对当前认罪认罚从宽制度的运行态势进行分析，并分析其中隐含的制度风险；继而以美国辩诉交易制度为重点，同时结合对德国刑事认罪协商程序的研究，梳理域外国家和地区有关合作型司法模式的先行经验及日益暴露出的错案弊病。本书在此选取了几宗较为典型的错案案例进行分析，并以此为鉴，在对我国认罪认罚从宽制度适用现状进行总体把握的基础上揭示其错案风险。

本书第二章“认罪认罚案件中的错案及其生成机理”共分四节。第一节“认罪认罚案件中的错案内涵”将本书重点探讨的错案限定为因主观或外界介入因素，导致被追诉方作出虚假的认罪认罚表示，经形式化控辩协商后，形成突破底限正义的刑事合意并被法院确认，最终导致事实无罪之人被定罪的刑事案件。第二节“认罪认罚案件中的错案类型”在对本书第一章所述认罪认罚从宽制度实践情况进行理论提炼的基础上，通过类型化的研究方法，将认罪认罚错案归纳为“假认罪”“认假罪”“错认罪”三类。第三节“认罪认罚案件中的错案特征”在延续类型化研究的基础上，尝试概括各类错案之间的共同特征，并与对抗型司法模式中的错案进行对照，提出认罪认罚错案的生成节点由侦查阶段偏向协商阶段，因控辩合意的存在使错误结果不易发现且难于纠正。第四节“认罪认罚案件中的错案成因”试图探究上述各种类型错案的产生原因，分别从效率价值与公正价值失衡、被追诉方知悉权与辩护权保障不足、控辩合意生成逻辑顺序倒置、自愿性和真实性审查机制不足等方面展开具体论证，并据此提出认罪认罚错案的防范主要依托知悉权保障、自愿性保障和事实基础真实性保障来实现。

第三章“知悉权：认罪认罚错案防范的前提”阐明知悉权作为被追诉人明知、明智作出程序选择的前提，其内容应当包含受指控犯罪行为的相关证据情况，以及有关认罪认罚的法律规定和被追诉人选择认罪认罚后将引发的法律后果。第一节“明确认罪认罚的法律后果及告知程序”采用两组分类方式，分别以“实体性/程序性”“肯定性/否定性”为标准，对“认罪认罚法律后果”赋予全面的意涵。通过实证研究的方法，对参与过认罪认罚案件办理的值班律师进行访谈，指出当前认罪认罚法律后果的告知存在口头化、片面化等不足，进而借助对美国辩诉交易制度相关文书的研究，提出认罪认罚法律后果告知的完善进路。第二节“探索建立认罪认罚案件证据开示制度”以对我国当前“重阅卷轻开示”的证据信息交换机制进行反思为起点，提出由于阅卷权利、动力和能力的多重不足，导致大多数由值班律师参与的认罪认罚案件审前证据知悉不足，现有的阅卷制度、证据展示等不足以激发值班律师的阅卷动力，由此引发确立专门证据开示制度的必要。认罪认罚案件中的证据开示由检察机关主导，其承担在审查起诉阶段自发进行开示的职责，开示的范围应当是包括有罪、无罪和罪轻证据在内的全案证据。认罪认罚案件中的证据开示以《认罪认罚案件证据开示表》（以下简称《证据开示表》）为书面载体在检察机关进行，检察机关是否开示证据需成为自愿性审查的重要指标。

第四章“自愿性：认罪认罚错案防范的重点”共分三节。第一节“认罪认罚自愿性的判断标准”从对自愿性的准确界定出发，基于实体和程序两方面创新性提出非自愿认罪的“不可拒绝标准”，借此尝试将主观概念客观化、客观概念数量化，使学术理论能够更有针对性、操作性地服务于司法实践。在实体方面，借鉴德国刑事认罪协商程序有关“量刑剪刀差”的相关规定，指出审判机关需判断控辩合意达成的量刑减让幅度是否超过适当的限度；在程序方面，则需要审查非羁押性强制措施的准用是否因达到“不可拒绝”程度而造成屈从认罪，反思实践中存在的“不该羁押而羁押”“应予变更而未变更”等现象，防止将认罪认罚与非羁押性强制措施适用等简单挂钩，因“认罪即自由”而对被追诉人造成心理压制。第二节“强化认罪认罚自愿性的审前保障机制”从落实“不得强迫自证其罪”原则、建立控辩协商阶段录音录像制度、探索多层次的审前羁押替代措施等方面展开论述，建构性地探讨了现代科技、人工智能等新兴技术对刑事司法的辅助功能。第三节“落实认罪认罚自愿性的庭审审查机制”论证了设立相对独立的认罪自愿性审查程序的必要性，同时采用实证研究的方法，通过观看认罪认罚案件庭审录像，对被告人最后陈述环节的运行状况进行分析评估，提出通过激活最后陈述环节实质功能以强化自愿性审查。

第五章“真实性：认罪认罚错案防范的底限”共分三节。第一节“域外合作型司法模式的事实基础及审查标准”就美国辩诉交易制度的“有限合意真实”、德国刑事认罪协商程序的“强调实质真实”展开研究，并对两国司法实践与法律进行对比，发现在合作型司法模式的司法实践中，其真实观均较对抗型司法模式有所松动。第二节“认罪认罚案件中的事实审查与证明标准”提出我国认罪认罚从宽制度应对既有“实质真实主义”进行修正，适度降低案件证明标准——程序的简化已经使证明活动协同变化，欲令认罪认罚案件的证明标准达至最高不再具有可能性，从错案防范的角度提出高证明标准不能得出低错案率的必然结论。第三节“认罪认罚案件事实基础真实性的程序保障”首先探讨在认罪认罚案件中律师做无罪辩护的正当性，法官应当对律师的独立意见予以尊重并将其视为防范错案的重要方式之一。应保障被追诉人在判决宣告前，因事实原因撤回认罪认罚的权利，使之符合错案防范的应有之义、无罪推定的题中之义、认知规律的逻辑之义。同时，应当保障被追诉人借由上诉实现救济的权利，不能简单地以抗诉对抗上诉，造成对刑事司法底限正义的突破。宜引入“上诉理由审查制度”，当被追诉人以“量刑不当”为由提起上诉时，应首先对其是否提出新的事实或证据进行审查，以实现司法公正与诉讼效率的平衡，维护认罪认罚从宽制度的价值追求；当适用速裁程序审理的一审案件被追诉人以“事实不清”为由提起上诉时，因发回重审涉及诉讼模式转换问题，原有从宽利益将被收回，故可以考虑适当调整“发回重审不加刑”原则，保持抗诉权行使的谦抑性。

四、研究方法

（一）比较研究方法

过去若干年随着刑事案件数量的激增，合作型司法模式在世界各国如雨后春笋般渐次盛行，如美国的辩诉交易制度、德国的刑事认罪协商制度、意大利的简易审判制度、匈牙利的认罪协议制度、法国的庭前认罪答辩程序等。截止到目前，世界范围内至少有 66 个国家和地区确立了以主动认罪、简化审理为特征的“放弃审判制度”（Trial Wavier System）。从学术研究角度看，域外国家针对合作型司法模式提炼出了诸如“庭审阴影理论”等理论模型，对于制度的生成机理、运行规律等有了较为深入的理论探讨，并围绕错案展开反思。相较于上述域外国家和地区，我国的认罪认罚从宽制度尚处于兴起阶段，特别是在认罪认罚错案方面，既鲜有实践中的典型案例，也缺乏理论界的深入研究。因此，本书通过对域外国家和地区合作型司法模式的经验与教训进行分析，其中尤以对美国辩诉交易制度的借鉴最为突出。数据显示，在美国已获平反的 1702 起案件中，有 261 起案件的当事人承认了犯罪并与检方进行了辩诉交易，错误认罪率达到 15%。这些客观存在的案件可以给我们强烈的错案启示，进而在横向比照的同时深度结合我国刑事司法实际，从防范角度对认罪认罚错案展开论述。

（二）实证研究方法

为了探究认罪认罚从宽制度的实践面相，了解掌握其运行态势、挖掘剖析其错案风险，本书采用了包括“数据检索”“案例实证”“调查问卷”“访谈调研”等形式在内的实证研究方法。例如，专门设计了针对值班律师履职情况的调查问卷，并以此为依据对 J 省 C 市十余位参与过值班律师工作的律师展开访谈；借助“聚法案例”“把手案例”等搜索引擎，通过设置适当关键词对海量案例进行大数据检索；对新闻媒体等报道中有关认罪认罚从宽制度的个案展开具体分析，其内容涉及证据开示制度、被追诉人的非自愿认罪等方面；就相关问题在司法机关展开实地调研，如围绕“认罪认罚案件证明标准是否应该或已经降低”等问题，分别听取法官、检察官和律师等的意见。实证研究方法的运用使本书尽力实现“理论回应实践”的写作目的，确保相关理论观点的提出更加周延，具体司法制度的设计更具可操作性。

（三）类型研究方法

类型化研究，是指通过寻求具体事物之间以类似方式存在的本质，进而借助归纳的方式，把握具有类似本质特征的具体事物的规范价值和整体印象。单就方法论而言，“类型化研究”与“模式化研究”类似，都是通过高度抽象将事物的性状特征进行理论归纳。本书通过对认罪认罚从宽制度的运行态势进行分析，结合合作型司法模式的固有特征，揭示当前我国认罪认罚错案的发生风险，以美国辩诉交易制度为对照，归纳总结出“假认罪”“认假罪”“错认罪”三种认罪认罚错案类型，并围绕这些类型论述认罪认罚错案的特征；在探究类型间共性的同时深入分析各类错案表现出的特异性，如“假认罪”更多源于对认罪自愿性的悖反，“认假罪”则更多由于司法机关对认罪认罚案件事实基础的把关不严等，进而有针对性地提出适用于各种类型的认罪认罚错案防范机制。

第一章　认罪认罚从宽制度的实践隐忧与错案风险

第一节　认罪认罚从宽制度的实践隐忧

2014年10月，党的十八届四中全会通过的《中共中央关于全面推进依法治国若干重大问题的决定》提出“完善刑事诉讼中认罪认罚从宽制度”。2016年9月和11月，全国人大常委会《关于授权最高人民法院、最高人民检察院在部分地区开展刑事案件认罪认罚从宽制度试点工作的决定》及最高人民法院、最高人民检察院、公安部、国家安全部、司法部《认罪认罚试点办法》相继出台，拉开了认罪认罚从宽试点工作的帷幕。经过两年的试点改革，2018年10月第十三届全国人大常委会通过《关于修改〈中华人民共和国刑事诉讼法〉的决定》，正式将认罪认罚从宽制度纳入新修改的《刑事诉讼法》中。2019年10月，最高人民法院、最高人民检察院、公安部、国家安全部、司法部出台《认罪认罚从宽指导意见》，为确保这一制度的正确有效实施作出具体安排。2019年12月，最高人民检察院发布新修订的《人民检察院刑事诉讼规则》。2021年1月，最高人民法院发布新修订的《关于适用〈中华人民共和国刑事诉讼法〉的解释》，将包括认罪认罚从宽制度在内的改革成果予以固化。

从发展脉络来看（见表1），作为合作型司法模式的中国表达，认罪认罚从宽制度的雏形最早可以追溯到1996年《刑事诉讼法》中有关简易程序的规定，当时该制度的适用范围被限定在可能判处3年有期徒刑以下的轻罪公诉案件，且程序的启动不以当事人自愿认罪和同意适用为前提。2003年最高人民法院、最高人民检察院与司法部共同出台的《关于适用简易程序审理公诉案件的若干意见》对该制度进行了修订，程序适用需要征得被告人、辩护人同意，且对所指控的基本犯罪事实没有异议，这使得简易程序开始具备"合作型司法模式"的意味。与此同时，2003年最高人民法院、最高人民检察院与司法部还出台了《关于适用普通程序审理"被告人认罪案件"的若干意见（试行）》，将适用快速审理制度的范围扩大到除死刑案件等个别情况外的绝大多数普通程序一审公诉案件，适用条件增加为"被告人对被指控的基本犯罪事实无异议，并自愿认罪"。2012年修改后的《刑事诉讼法》取消了简易程序需满足"可能判处三年有期徒刑以下刑罚"等轻罪案件之限，适用条件增加为"被告人承认罪行""对指控的犯罪事实无异议""同意程序适用"，基本上采用了英美法系国家以被追诉人认罪为程序适用依据的模式。2014年开展的刑事案件速裁程序试点工作着眼于显著轻微的刑事案件，与原有的简易程序之间形成了"简上加简"的关系。[①] 从总体上看，合作型司法模式在我国的发展表现为适用条件愈加尊重被追诉人的诉讼主体地位，适用范围由轻罪案件扩大到全部刑事案件，并由此发展出分别适应轻罪与重罪的层次性简化审理程序。

---

① 熊秋红：《比较法视野下的认罪认罚从宽制度——兼论刑事诉讼"第四范式"》，载《比较法研究》2019年第5期，第84页。

表 1　合作型司法模式在我国的发展脉络

年份	文件名称	程序名称	适用范围	适用条件	特征
1996 年	《刑事诉讼法》	简易程序	3 年有期徒刑以下的轻罪公诉案件等	无规定	(1) 独任制；(2) 检察官可不出庭；(3) 保留最后陈述
2003 年	《关于适用简易程序审理公诉案件的若干意见》	简易程序	3 年有期徒刑以下的轻罪公诉案件等	被追诉方对指控事实无异议+同意程序适用	(1) 明确不宜适用情形；(2) 一般当庭宣判；(3) 独任制；(4) 检察官可不出庭
2003 年	《关于适用普通程序审理"被告人认罪案件"的若干意见（试行）》	普通程序简化审	第一审公诉案件	被追诉方对指控事实无异议+自愿认罪+同意程序适用	(1) 盲聋哑人、死刑、外国人、具有重大社会影响等不适用；(2) 酌定从轻处罚；(3) 一般当庭审判
2012 年	《刑事诉讼法》	简易程序	基层人民法院管辖的案件	被追诉方承认自己所犯罪行+对指控事实无异议+同意程序适用	(1) 3 年以下可以独任，3 年以上应当组成合议庭；(2) 检察官应当出庭；(3) 审限一般为 20 日，3 年以上可 1 个半月

续表

年份	文件名称	程序名称	适用范围	适用条件	特征
2014年	《关于在部分地区开展刑事案件速裁程序试点工作的办法》	速裁程序	危险驾驶罪、交通肇事罪、盗窃罪、诈骗罪、抢夺罪、故意伤害罪、寻衅滋事罪、非法拘禁罪、毒品犯罪、行贿犯罪、在公共场所实施的扰乱公共秩序犯罪情节较轻，依法可能判处1年以下有期徒刑、拘役、管制的案件，依法单处罚金的案件	被追诉方承认自己所犯罪行+对指控事实无异议+对法律适用无异议+同意量刑建议+同意程序适用+签字具结	(1) 明确适用速裁程序符合取保、监视居住条件的，应当取保候审、监视居住；(2) 独任制；(3) 应当当庭审判；(4) 审限一般为7日

作为与传统对抗型司法模式不同的合作型司法模式，认罪认罚从宽制度为我国刑事司法领域带来了巨大的结构性变革。在刑事诉讼的各个阶段，被追诉人均可以通过认罪认罚的方式换取程序从简、实体从宽的裁量。认罪认罚从宽制度旨在寻求诉讼效率与程序公正之间的再平衡，为不认罪认罚案件得以贯彻“以审判为中心”的诉讼制度改革，实现庭审实质化发挥重要的程序分流机能，预留更多的司法裁判资源。但必须承认的是，合作型司法模式在我国的发展仅有20年左

右的光景，其成为一项较为完备的诉讼制度更是近些年才有的事情。与此同时，我国的合作型司法模式是在对抗型司法模式尚不健全的情况下被创设出来的，许多相关的配套制度还处于起步阶段，司法机关和当事人对适用这项制度的态度也正在经历“不会用”“不敢用”到“乐于用”“准确用”的转变。

在当前的司法实践中，认罪认罚案件的适用表现出以下几个方面的风险隐忧。

一、适用率短时间大幅提升

官方数据显示，2019 年 6 月全国检察机关认罪认罚从宽制度的适用率为 38.4%，同年 8 月最高人民检察院提出认罪认罚从宽制度的当月适用率要提升至 70%左右。经“业务培训和指导”，当年 11 月认罪认罚从宽制度的适用率达到同期审结人数的 74.6%，12 月这一数字升至 82.9%。2020 年上半年，共适用认罪认罚从宽制度审结 618999 人，占同期的 82.2%，除 2 月受疫情影响适用率为 72.3%外，其他月份的适用率均在 80%以上。2021 年 3 月 8 日，《最高人民检察院工作报告》显示，在 2020 年审查起诉的案件中，适用认罪认罚从宽制度审结 1550451 人，占同期审查起诉案件审结人数的 86.8%（见图 1）。[①] 2019 年 7 月，有学者就认罪认罚从宽制度的适用情况，在东北、华北、华东三个地区的四个城市展开调研，指出当时“认罪认罚从宽制

① 数据参见：《最高检：认罪认罚从宽制度适用率达 74.6%》，载澎湃新闻，https://www.sohu.com/a/363660431_260616；《最高检：认罪认罚从宽制度适用率达 70%左右是合理目标》，载正义网，http://news.jcrb.com/jszx/201910/t20191024_2068619.html；《2019 年 12 月份认罪认罚从宽制度适用率超过 80%》，载最高人民检察院网站，https://www.spp.gov.cn/spp/zdgz/202001/t20200119_453239.shtml；《稳进落实提升一年间丨“认罪认罚从宽”一年间——适用率从三成到八成的“变奏”》，载最高人民检察院网站，https://www.spp.gov.cn/spp/zdgz/202005/t20200508_460584.shtml；《2020 年 1 至 6 月全国检察机关主要办案数据》，载最高人民检察院网站，https://www.spp.gov.cn/spp/xwfbh/wsfbh/202007/t20200720_473301.shtml#1，访问日期：2025 年 2 月 14 日。

度在很大程度上还是停留在纸面上的法律，在实践中这一制度并没有得以常态化地启动和运行”。[①] 然而仅 1 年时间，在最高司法机关的推动下，认罪认罚从宽制度的平均适用情况便呈几何倍数增长。在接下来的几年中，2021 年适用认罪认罚从宽制度审结人数占同期审结人数的 85%以上，2022 年前三个季度适用认罪认罚从宽制度审结人数占同期审结人数的 85%以上，全年适用率占同期审结人数的 90%以上。2023 年第一季度适用认罪认罚从宽制度审结人数占同期审结人数的 94%以上，后三个季度及全年适用率占同期审结人数的 90%以上。2024 年上半年适用认罪认罚从宽制度审结人数占同期审结人数的 85%以上，全年适用率为 86.9%。由此可见，虽然每年各个季度的适用情况略有不同，但近 3 年来全年的认罪认罚从宽制度适用率基本稳定在 85%以上。[②]

---

① 闵春雷：《回归权利：认罪认罚从宽制度的适用困境及理论反思》，载《法学杂志》2019 年第 12 期，第 1 页。

② 《2020 年最高人民检察院工作报告》，载最高人民检察院网站，https://www.spp.gov.cn/spp/gzbg/202103/t20210315_512731.shtml，访问日期：2025 年 2 月 14 日；《2021 年最高人民检察院工作报告》，载最高人民检察院网站，https://www.spp.gov.cn/spp/gzbg/202203/t20220315_549267.shtml，访问日期：2025 年 2 月 14 日；《2022 年最高人民检察院工作报告》，载最高人民检察院网站，https://www.spp.gov.cn/spp/gzbg/202303/t20230317_608767.shtml，访问日期：2025 年 2 月 14 日；《2023 年最高人民检察院工作报告》，载最高人民检察院网站，https://www.spp.gov.cn/spp/gzbg/202403/t20240315_649603.shtml，访问日期：2025 年 2 月 14 日；《2024 年 1 至 6 月全国检察机关主要办案数据》，载最高人民检察院网站，https://www.spp.gov.cn//xwfbh/wsfbt/202408/t20240806_662470.shtml#1，访问日期：2025 年 2 月 14 日。

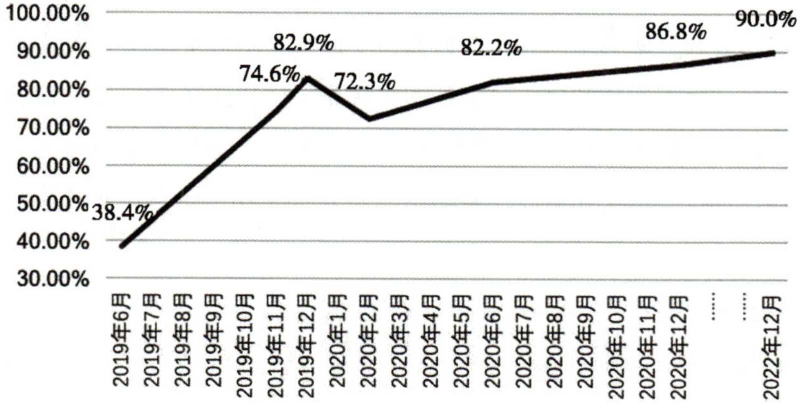

图 1　认罪认罚从宽制度适用率

笔者以"认罪认罚"为关键词，借助把手案例检索 2014 年至 2024 年间刑事案件一审判决数量情况，由此可以大致看出适用认罪认罚从宽制度审理的刑事案件绝对数量变化趋势（见图 2）。[①] 应当承认，一项新制度的适用率随制度入法后相关人员对其理解程度的加深而提高是合规律的，同时可以肯定的是未来绝大多数刑事案件将经由认罪认罚从宽采用较为简易的诉讼程序得以解决，这是由我国判处 3 年有期徒刑以下刑罚的案件占比及其逐年升高趋势所决定的。但是，认罪认罚从宽制度短时间内适用率的激增更像是指标的硬性要求而非实践的自然选择。有学者指出，认罪认罚从宽制度适用率"'低开高走'的趋势与检察院的行政主导、'绩效考核'有着直接、必然的关系"。[②] 实践中，刑事被追诉人一旦不选择认罪认罚将会产生制度之外的负面后果：司法机关可能无法完成绩效考核的指标要求。由此，司法机关适用认罪认罚从宽制度的动力由提高司法效率的"内省与自

① 因为近几年公开的裁判文书数量减少，检索到的相关判决书数量有所下降，但从官方公布的各种数据来看，近些年认罪认罚从宽制度的适用率基本稳定在 85%以上。

② 郭烁：《在自愿与真实之间：美国阿尔弗德答辩的启示》，载《当代法学》2020 年第 4 期，第 68 页。

觉”，部分转向完成任务指标的“外化与刻意”，“可能的结果就是因为急功近利，实务中出现很多扭曲与变形几乎不可避免”。[①] 其中，一种极具产生现实性和解决紧迫性的担忧是司法机关可能迫使被追诉人选择认罪：既可能迫使有罪的被追诉人认罪——这是对认罪自愿性的减损；也可能迫使无辜的“被追诉人”认罪——这是对认罪真实性的悖反。

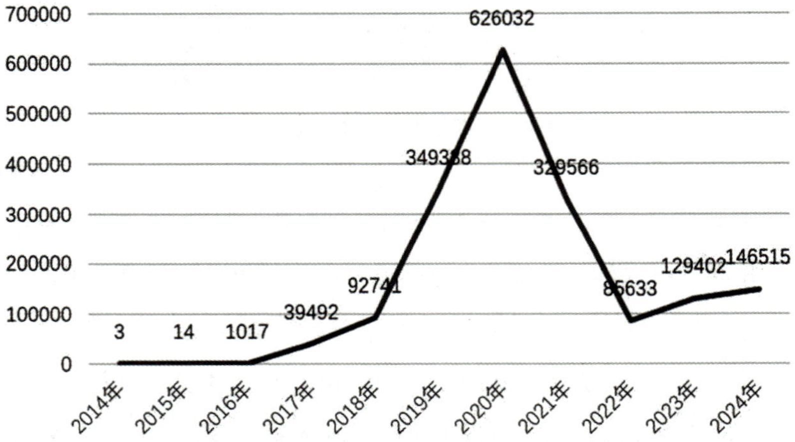

图 2　适用认罪认罚从宽制度审理的刑事案件绝对数量变化趋势

二、重罪案件适用规定模糊

2018 年修改后的《刑事诉讼法》第 15 条规定，只要被追诉人自愿如实供述自己的罪行，承认指控的犯罪事实，愿意接受处罚，均可依法从宽处理。这使认罪认罚从宽制度成为一项适用于全部刑事案件的原则。《认罪认罚从宽指导意见》进一步明确，认罪认罚从宽制度没有适用罪名和可能判处刑罚的限定，所有的刑事案件都可以适用。从学理上看，认罪认罚从宽制度的全口径适用体现出该制度的多元价

① 郭烁：《在自愿与真实之间：美国阿尔弗德答辩的启示》，载《当代法学》2020 年第 4 期，第 79 页。

值追求，不仅包括刑事速裁程序所欲达至的“合理配置司法资源，提高审理刑事案件的质量与效率”[①]目的，还在于实现《最高人民法院、最高人民检察院、公安部、国家安全部、司法部印发〈关于适用认罪认罚从宽制度的指导意见〉的通知》提出的“全面贯彻宽严相济刑事政策……及时有效惩治犯罪、加强人权司法保障……化解社会矛盾纠纷、促进社会和谐稳定”的要求。一直以来，从司法实践角度来看，认罪认罚从宽制度在轻罪案件中适用率较高，但在重罪案件中适用率较低，在判处 10 年有期徒刑以上刑罚案件中更是鲜见适用。[②]在试点阶段，认罪认罚从宽制度的适用主要集中在轻罪案件，其中判处 3 年有期徒刑以下的占 96.2%，适用普通程序审结的仅占 6.6%。[③]截至 2018 年 7 月底，上海市各基层法院适用速裁程序审理认罪认罚案件 8199 件，适用简易程序 6685 件，适用普通程序仅 426 件。[④]认罪认罚从宽制度入法后，这一比例并无明显的提升。例如，针对四川省的调研数据显示，2019 年判处 10 年以上有期徒刑的重罪案件适用认罪认罚从宽制度的约 200 人，占被判处 10 年以上有期徒刑人数的 8%以下，占同期适用认罪认罚从宽制度总人数的 6%左右。[⑤]

首先，认罪认罚从宽制度在重罪案件中的低适用率源于该制度在操作上的模糊性。按照制度构想，认罪认罚从宽制度应同时适用于普通程序、速裁程序及简易程序，但《刑事诉讼法》对采用普通程序审

① 全国人民代表大会常务委员会《关于授权最高人民法院、最高人民检察院在部分地区开展刑事案件速裁程序试点工作的决定》。

② 本书以下对轻罪、重罪案件的界分以“可能判处三年有期徒刑”为节点。从实体法上看，《刑法》分则中的绝大多数严重刑事犯罪的起刑点都设置为 3 年；从程序法上看，“可能判处三年有期徒刑以下刑罚”是决定适用速裁程序或独任制简易程序的关键因素。参见王文华：《论刑法中重罪与轻罪的划分》，载《法学评论》2010 年第 2 期，第 32 页。

③ 参见最高人民法院、最高人民检察院《关于在部分地区开展刑事案件认罪认罚从宽制度试点工作情况的中期报告》。

④ 参见吴思远：《我国重罪协商的障碍、困境及重构——以“权力-权利交互说”为理论线索》，载《法学》2019 年第 11 期，第 55 页。

⑤ 参见王小兰、张仕琴：《规范重罪案件认罪认罚从宽适用条件》，载《检察日报》2020 年 8 月 24 日第 3 版。

理认罪认罚案件的庭审程序规定不足，仅在第 190 条第 2 款规定："被告人认罪认罚的，审判长应当告知被告人享有的诉讼权利和认罪认罚的法律规定，审查认罪认罚的自愿性和认罪认罚具结书内容的真实性、合法性。"《认罪认罚从宽指导意见》第 47 条中规定"适用普通程序办理认罪认罚案件，可以适当简化法庭调查、辩论程序"，这里的"可以适当简化"有别于适用简易程序时的"可以简化"，究竟何为"适当"缺乏具体可操作的标准，到底可以简化到哪种程度不甚明了。制度上的模糊性除了造成重罪案件中认罪认罚从宽制度适用率低以外，还提高了适用该制度审理重罪案件发生刑事司法错误的风险。与可能判处 3 年有期徒刑以下刑罚的轻罪案件不同，重罪案件的犯罪事实一般更为复杂，对相关证据的收集、审查要求一般更高，需要通过刑事判决来舒缓的社会矛盾也更为紧张。但是从总体上看，认罪认罚从宽"相关制度和规则的设计还是延续了速裁程序试点以来的构建思路，并未有效识别重罪案件认罪认罚程序的特殊性"。① 如果不加分辨地采用轻罪案件的模式与经验审理认罪认罚重罪案件，可能无法达到预想的法律效果与社会效果，甚至可能产生程序适用、事实认定和刑罚裁量上的错误。

其次，认罪认罚从宽制度在重罪案件中的低适用率源于该制度在后果上的或然性。重罪案件的被追诉人认罪认罚后，仍可能无法获得实体和程序上的从宽对价，《刑事诉讼法》第 15 条"可以从宽"的规定是指一般应当体现法律规定和政策精神予以从宽，但并非一律从宽，特别是对于犯罪性质和危害后果特别严重、犯罪手段特别残忍、社会影响特别恶劣的案件，被追诉人认罪认罚可能既不能带来量刑减让，也不能适用非羁押性强制措施等。事实上，立法在这里产生了"适用条件"与"适用后果"上的相对不周延。对于

① 汪海燕：《重罪案件适用认罪认罚从宽程序问题研究》，载《中外法学》2020 年第 5 期，第 1188 页。

上述案件，实践中往往从“适用条件”的角度予以限制，即此类案件不能适用认罪认罚从宽制度，而非在适用认罪认罚从宽制度后否定其“从宽”的法律后果。笔者在调研中了解到，对于犯罪性质和危害后果特别严重、犯罪手段特别残忍、社会影响特别恶劣的重罪案件，司法人员往往表示“不给用”认罪认罚从宽制度，甚至一些可能判处10年左右有期徒刑的案件也不能适用该制度。作出该决定的理由在于司法机关认为，其已经借助“罪责刑相适应原则”对犯罪行为进行了评价并对可能判处的刑罚进行了预判，即便被追诉人认罪认罚也无法获得从宽的对价；“不该用”认罪认罚从宽制度的目的在于防止因被追诉人认罪认罚后无法获得从宽对价而引发上诉、申诉等后果。这种司法机关限缩重罪案件适用认罪认罚从宽制度条件的做法，有违对作为被追诉人权利的认罪认罚的保障，因此重罪案件适用率降低的背后可能存在一些本该适用认罪认罚从宽制度而未能适用的情况。

三、一审认罪认罚案件上诉率低

从上诉情况看，2020年1至6月，在适用认罪认罚从宽制度的案件中，被告人提出上诉17631人，上诉率为4.4%，较同期未适用认罪认罚从宽制度案件低19.7个百分点。① 另据2020年10月15日《最高人民检察院关于人民检察院适用认罪认罚从宽制度情况的报告》，适用认罪认罚从宽制度一审后被告人上诉率为3.9%，低于其他刑事案件11.5个百分点。同时，根据最高人民检察院工作报告，2020年适用认罪认罚从宽制度审结的案件一审服判率超过95%，高出

① 《2020年1至6月全国检察机关主要办案数据》，载最高人民检察院网站，https://www.spp.gov.cn/spp/xwfbh/wsfbh/202007/t20200720_473301.shtml#1，访问日期：2025年2月14日。

其他刑事案件 21.7 个百分点，[①] 2021 年至 2024 年适用认罪认罚从宽制度审结的案件一审服判率分别为 96.5%、97%、96.8%和 96.9%，相较于其他刑事案件分别高出 22 个百分点、29.5 个百分点、36 个百分点和 34.8 个百分点。[②] 认罪认罚案件以被追诉人自愿如实供述自己的罪行、对指控的犯罪事实没有异议为前提，被追诉人享有程序适用的选择权，案件的量刑结果一般也以被追诉人与检察机关协商后得出的量刑建议为依据，定罪、量刑与程序适用三方面的合意使上诉发生的可能性和必要性大为降低。即便如此，我国立法仍然保留了认罪认罚案件被告人所享有的不受限制的上诉权利，这从侧面反映出认罪认罚案件中控辩双方的合意存在着现实风险。

从认罪认罚从宽程序的启动上看，检察机关拥有独占权，被追诉人可以认罪认罚，但案件是否适用认罪认罚从宽制度则由检察机关决定，倘若检察机关不同意适用认罪认罚程序，被追诉人自身无法启动该程序。[③] 从被追诉人认罪认罚、同意适用刑事简化程序的自由意思表示作出上看，同意或不同意的意思表示通常在讯问过程中作出。在这一过程中，检察官与被追诉人分属于讯问者与被讯问者的角色，被追诉人不仅处于持续的被动状态，而且需要在短时间内作出是否认罪认罚的意思表示，甚至没有提出异议或要求协商的权利，检察官处于

---

① 《2020 年最高人民检察院工作报告》，载最高人民检察院网站，https://www.spp.gov.cn/spp/gzbg/202103/t20210315_512731.shtml，访问日期：2025 年 2 月 14 日。

② 《2021 年最高人民检察院工作报告》，载最高人民检察院网站，https://www.spp.gov.cn/spp/gzbg/202203/t20220315_549267.shtml，访问日期：2025 年 2 月 14 日；《2022 年最高人民检察院工作报告》，载最高人民检察院网站，https://www.spp.gov.cn/spp/gzbg/202303/t20230317_608767.shtml，访问日期：2025 年 2 月 14 日；《2023 年最高人民检察院工作报告》，载最高人民检察院网站，https://www.spp.gov.cn/spp/gzbg/202403/t20240315_649603.shtml，访问日期：2025 年 2 月 14 日；《2024 年最高人民检察院工作报告》，载最高人民检察院网站，https://www.spp.gov.cn/tt/202503/t20250315_690542.shtml，访问日期：2025 年 3 月 16 日。

③ 参见杜磊：《认罪认罚从宽制度适用中的职权性逻辑和协商性逻辑》，载《中国法学》2020 年第 4 期，第 224 页。

绝对的支配地位。[①] 从量刑建议的作出上看，检察官享有高度的自主决定权。虽然《刑事诉讼法》第 173 条规定在认罪认罚案件中，检察官应当听取被追诉人及其辩护人从宽处罚的意见，[②] 但在实践中经常会出现“要么全部，要么全不”的异化适用。正如认罪认罚从宽制度试点报告中所述：“相当一部分试点地区，检察机关提出量刑建议后，只要犯罪嫌疑人提出意见，没有同意量刑建议，即认为其不认罚，要么同意，要么不再按认罪认罚案件办理，从而在一定程度上迫使犯罪嫌疑人勉强同意量刑建议，这也是被告人日后对量刑建议提出异议或者提出上诉的动因之一。”[③] 当然，检察官主导量刑程序也并非一无是处。相较于一些域外国家的律师制度，我国刑事被追诉人往往缺乏有效的律师帮助，无法真正在明知、明智的基础上自愿作出认罪认罚表示，量刑协商的能力不足。而我国检察机关负有客观公正的追诉义务，其在认罪认罚案件中提出的量刑建议也必须基于事实和法律，在对案件事实、量刑情节等要素的全面把握之上提出精准、适当的量刑建议。只不过有实证研究发现认罪认罚实务案件中检察机关所提量刑建议不当的现象较为突显。由于有的检察人员消极应对、审查证据的标准降低和经验能力不足等，检察机关在认罪认罚案件中所提的量刑建议有的畸轻，导致案件不能适用认罪认罚从宽制度；有的畸重，导致法官直接以较轻刑罚改判；还有的建议模糊，导致被告人在刑罚结

---

① 参见赵恒：《论检察机关的刑事诉讼主导地位》，载《政治与法律》2020 年第 1 期，第 34 页。

② 《刑事诉讼法》第 173 条第 2 款规定：“犯罪嫌疑人认罪认罚的，人民检察院应当告知其享有的诉讼权利和认罪认罚的法律规定，听取犯罪嫌疑人、辩护人或者值班律师、被害人及其诉讼代理人对下列事项的意见，并记录在案：（一）涉嫌的犯罪事实、罪名及适用的法律规定；（二）从轻、减轻或者免除处罚等从宽处罚的建议；（三）认罪认罚后案件审理适用的程序；（四）其他需要听取意见的事项。”

③ 胡云腾主编：《认罪认罚从宽制度的理解与适用》，人民法院出版社 2018 年版，第 280 页。

果上的不可预期。①

可见，从程序启动到认罪认罚的同意表示，再到量刑建议的作出，职权性逻辑深深嵌入认罪认罚从宽制度之中，其造就控辩双方的不平等地位，被追诉人只是有限地参与了认罪认罚合意的形成。而检察机关单方提出的缺乏精准性的量刑建议又加剧了被追诉人在程序中的被动地位。加之《刑事诉讼法》第 201 条规定："对于认罪认罚案件，人民法院依法作出判决时，一般应当采纳人民检察院指控的罪名和量刑建议……"一审判决的正当性就值得深思了。在这种情况下，对认罪认罚被告人上诉权的保障就显得尤为重要。一般来说，我国二审程序的功能可以做以下概括：一是纠正一审法院的错误裁判；二是保障被告人的合法权益；三是加强对一审法院的监督指导。② 受实事求是、有错必究的价值引导，上诉审法院的纠错机能得到强调。被告人上诉必然引发刑事二审程序，二审法院通过全面审查，以程序性制裁（如撤销原判，发回重审）或改判的方式纠正一审法院的错误裁判，保障被告人的合法权益，为不满认罪认罚合意的被告人提供寻求救济的渠道，防止"司法错误"的发生。

必须注意的是，认罪认罚案件中出现了一种旨在抑制被追诉方上诉的抗诉行为，具体表现为一旦认罪被追诉人上诉，检察机关即据此认定被追诉方"毁约"，同时回应性地提出抗诉意见。这种回应性或报复性抗诉导致较多上诉的认罪被追诉人为避免刑罚加重而申请撤回上诉，一些本欲上诉的认罪被追诉人也因此放弃了上诉意愿。应当承认，有相当部分的认罪被追诉人提起上诉是为充分利用刑事诉讼法所规定的上诉不加刑原则，希望在协商的基础上通过上诉获得额外的量

---

① 参见蒋晓蕴、廖雯磬：《认罪认罚从宽制度中量刑建议问题研究——以 A 省 C 市 C 区法院认罪认罚从宽案件为视角》，载《人民司法》2020 年第 1 期，第 27-28 页。

② 参见卞建林、李艳玲：《认罪认罚从宽制度适用中的若干问题》，载《法治研究》2021 年第 2 期，第 33 页。

刑优惠，因此在实践中产生了大量的“空白上诉”案件。[①] 如果不加分别地允许这类案件进入刑事二审程序，会在一定程度上减损认罪认罚从宽制度的价值，最直接的就是会大幅提升案件审理周期：一件适用速裁程序审理的案件一审用时平均在 7 天左右，上诉后的二审审理周期则会长达 2 个月。[②] 但同时需要看到实践中还有被告人基于定罪事实而提起的上诉案件。例如，在段某某妨害公务案中，[③] 被追诉人段某某认罪认罚并签署具结书，一审法院适用速裁程序作出判决后，被追诉人上诉提出自己无罪。二审法院认为该案事实不清、证据不足，遂撤销原判，发回原审法院适用普通程序重新审理。实践中被告人基于量刑事实而提起上诉的案件也不在少数，如有学者通过对 154 件被告人单纯以“量刑过重”为由提起上诉的案件进行分析，得出实践中“量刑过重”类上诉案件也并非全是简单“空白上诉”的结论。[④] 这些案例的意义在于说明认罪认罚案件中可能存在主张无罪的被追诉人曾经认罪认罚的情况，尽管其之前认罪认罚的原因可能是多样的，如被司法机关“劝降”、误将违法行为当作犯罪行为等，但一审法院据此作出了有罪判决。仅从一般意义上说，这种无罪被追诉人认罪且被定罪以及轻罪被追诉人认罪且被重罚的活动都是一种“司法错误”。在当前被追诉人上诉意志不自由的情况下，虽然认罪认罚案件表现出相对较低的上诉率，也应该理性地认识到这并不一定代表一审判决在定罪和量刑方面的正当性，并非所有案件均基于控辩诉讼合意而实现了服判息诉。

---

① 所谓“空白上诉”，是指被告人在一审裁判后仅以量刑过重为由提出上诉，而无任何新的理由或证据。从总体上看，这类“空白上诉”案件可占到上诉案件的 75% 以上。参见牟绿叶：《我国刑事上诉制度多元化的建构路径》，载《法学研究》2020 年第 2 期，第 122 页。

② 参见颜世征等：《认罪认罚案件被告人上诉应对机制》，载《人民检察》2017 年第 15 期，第 38 页。

③ 参见湖南省怀化市中级人民法院刑事裁定书（2019）湘 12 刑终 481 号。

④ 参见汪海燕：《认罪认罚案件上诉问题实证研究——基于 B 市 508 件案例的分析》，载《中国应用法学》2023 年第 3 期，第 89 页。

四、审前羁押仍为案件常态

表 2 相关规范性文件对非羁押条件和适用情况的规定

年份	文件名称	非羁押条件	适用情况
2014 年	《关于在部分地区开展刑事案件速裁程序试点工作的办法》	符合取保候审、监视居住条件	应当适用
2016 年	《认罪认罚试点办法》	认罪认罚、社会危险性	应当适用
2019 年	《认罪认罚从宽指导意见》	罪行、危险、犯罪性质、刑罚	可以适用

《认罪认罚从宽指导意见》第 9 条明确，对于“从宽”应从实体从宽处罚和程序从简处理两个维度理解。一般认为，所谓程序从简包括不捕、撤案、不诉和程序简化等，其中非羁押性强制措施的适用当属程序从简的一项重要内容。早在 2016 年，《认罪认罚试点办法》第 6 条就规定：“人民法院、人民检察院、公安机关应当将犯罪嫌疑人、被告人认罪认罚作为其是否具有社会危害性的重要考虑因素，对于没有社会危险性的犯罪嫌疑人、被告人，应当取保候审、监视居住。”① 按照该条规定，决定是否适用羁押性强制措施仅需考虑两方面因素：一是认罪认罚；二是社会危险性。其中前者又是后者的重要考虑内容，符合上述条件即“应当”不适用羁押措施。可以说，《认罪认罚试点办法》持一种“非羁押为常态、羁押为例外”的态度。但是在试

① 该条文中先后出现了“社会危害性”和“社会危险性”两个评价因素，笔者认为其中的“社会危害性”当属笔误。从犯罪学的角度来看，所谓“社会危害性”是指行为对社会和人民利益的危害性，某种行为只有具有社会危害性且达到一定的程度，刑法才有必要将其规定为犯罪。从该意义上看，社会危害性是针对行为而言的，不能就人是否具有社会危害性作出评价。至于社会危险性则是对人的评价，可能随其是否认罪认罚而有所变化，我国刑事诉讼法向来将社会危险性的判断与审查作为考虑逮捕与否的重要程序。

点期间非羁押性强制措施的适用情况并不理想。最高人民法院、最高人民检察院《关于在部分地区开展刑事案件认罪认罚从宽制度试点工作情况的中期报告》显示，在认罪认罚试点中，判处 3 年有期徒刑以下刑罚的占 96.2%，但羁押率却高达 57.8%。另根据最高人民检察院工作报告，2023 年检察机关共批准逮捕 72.6 万人，决定起诉 168.8 万人；2024 年上半年检察机关共批准逮捕 36.7 万人，决定起诉 76.1 万人，审前羁押率均在 40%以上。①

或许试点期间的高羁押率反向证明了审前非羁押在现阶段推行尚有一定难度，并由此导致最终的立法取向不再遵循“羁押为例外”。《认罪认罚从宽指导意见》第 19 条“社会危险性评估”规定：“人民法院、人民检察院、公安机关应当将犯罪嫌疑人、被告人认罪认罚作为其是否具有社会危害性的重要考虑因素。对于罪行较轻、采用非羁押性强制措施足以防止发生刑事诉讼法第八十一条第一款规定的社会危险性的犯罪嫌疑人、被告人，根据犯罪性质及可能判处的刑罚，依法可不适用羁押性强制措施。”按照现有规定，除被追诉人认罪认罚之外，决定是否适用羁押性强制措施还需要同时考虑四方面因素：一是罪行；二是危险；三是犯罪性质；四是刑罚。在上述四方面要素具备的前提下才“可以”不适用羁押措施。至此，规范性文件中非羁押性强制措施的适用条件发生了由宽松向严格的转变，认罪认罚案件审前处于羁押状态的现象时有发生。一项 2020 年的实证研究的结果表明，即便是在醉酒型危险驾驶这类轻罪案件中，样本范围内仅有 31.43%的被追诉人被适用了非羁押强制措施，与不认罪认罚的被追

① 《2023 年最高人民检察院工作报告》，载最高人民检察院网站，https://www.spp.gov.cn/spp/gzbg/202403/t20240315_649603.shtml，访问日期：2025 年 2 月 14 日；《2024 年 1 至 6 月全国检察机关主要办案数据》，载最高人民检察院网站，https://www.spp.gov.cn//xwfbh/wsfbt/202408/t20240806_662470.shtml#1，访问日期：2025 年 2 月 14 日。

诉人 30.90%相当。[①] 另有一项研究以 2018 年 11 月至 2024 年 3 月中国裁判文书网和北大法宝上的轻罪案件（判处 3 年有期徒刑以下刑罚）为研究对象，在 1254 件轻罪案件样本中，认罪认罚案件的未羁押人员比例为 55.7%。虽然这一数据远高于不认罪认罚案件样本中的 22.3%，相对于前述 2020 年的研究数据有了显著提升，但仍有近一半的轻罪案件当事人被适用了羁押性强制措施。[②] 与此同时，认罪认罚因素对捕后变更被追诉人羁押状态的影响也微乎其微。《认罪认罚从宽指导意见》第 21 条“逮捕的变更”规定：“已经逮捕的犯罪嫌疑人、被告人认罪认罚的，人民法院、人民检察院应当及时审查羁押的必要性，经审查认为没有继续羁押必要的，应当变更为取保候审或者监视居住。”然而，有学者发现在 2017 年至 2021 年期间，我国东部某地区的羁押案件被追诉人认罪认罚的比例逐渐升高，上升至 91.29%，但拘留和逮捕后变更为取保候审或监视居住的 5 年平均比例只有 30%和 2.19%。[③] 这些数据表明，认罪认罚从宽制度的适用并没有使司法实务人员的羁押审查方式和内容产生本质改变。

一方面，这说明实践中的“从宽”在适用非羁押性强制措施方面并没有得以有效落实，审前羁押仍是认罪认罚案件中的常态，导致其本应起到的激励作用无法得到切实发挥。造成这种现象的一个重要原因在于，根据上述规定，认罪认罚情节并非衡量被追诉人社会危险性的唯一标准，仍需结合其他因素综合判断。而在现有规定并未明确认罪认罚情节具体作用以及与其他因素相互关系的情况下，虽然立法本意是使被追诉人可以通过积极的认罪认罚来换取程序上的优惠对待，

---

① 参见吴雨豪：《认罪认罚“从宽”裁量模式实证研究——基于部分城市醉酒型危险驾驶罪的定量研究》，载《中外法学》2020 年第 5 期，第 1252 页。

② 参见徐暾：《轻罪案件认罪认罚与未决羁押影响关系的实证分析》，载《清华法学》2024 年第 6 期，第 82 页。

③ 参见孙长永：《诉前羁押实证研究报告——基于两个基层检察院 2017~2021 年起诉书和不起诉决定书的统计分析》，载《现代法学》2023 年第 3 期，第 56 页以下。

但实践中由于控辩地位不对等、司法机关出于诉讼效率和考核指标的考量等因素的影响，追诉人认罪认罚情节这一因素往往被“反向适用”，办案机关将逮捕措施筹码化，出现“以捕促认”和“以捕促诉”的现象。① 即原本可能被采取羁押措施的被追诉人认罪认罚最终不一定会适用非羁押措施，而原本不会被采取羁押措施的被追诉人可能因为没有满足司法机关的“额外期待”而被适用羁押措施。②

另一方面，这不免引发对于羁押被追诉人认罪自愿性的担忧——人身自由被限制在一个相对封闭的场域内，本就或多或少会对其意志的自由表达产生负面影响。玛利·菲利普斯（Mary T. Phillips）通过对美国纽约保释制度的研究，发现在非重罪案件中，处于非羁押状态的被追诉人最终被定罪的比例为50%；而始终处于羁押状态的被追诉人最终被定罪的比例高达92%。③ 可见，审前羁押对认罪自愿性的影响是不言而喻的，羁押状态毫无疑问会给被追诉人带来巨大的身心压力，有些无罪被追诉人为了摆脱诉前羁押的折磨，不得不与检察机关达成认罪协议。④ 再加上羁押措施功能异化导致的“逮捕筹码化”问题，即使不存在现实的刑讯逼供，被追诉人也可能出于换取自由以及尽快摆脱诉累的目的，为摆脱“程序即惩罚”的命运枷锁而主动放弃无罪辩护的机会，作出有罪供述，即“对被追诉人形成一种结构性的压力，迫使被追诉人放弃无罪辩护的努力，积极主动或者被动地认罪

---

① 参见郭华：《认罪认罚从宽制度的权力俘获及纾困程序》，载《清华法学》2022年第5期，第88页以下。

② 参见陈卫东：《认罪认罚从宽制度与企业合规改革视角下逮捕筹码化的警惕与防范》，载《政法论坛》2022年第6期，第81页以下。

③ See Mary T. Phillips, A Decade of Bail Research in New York City, Final Report 116 (Aug. 2012), https://www.prisonpolicy.org/scans/DecadeBailResearch12.pdf, last visited on 22 February 2025.

④ 参见陈瑞华：《“认罪认罚从宽”改革的理论反思——基于刑事速裁程序运行经验的考察》，载《当代法学》2016年第4期，第8页。

认罚，以便争取带有官方‘恩惠’性质的从宽处理待遇”。[①] 这进一步加剧了认罪认罚的非自愿性风险，极易催生出“变相自我归罪”“屈从型认罪认罚”等现象。[②] 这样一来，认罪认罚从宽制度中的“非羁押—激励”模式未能形成，“羁押—胁迫”风险将持续存在。

五、值班律师参与见证人化

在合作型司法模式下，值班律师的作用得到凸显，实践中有70%左右的认罪认罚案件都是经由值班律师提供法律帮助，委托律师和法律援助辩护所占的比例仅为30%。[③]

作为一项诉讼制度，值班律师最早出现于2006年，当时在河南省修武县开展了“急诊式”的值班律师法律帮助试点工作。2014年，《关于在部分地区开展刑事案件速裁程序试点工作的办法》使“值班律师”首次出现在规范性文件中，经《关于推进以审判为中心的刑事诉讼制度改革的意见》得以完善并最终写入2018年修改后的《刑事诉讼法》。当前实践中的值班律师制度表现出以下运行现状。

首先，值班律师人数较认罪认罚案件数偏少，人员素质良莠不齐。在一些偏远地区，由于几乎没有执业律师，导致认罪认罚案件无法得到值班律师的见证，遑论获得有效的法律帮助。而在一些认罪认罚从宽制度运行较好的地区，由于前文所述案件数量在短时间内得到大幅度提升，值班律师数量不足的矛盾也较为突出地呈现出来。一项实证研究表明，某市看守所一般某周仅有一位律师值班，值班时间仅为一天或半天，某检察院某周只有两天安排值班律师值班，一次只有一位值班律师在岗。值班律师平均每半日要办理20宗以上的认罪认

① 参见孙长永：《认罪认罚从宽制度实施中的五个矛盾及其化解》，载《政治与法律》2021年第1期，第3页。

② 参见郑英龙：《认罪认罚“程序从宽”的理论反思》，载《政法论坛》2024年第4期。

③ 参见林喜芬：《值班律师应当享有阅卷权吗?》，载《检察日报》2019年8月21日。

罚案件，极难为当事人提供符合质量的法律帮助。① 除此以外，现有关于值班律师的规定没有对其任职资质作出进一步细分，只要具有执业资格的律师均可以担任值班律师提供法律帮助，导致实践中值班律师的素质参差不齐。加之待遇等因素，值班律师往往由一些刚刚执业的低年级律师承担。由于认罪认罚从宽制度的适用不以案件性质和可能判处的刑罚为限，对于一些案情复杂和刑罚较重的案件，如果值班律师本身经验不够丰富，很有可能无法起到有效的法律帮助作用。在法律援助制度中，一般会根据案件的繁简情况，对法律援助律师的资质作出进一步规定，如《温州市刑事案件律师辩护全覆盖试点工作实施方案》规定，重大疑难刑事案件应由执业年限 10 年以上的律师承办；湖南省《关于开展刑事案件律师辩护全覆盖试点工作的办法》第 10 条规定，对于重大疑难刑事案件，应由执业 5 年以上的律师承办。这类资质条件的规定是保障法律援助工作质量的重要方面。

表 3　相关规范性文件对值班律师制度的规定情况

年份	文件名称	功能	权利
2014 年	《关于在部分地区开展刑事案件速裁程序试点工作的办法》	为犯罪嫌疑人、被告人提供法律援助	未明确规定

① 郭航、杨馨儿：《值班律师有效法律帮助的理论反思与制度完善——基于 C 市值班律师制度的实证研究》，载《新疆大学学报》（哲学社会科学版）2022 年第 6 期，第 24 页。

续表

年份	文件名称	功能	权利
2016 年	《关于推进以审判为中心的刑事诉讼制度改革的意见》	为犯罪嫌疑人、被告人提供法律帮助	未明确规定
2016 年	《认罪认罚试点办法》	提供法律咨询、程序选择、申请变更强制措施等法律帮助	未明确规定
2017 年	《关于开展法律援助值班律师工作的意见》	（1）解答法律咨询；（2）引导和帮助犯罪嫌疑人、刑事被告人及其近亲属申请法律援助，转交申请材料；（3）在认罪认罚从宽制度改革试点中，为自愿认罪认罚的犯罪嫌疑人、刑事被告人提供法律咨询、程序选择、申请变更强制措施等法律帮助，对检察机关定罪量刑建议提出意见，犯罪嫌疑人签署认罪认罚具结书应当有值班律师在场；（4）对刑讯逼供、非法取证情形代理申诉、控告；（5）承办法律援助机构交办的其他任务	会见权
2018 年	《刑事诉讼法》	为犯罪嫌疑人、被告人提供法律咨询、程序选择建议、申请变更强制措施、对案件处理提出意见等法律帮助	未明确规定

续表

年份	文件名称	功能	权利
2019 年	《认罪认罚从宽指导意见》	为认罪认罚的犯罪嫌疑人、被告人提供下列法律帮助：（1）提供法律咨询，包括告知涉嫌或指控的罪名、相关法律规定，认罪认罚的性质和法律后果等；（2）提出程序适用的建议；（3）帮助申请变更强制措施；（4）对人民检察院认定罪名、量刑建议提出意见；（5）就案件处理，向人民法院、人民检察院、公安机关提出意见；（6）引导、帮助犯罪嫌疑人、被告人及其近亲属申请法律援助；（7）法律法规规定的其他事项	会见权、查阅案卷材料权
2020 年	《法律援助值班律师工作办法》	值班律师依法提供以下法律帮助：（1）提供法律咨询；（2）提供程序选择建议；（3）帮助犯罪嫌疑人、被告人申请变更强制措施；（4）对案件处理提出意见；（5）帮助犯罪嫌疑人、被告人及其近亲属申请法律援助；（6）法律法规规定的其他事项。还应当提供以下法律帮助：（1）向犯罪嫌疑人、被告人释明认罪认罚的性质和法律规定；（2）对人民检察院指控罪名、量刑建议、诉讼程序适用等事项提出意见；（3）犯罪嫌疑人签署认罪认罚具结书时在场	会见权、查阅案卷材料权

其次，值班律师的实践功能异化，权利规定模糊。尽管学理上针对值班律师的定位产生了一些争鸣，如有学者认为应将值班律师定位为“辩护人”或“准辩护人”,[①] 但从表3梳理的若干规范性文件和法律规定来看，除《关于在部分地区开展刑事案件速裁程序试点工作的办法》规定值班律师应为被追诉人提供法律援助外，其余均规定其应为被追诉人提供法律帮助，值班律师被定位为认罪认罚案件中的“法律帮助者”是一贯的。与之相对应，近年来学界对值班律师的角色定位也发生了转变，逐渐意识到值班律师制度功能的诉讼效率导向具有即时性、快捷性的特点，“强调的是诉讼资源平铺式分配的广度而非个案投入的深度”,[②] 过分强调值班律师的诉讼价值会偏离立法的初始定位。对此有学者在“有效辩护”外提出了“有效法律帮助”的概念，值班律师“法律帮助者”的定位越来越明确。[③] 但是，相关规定中关于其具体权利的规定仍是变化和模糊的。如果认为《认罪认罚试点办法》中的“简化会见程序”、《刑事诉讼法》中被追诉人“有权约见值班律师”的表述可以被推定为赋予值班律师会见权，那么关于会见权的规定尚可以说得到了立法的确认和延续。但是《刑事诉讼法》并没有赋予值班律师阅卷权，《认罪认罚从宽指导意见》和《法律援助值班律师工作办法》规定其可以“查阅案卷材料”，却有

---

① 参见闵春雷：《认罪认罚案件中的有效辩护》，载《当代法学》2017年第4期；姚莉：《认罪认罚程序中值班律师的角色与功能》，载《法商研究》2017年第6期；贾志强：《论“认罪认罚案件”中的有效辩护——以诉讼合意为视角》，载《政法论坛》2018年第2期；杨波：《论认罪认罚案件中值班律师制度的功能定位》，载《浙江工商大学学报》2018年第3期；樊崇义：《值班律师制度的本土叙事：回顾、定位与完善》，载《法学杂志》2018年第9期；等等。

② 参见程衍：《论值班律师公设化》，载《中国刑事法杂志》2023年第3期，第164页。

③ 参见罗海敏：《被审前羁押者获得律师帮助权探究》，载《当代法学》2022年第4期；郭航、杨馨儿：《值班律师有效法律帮助的理论反思与制度完善——基于C市值班律师制度的实证研究》，载《新疆大学学报》（哲学社会科学版）2022年第6期；闫亚林、鲍春晓：《值班律师制度的省思与重构》，载《烟台大学学报》（哲学社会科学版）2025年第1期；等等。

别于辩护人可以“查阅、摘抄、复制案卷材料”的规定。从上述规定看，值班律师并不能“摘抄、复制”案卷材料，这使其基本无法有效与被追诉人“核实证据”。从功能上看，后续规定里“法律帮助”的内容主要为《认罪认罚试点办法》中“法律咨询、程序选择、申请变更强制措施”的细化。但在实践中，值班律师由“法律帮助者”异化为“程序见证人”，其仅需“在场”而无法发挥实质性的作用，甚至在个别案件中成为被追诉人的“劝降者”。

最后，值班律师与辩护律师之间衔接不畅。由于立法将值班律师定位为“法律帮助者”，故该身份无法使其承担出庭提供辩护的职能。2017 年出台的最高人民法院、最高人民检察院、公安部、国家安全部、司法部《关于开展法律援助值班律师工作的意见》第 2 条第 2 款明确规定：“法律援助值班律师不提供出庭辩护服务……”由此在认罪认罚案件中牵涉出值班律师与辩护律师的工作衔接问题。在实践中，为了提高认罪认罚从宽制度的适用率，存在司法机关违背被追诉人意愿、无故要求其解除对辩护律师委托的现象。有的案件中被追诉人已经委托了律师辩护，但是在签署具结书等重要程序环节，司法机关故意不通知辩护人到场，转而安排值班律师代为具结见证；还有的案件中值班律师出于逐利等目的，劝说被追诉人委托自己担任辩护人，使其形式化的工作无法得到后续环节的修正。根据笔者对部分刑辩律师的访谈，对于那些先由值班律师参与、后由辩护律师跟进的案件，极易出现“前不管后”“后不知前”的困境。尽管《认罪认罚从宽指导意见》第 12 条规定，值班律师提供法律咨询、查阅案卷材料、会见被追诉人、提出书面意见等法律帮助活动的相关情况应当记录在案并随案移送。但是，值班律师与辩护律师之间无法进行直接的沟通。域外一些国家或地区对承担“补位”功能的值班律师与辩护人之间的工作衔接作了较为具体的规定，如在英国，在为当事人提供辩护时，出庭律师可以要求事务律师出席法院的审判程序、与当事人讨论最佳的辩护方案、就案件处理提供书面意见等，事务律师会同步跟进案件的处理情况。这样的规定一方面将使事务律师自始需要对案件处理结果负责，以提高其履职的勤勉度；另一方面，更有利于实现被追诉人合法权益的最大化。

认罪认罚从宽制度的上述实践情况，为学术研究带来了诸多亟待关注的理论视角：制度适用率短时间内的激增，使得个别本不该适用认罪认罚从宽制度的案件，被追诉人出于种种原因虚假认罪，同时存在司法机关疏于对错误认罪认罚案件的事实基础进行审查的情况；规范层面有关重罪案件适用认罪认罚从宽制度的规定模糊，同时简化的程序何以承载疑难复杂的案件处理、怎样保证重罪案件的公正处理值得深思；认罪认罚案件表现出低上诉率特征的背后，存在通过行使抗诉权抑制被追诉人上诉自愿的情况，“报复性抗诉”使刑事二审程序的纠错机能难以在认罪认罚案件中有效发挥作用；审前非羁押与认罪认罚产生相互影响，被追诉人处在“认罪即自由”的两难选择境地，认罪的自愿性无法得到充分保障；值班律师参与案件形式化，使被追诉人无法获得全面、准确的法律帮助，亦无法在认罪认罚后参与到实质化的控辩协商环节；等等。

认罪认罚从宽制度适用过程中的实践隐忧，使制度陷入产生错案的较大风险之中，有必要从世界范围内合作型司法模式的发展路径出发，探寻有关认罪认罚错案的生动启发。

第二节 合作型司法模式的发展及错案启示——以辩诉交易制度为重点

截至2015年年底，世界范围内的90个国家及地区中，已经有66个建立起鼓励被追诉人认罪的“放弃审判制度”（Trial Waiver Systems)，而回望 1990 年，上述 90 个国家中仅有 19 个存在该制度。① 短短几十年，越来越多的国家刑事司法领域出现了“消失的庭审”现象，其原因大多在于晚近以来各国刑事案件数量随犯罪圈的扩大而激增，形成了案多人少的困境，需要通过建立这样一套繁简分流机制实现司法资源的合理配置，提高刑事诉讼效率。理论界有观点将这种各国普遍确立“放弃审判制度”的刑事诉讼潮流称为“刑事诉讼的第四范式”。②

从制度发展的时间顺序上来看，“放弃审判制度”较早出现于采用纠纷解决型诉讼模式的英美法系国家，其中又以美国的辩诉交易制度最为典型。这些传统的对抗型司法国家确立辩诉协商制度均为实践倒逼立法，出于办案压力、经济压力等因素考量，在立法正式赋予其合法性地位之前，辩诉协商制度早已在实践中悄然盛行。例如，美国在 1967 年辩诉交易制度的适用率已达 90%，但直到 1970 年联邦最高法院才正式赋予其合宪性；1969 年伦敦地区治安法庭的认罪率已达 80%，但 1994 年英国议会才首次在立法上明确有罪答辩是法定从宽因素，并且英格兰和威尔士至今仍不存在法律层面上正式的辩诉协商制度；加拿大在 1983 年辩诉交易制度的适用率已经超过 70%，直到 1995 年最高法院才正式接受了辩诉交易制度，称其为刑事司法系统的必要组成部分。这种实践推动型立法模式在细化法律制度上具有显著优势，但其缺陷也相当明显：由于早期实践均为实务人员的自行探索，没有获得法律授权，法律规制力量不足，极易损害司法公正，引发司法腐败和冤假错案等问题。③

---

① See The Disappearing Trial: Towards a Right-Based Approach to Trail Waiver Systems, https://www. fairtrails org, last Visit on 25 February 2025.

② 参见熊秋红：《比较法视野下的认罪认罚从宽制度——兼论刑事诉讼“第四范式”》，载《比较法研究》2019 年第 5 期，第 96 页。

③ 参见马勤：《微观比较视野下认罪认罚从宽制度的多维反思》，载《法制与社会发展》2023 年第 3 期，第 154 页。

传统大陆法系国家过去一般将实质真实作为刑事诉讼的一项重要价值追求，因而较为排斥“放弃审判制度”的适用，仅在一些事实清楚的轻罪案件中适用。但是自20世纪80年代以来，大陆法系国家为了进一步缓解案件数量增加导致的诉讼拖延，在借鉴英美法系的基础上，扩大了“放弃审判制度”的适用范围。例如，德国在2009年正式确立了量刑协商制度，法国于2004年确立了庭前认罪答辩程序，意大利1998年刑事诉讼法设置了简易审判等多种特别程序。[①] 此类纠问式司法国家辩诉协商制度的确立大多为政策导向型改革，在正式立法前先行试点。这种政策导向型立法有助于确立制度的整体框架，协调各方主体的权责，更好地发挥制度的整体效果，法律规制力较强，但也存在法律滞后性可能会限制实践探索的不足。[②] 至此，世界上绝大多数国家已建立起一套旨在通过控辩协商合作解决刑事案件的司法模式。

域外国家和地区在合作型司法中的先行经验为进一步检视认罪认罚从宽制度提供了丰富的素材。本章重点选择以美国辩诉交易制度为切入点，主要是缘于以下几方面原因：首先，辩诉交易制度存在的时间较为久远，其发展经过了“私下交易—判例明确—制度反思”的历程，这项制度在争议与批评中不断得到精进和打磨，同时也非常鲜明地暴露出一些问题。其次，世界范围内其他建立合作型司法制度的国家或多或少都借鉴了辩诉交易制度的因素，尽管有观点认为“我国的认罪认罚从宽制度是中国特色的有条件认罪宽恕制度，不是美国等西

---

① 参见熊秋红：《比较法视野下的认罪认罚从宽制度——兼论刑事诉讼“第四范式”》，载《比较法研究》2019年第5期，第81页。

② 需要说明的是，虽然德国属于纠问式司法，但德国的辩诉协商制度也是实践先行，是早期案件严重积压问题催生的结果，这一点与其他传统大陆法系国家不同。参见马勤：《微观比较视野下认罪认罚从宽制度的多维反思》，载《法制与社会发展》2023年第3期，第158页。

方国家‘辩诉交易’的翻版或中国化”,[①] 但这并不妨碍二者间存在可以用来比较与借鉴的制度共性。最后，作为英美法系国家，美国辩诉交易制度的发展与演进基本是以判例形式存在。有别于成文法国家，具体的案件情节和判例说理使这项制度及其背后的理论逻辑得以较为清晰地展现出来，诸多案例生动地反映出在辩诉交易制度中错案存在的现实，这无疑将为研究提供极大便利。

一、妥协与交易：从“私下协商”到“判定合宪”

一般认为，辩诉交易制度肇兴于19世纪的美国。[②] 彼时，资本主义经济正经历突飞猛进的发展，货物流通性强，人员流动性大，城市化进程不断得以提升，由此造成了刑事案件数量的爆炸式增长。然而一国的司法资源毕竟有限，国家所能投入的司法成本很难随案件数量同比例增加，这便产生了诉讼效率与司法公正之间的张力，毕竟“迟到的正义非正义”。一些地区的检察官开始尝试在答辩前与被追诉人进行私下沟通，通过承诺减少指控罪名或者降低刑罚幅度的方式换取被追诉人的审前认罪。由于在缓解案件积压、提高司法效率方面表现出色，这样一种刑事案件的快速审理机制迅速在全美传播开来，在联邦和各个州均得到了广泛采用。但这一阶段的辩诉交易作为公正审判之外的变通做法，尚属控辩双方的私下行为，美国的各级法院对辩诉交易的合宪性问题一直持一种批评、回避或者迟疑不决的态度。[③]

法院的普遍反对态度一直持续到19世纪的最后25年，这一时期

---

① 胡云腾：《正确把握认罪认罚从宽　保证严格公正高效司法》，载《人民法院报》2019年10月24日第5版。

② 亦有观点认为，早在1804年美国即存在带有辩诉交易性质的“协商实务”。参见刘少军、李延奎：《论辩诉交易与刑事和解的差异与融合》，载《安徽大学法律评论》2011年第1期，第162页。不过彼时的辩诉交易更像是单个、零星的存在，现有证据还不能证明其已经作为一项系统的制度存在。

③ ［美］斯蒂芬诺斯·毕贝斯著：《庭审之外的辩诉交易》，杨先德、廖钰译，中国法制出版社2018年版，第4页。

美国商品经济和交通的快速发展带来民事案件数量的激增。据统计，仅在波士顿地区，民事过失诉讼的案件量就从 1880 年的约 120 件上升至 1900 年的 3300 件左右。但由于法官在促使民事案件当事人调解解决纠纷方面享有的权力远小于其在引导刑事案件被告人答辩有罪方面享有的权力，在司法资源没有显著增长的情况下，巨大的案件量压力迫使法官不得不想方设法提高刑事案件的办案效率。此外，公共缓刑官员和假释制度的确立以及“答辩撤回规则”的设立减轻了法官准确量刑的司法责任，维护了法官的职业尊严，削弱了法院基于原则坚守而对辩诉交易产生的抗拒心理，进一步促使了法官态度的转变。① 在 1892 年的哈林格诉戴维斯案中，美国最高法院首次明确被告向法院认罪必须出于自愿。② 至此，越来越多的法官接受并主动参与到辩诉交易中，美国辩诉交易制度初具雏形，并在 20 世纪初正式进入公众视野。

但这一在实践中早已盛行的辩诉交易现象迟迟没有得到立法机关的回应，直到 1970 年布雷迪诉美国案（Brady v. Unite State）③ 出台，辩诉交易制度的合宪性才正式得以确认。

布雷迪诉美国案

布雷迪被指控犯有可能被判处死刑的绑架罪。在得知同案犯已经认罪并将作为证人出庭指正他时，布雷迪放弃了原本的无罪答辩转做有罪答辩，并最终被判处 50 年监禁。后其上诉称有罪答辩是在律师、控方施加的压力下作出，且受到死刑条款的强迫，请求撤销非自愿认罪下的定罪。

---

① 参见［美］乔治·费希尔：《辩诉交易的胜利——美国辩诉交易史》，郭志媛译，中国政法大学出版社 2012 年版，第 104 页。

② See Lucian E. Dervan, Bargained Justice: Plea-Bargaining's Innocence Problem and the Brady Safety-Valve, Utah Law Review 51, 66(2012).

③ Brady v. Unite State, 397U. S. 742 (1970).

对于本案，美国最高法院认定，判断被追诉人有罪答辩的自愿性需要“考虑一切相关因素，包括经陪审团审判后获得更重刑期的可能”，“认罪不会仅仅因为避免死刑的可能性而无效”。布雷迪之所以认罪在于“得知同案犯已经认罪并将出庭指证他”，自己可能“插翅难逃”，虽然其在抗辩中称自己的认罪受到了死刑条款的强迫，但并没有证据表明这一理由在被告决定认罪的过程中发挥了重要作用，不能推翻其有罪答辩。与此同时，布雷迪的认罪是在称职律师的有效帮助下进行的，并且在公开的法庭上作出，因而其作出的有罪答辩是自愿、有效的。该案判决进一步阐释了有罪答辩有效性的判断标准：不仅要求被追诉人承认罪行，还要同意可以在不经过陪审团和法官审判的情况下作出有罪判决，且这种放弃陪审团审判等宪法性权利的行为“必须是自愿的，必须是知情的和理智的行为，必须是在对相关情况及可能的后果有充分了解的情形下作出的”。继而该判例对辩诉交易制度的合宪性问题进行了讨论，认为有罪答辩使“政府和被告能够互利共赢”，所以尽管对辩诉交易的盛行作出合理解释并不表明对这一制度的认可，但最高法院至少并不认为该做法是违宪的。借助此案，辩诉交易制度完成了由幕后到台前的转身，将美国的刑事诉讼制度由对抗型司法模式带进了合作型司法模式的新纪元。

此后的 1971 年美国最高司法机关通过桑托贝尔诉纽约案（Santobell v. New York）① 进一步强调了辩诉交易制度的合理性：“如果每一项刑事指控均要经受完整的刑事审判，各州和联邦政府需要成倍增加法官和法院设施的数量。”

① Santobell v. New York，404U. S. 260（1971）.

桑托贝尔诉纽约案

桑托贝尔因两项涉及赌博的重罪被起诉，经过与检察官的谈判，同意对较小的罪行认罪，检察官承诺不就判决提出建议。之后一位新检察官取代了与桑托贝尔进行认罪协商的检察官，无视控辩已经达成的协议，向法院建议判处最高刑期。初审法官接受了这一建议，上诉法院维持判决，后被告请求美国最高法院审查上诉庭的判决。

美国最高法院经过审查最终撤销了上诉法院的判决，将案件发回重审。法院认为，“作为辩诉交易的一部分，国家必须对被告认罪而提出的判决建议保持承诺”，“检察系统繁重的工作量不能成为没有有序推进检察程序的借口”。

在该案中，最高司法机关不再如布雷迪诉美国案仅就辩诉交易制度的合宪性作出说明却对其价值保持中立，而是将辩诉交易视为美国刑事司法制度的组成部分，明确表达了对适用该制度的赞许态度：“如果运用得当，它（辩诉交易）应当受到鼓励。”可以说经过布雷迪诉美国案和桑托贝尔诉纽约案，辩诉交易制度的正当性和合理性得到全面肯定，后一个判例还进一步发展出保障辩诉交易有序开展的救济措施，“法院通过不公正手段获得的有罪供述应当被撤销”，“如果及时申请，法院将撤销因无知、恐惧或疏忽而不公平获得的认罪，被告对这种撤销的申请不涉及任何有罪或无罪的问题”。此后，1974 年修订的《联邦刑事诉讼规则》第 11 条正式对辩诉交易制度进行了规定，使其在制定法中得以被明文规定，自此开始了席卷全美、覆盖 90%以上刑事案件的辩诉交易风暴。

伴随着制度的迅猛发展，这一时期有关辩诉交易的学术研究也呈现出蓬勃的势头。其中较为有代表性的有穆诺金（Mnookin）和柯恩豪泽尔（Kornhauser）发表在《哈佛法律评论》上的《审判阴影下的协商：以离婚案件为例》一文。尽管这篇文章的主要理论场域在于以离婚案件为切入点的家事法中，但将讨论延伸到辩诉交易制度中，提出了刑事审判中的“庭审阴影”（Shadow-Of-Trial）概念。①

事实上，作为一项常见于民事和解领域的学术模型，“庭审阴影”理论最早由兰德斯（Landes）教授于1971年提出，是指法官的判决会向人们发出某种信号——某些行为被法律所允许，某些则恰好相反。在决定人们行为的因素中隐含着一种假设，即既往案件的判决也可能对自己的行为产生影响。② 在该模型下，辩诉交易决策的传统解释是：所有的刑事被告都是通过比较辩诉交易的优惠与审判预期的后果来作出决定的。③ 当被追诉方面临一项刑事指控时，将会首先依据既往的判决，结合本案情况对案件走向作出预估。所谓案件情况由行为的严重性、证据的强度和被告的背景情况（如是否为累犯等）来决定，而案件的走向则大体可能有“可能在庭审中获胜”“入罪证据强度很高”“控方证据略显薄弱但仍有获胜把握”等。④ 按照“庭审阴影”理论，决定辩诉交易制度的因素可以被归纳为两项：预期庭审结果与案件证据情况。其中，预期庭审结果是决定辩诉交易的关键性因素，控辩双方形成怎样的“庭审阴影”是进行认罪协商的重要前提，而对审判结果的预测又建立在双方对案件证据情况的掌握程度上。在认罪协商的过程中，检察官和辩护律师不断交换证据，从对方那里获取更多信息，更新和完善各自对案件基本事实的认识，在此基础上结

---

① See Robert H. Mnookin & Lewis Kornhauser, Bargaining in the Shadow of the Law: The Case of Divorce, 88 YALE L. J. 950(1979).

② See William M Landes, An Economic Analysis of the Court, Journal of Law and Economics, 14(1971).

③ 王喆：《美国辩诉交易中的控辩协商——以“审判阴影模型”为视角的思考》，载《兰州大学学报》（社会科学版）2019年第2期，第43页。

④ See Debra S Emmelman, Trail by Plea Bargain: Case Settlement as A Product of Recursive Decision Making, Law & Society Review, 30(1996).

合量刑规则对审判结果进行预测，尽量形成清晰且一致的“庭审阴影”以求共赢。尽管发生于这项模型被提出之前，布雷迪诉美国案仍是“庭审阴影”理论的极好注脚。面对指控，布雷迪最初选择以无罪答辩作出回应，但是自获知“同案犯已经认罪”并且“将会出庭指证他”，案件情况在有罪证据方面的强度陡然提升，指控后不断积累的证据可以确保给被告定罪，这使他不得不对庭审的走向重新作出理性的评估。按照最高法院判例的逻辑，与其说布雷迪认罪是“受到死刑条款的强迫”，不如说是为了“避免庭审的不确定性而选择较轻的惩罚”。

“庭审阴影”理论的提出为当时辩诉交易制度的正当化提供了学理依据。一方面，该理论强调了证据情况对于达成辩诉交易的决定性意义（毕竟庭审结果的预期也是基于证据完成的），表明在这种快速审理程序中仍然可以寻得罪责刑方面的一致性；另一方面，这一理论认为交易的形成需要以本来存在完备的庭审为前提，即庭审的定罪可能性以及可能的审后量刑在很大程度上决定了辩诉交易的结果，因此其可以与庭审实现大致一样的公正结果，而不至于在公平公正方面产生极大的偏颇。

二、批评与反思：从“天使面孔”到“魔鬼制度”

在美国，尽管一系列判例及制定法确认了辩诉交易制度在实践中的正当性，“庭审阴影”理论等概念的提出又实现了学理上的证成，但针对这项制度的批评与质疑自其产生之日起就从未停止过。

毕贝斯（Bibas）教授2004年发表于《哈佛法律评论》的长文《庭审阴影之外的辩诉交易》，① 运用社会科学的研究方法，对传统

① See Stephanos Bibas. Plea Bargaining outside of the Shadow of Trial, 117 Harvard Law Review 2463, 2547(2004). 需要略做说明的是，这篇文章的中译本被取名为《庭审之外的辩诉交易》，尽管其中一定蕴含着译者的独到考量，但在本书中笔者仍愿意将其另译为《庭审阴影之外的辩诉交易》，毕竟该文的主要立基点即为对“庭审阴影”理论的反思。

"庭审阴影"理论下的结果预期进行了全面的反思。毕贝斯认为,"庭审阴影"理论的成立完全依赖诉讼双方的理性以至于使理论显得过于简单化,而忽略了其他结构性扭曲因素对交易结果的影响。尽管穆诺金和柯恩豪泽尔曾承认"当事人偏好……交易成本、对于风险的态度、行为策略也会实质性地影响协商结果",[①] 但他们认为这种影响是"微不足道"的。"庭审阴影"理论的赞成者先后否定了律师业务水平、当事人经济状况、风险偏好对辩诉交易的影响,而将庭审预期作为影响辩诉交易的决定性因素,其他因素仅是对这一可靠模型的细化而已。[②]

事实上,许多辩诉交易已经偏离了庭审的影响。有学者通过行为经济学中的贴现理论,指出"庭审阴影"理论低估了审判延迟和定罪概率对当事人辩诉交易决策的影响,辩诉交易选择的结构在不知不觉中利用了人们对确定、即时的选择的偏好。[③] 例如,对于审前被羁押且无法或拒绝获得保释的被追诉人而言,如果其选择接受将已羁押的时间作为刑期的交易便可以即刻从被羁押的困境中脱身。此时,影响其交易的因素显然不再是庭审结果,而是能否获得保释。我们可以从杰克·福吉的经历中窥见这一点。

杰克·福吉被指控犯有入室盗窃罪,但福吉是在女朋友的邀请下跟她共同进入房间的,因而无法构成"明知未经允许仍进入他人住宅"的犯罪构成要件,遂其在有公设辩护人的情况下主张无罪。由于无法负担保释金,福吉在巴尔的摩的中央看守所被关押 1 个月以排期

① See Robert H. Mnookin & Lewis Kornhauser, Bargaining in the Shadow of the Law: The Case of Divorce, 88 YALE L. J. 950(1979).

② See Easterbrook, Criminal Procedure, supra note 2, at 309-310; Scott & Stuntz, supra note 2, at 1925-1928, 1938-1939, etc.

③ See Lauren Clatch, Shining a Light on the Shadow-of-Trial Model: A Bridge Between Discounting and Plea Bargaining, 102 Minn. L. Rev. 923(2017).

等待开庭。巴尔的摩看守所不仅污秽不堪，而且危机四伏，被马里兰州长称作“无可救药”“骇人听闻”“奇耻大辱”一般的存在。当福吉熬到出庭时，控方递给他一份早已准备好的协议——只要认罪服法，就可以将刑期“实报实销”，立即释放。吉福坚称无罪并拒绝了这份协议。但由于控方证人“无法”出庭，法庭准许延期审理以寻找证人，这意味着他不得不继续在看守所等待下一次开庭。这时，福吉在律师面前崩溃了：“算了算了，我就按服刑时间认罪吧。”于是，无辜的福吉最终作出了认罪答辩，承认了入室盗窃的罪行，甚至因避免了继续遭受牢狱之灾而感到高兴。①

显然，在该案中影响辩诉交易结果的绝非庭审的定罪可能性或者可能的审后量刑，更与案件的证据情况无关。介入性因素对被追诉人认罪意志的影响并不像“庭审阴影”理论拥护者所描述的那样不值一提：这很可能导致无辜的被追诉人被迫认罪。此外，根据“庭审阴影”理论的理想状态，无辜被追诉人在面临是否进行认罪协商时，应当坚定自己的清白并选择庭审程序，但事实并非如此。有学者在2013年开展了一项专门研究，以学术纪律惩罚替代传统刑事惩罚，对82名大学生进行模拟辩诉交易的测试，结果显示约90%的“有罪”学生接受了交易，而在并没有面对指向有罪的强有力证据的情况下，约60%的“无辜”学生也接受了交易，“学生显然愿意选择‘缓刑’类能快速释放的惩罚，而不是冒着未来被‘羁押’的风险进入庭审”。②此时，被归为介入因素的风险偏好便成了影响无辜被告认罪意志的主要因素，无辜者的损失规避心理在一定程度上被风险规避心理所取代，更倾向于通过认罪认罚规避审判程序中被定罪的风险，而非选择

① 参见［美］亚历山德拉·纳塔波夫：《无罪之罚：美国司法的不公正》，郭航译，上海人民出版社2020年版，第89页。

② ［美］卢西安·德万、凡妮莎·艾德金斯：《无辜被告人困境：辩诉交易无辜被告人问题创新实证研究》，夏菲译，载《犯罪研究》2020年第5期，第106页。

坚称无罪经审判以避免认罪的损失。[①] 另有学者指出，坚称无罪的无辜者在面对侦查机关的讯问时会面临更大的压力，侦查机关很可能认为其在故意对抗，从而施加更高强度的心理强制型非法讯问方法，最终使被追诉人被迫作出有罪供述。而一旦无辜者选择认罪，司法机关便会难以避免地形成取证偏见和确证偏见，此时无辜者再想提出有力的无罪证据，推翻先前的有罪供述便会难上加难。[②]

实际上，早在辩诉交易制度的合宪性被最高法院确认前，1970 年的北卡罗来纳州诉阿尔弗德案（North Carolina v. Alford）[③] 中便出现了自称无罪的人通过认罪表示换取较轻刑罚的情况。该案中，阿尔弗德被指控犯有可能被判处死刑的一级谋杀罪。控方指出，如果阿尔弗德选择辩诉交易则会降格指控二级谋杀，刑罚也将会降低至 30 年监禁，于是他选择了屈从。在听证会上，阿尔弗德坚称自己无罪，其同意作出辩诉交易仅仅是因为“如果不这样做将会被判处死刑”，他“正在替凶手背锅”。最高法院的审理意见认为，“虽然大多数认罪包括放弃审判和明确承认有罪，但后一项要素不是判处刑事处罚的宪法要求”，“美国宪法不禁止对不愿明确承认自己有罪，但面临严峻选择，愿意放弃审判并接受判决的被追诉人判处监禁刑”。尽管阿尔弗德宣称无罪，但是鉴于存在大量反驳其无罪证言的证据，可以判断其认罪答辩是自愿且明智的，因而具有合法性。在这类案件中，被追诉人进行有罪答辩但辩称自己无罪的做法目的在于避免可能的死刑判决，但美国法院指出“因对死刑产生恐惧”的抗辩不足以否定被追诉人认罪自愿性，这与 1970 年布雷迪诉美国案的裁判逻辑是一脉相承的，“确认认罪有效性的标准是被告是否在可供替代的做法中作出了

---

① 参见王迎龙：《认罪认罚自愿性困境实证研究》，载《环球法律评论》2023 年第 6 期，第 147 页以下。

② 参见刘静坤：《如何防止无辜者被强迫认罪——兼论不被强迫认罪权的程序要素》，载《政法论坛》2021 年第 3 期，第 70 页以下。

③ North Carolina v. Alford, 400 U. S. 25(1970).

自愿且明智的选择”。由此，最高法院的判例创设了“阿尔弗德答辩”——“有罪但不认罪”（Guilty but not Guilty），尽管最高法院没有强制要求其他州法院接受这种答辩，但截至目前全美至少已经有47个州及哥伦比亚特区承认阿尔弗德答辩。

阿尔弗德答辩前所未有地引发了对认罪自愿性和真实性的分别思考，美国辩诉交易中的认罪自愿性标准经历了一个由严到宽的过程。在早期的认罪协商实践中，由于辩诉交易制度并未得到法官的认可，合法性地位未获确认，法院对认罪自愿性的审查标准把握得较为严格，即使被告自愿作出了有罪供述，法院也往往不予认可。随着后续法官态度的慢慢转变，以及一系列具有影响力的涉及自愿性认定标准的案件的出现，[①] 在20世纪后期认罪答辩的自愿性标准终于渐渐宽松。[②] 在1970年布雷迪诉美国案中，法院将被告认罪答辩“自愿性”的审查标准与普通有罪供述的“自愿性”标准正式区分开来，[③] 并在阿尔弗德案中得到了进一步重申，确立了阿尔弗德答辩。对于这种允许被告在法律上进行有罪答辩而事实上坚称无罪的做法，有学者指出“阿尔弗德答辩看似为无辜者提供了额外的刺激，因为他们可以在得到认罪答辩好处的同时不必违心认罪。因此，阿尔弗德答辩加剧了真正的无罪被告认罪的风险”。[④]

这里的真实性系针对有罪答辩的事实基础，即被追诉人所承认的罪行是否为真实存在的。在普通的认罪答辩案件中，法官对事实基础的审查只需进行形式审查，满足其主观判断标准，“确信认罪具有事

① See Walker v. Johnston, 312 U. S. 275 (1941); Machibroda v. United States, 368 U. S. 487 (1962); United States v. Jackson, 390 U. S. 570(1968).

② 参见王迎龙：《协商性刑事司法错误：问题、经验与应对》，载《政法论坛》2020年第5期，第47页。

③ 夏菲：《辩诉交易强迫认罪问题对认罪认罚从宽制度的警示》，载《东方法学》2021年第4期，第153页。

④ John H. Blume, Rebecca K. Helm：《“认假罪”：那些事实无罪的有罪答辩人》，郭烁、刘欢译，载《中国刑事法杂志》2017年第5期，第136页。

实依据”即可。但在阿尔弗德案中，最高法院“坚称无罪的认罪答辩不应被接受，除非认罪具有事实依据，并且接受认罪的法官调查并努力调和有罪答辩和坚称无罪之间的矛盾”，并进一步强调该有罪答辩应当已经具备“强有力的事实基础”，但究竟何为“强有力”并非一种可供量化的确定标准。[①] 在实践中，有的地区法院将此解释为“排除合理怀疑标准”，有的则认为其应当低于庭审定罪的标准，如采用“合理地相信”“并非不合理地得出被告有罪的结论”等。[②] 更为宽松的是，还有的法院仅凭借被追诉人承认实施犯罪的供述即认定构成犯罪基础。[③] 事实基础的要求在以效率为导向的辩诉交易制度中作用并不明显，由此在实践中产生无辜者认罪的现象便不足为奇了。[④]

数字证明了这一点。一项针对 1989 年至 2003 年间美国已获平反的错误定罪案件数据显示，这些嗣后被无罪释放的被告中，约有 20% 进行了辩诉交易。例如，有 15 名无辜的杀人案件被告和 4 名无辜的强奸案件被告都经由辩诉交易被判处较长期限的监禁刑罚；在得克萨斯州杜利亚市有 39 人因一名不诚实的毒品案件卧底侦查人员提供的未经证实的证言遭到指控，其中的 31 人针对自己并未实施的毒品犯罪行为选择了辩诉交易。[⑤] 在密歇根法学院成立的“全面洗冤登记中心”（The National Registry of Exonerations）统计的 1702 起无辜者案件中，有 261 起案件的当事人承认了犯罪并与检方进行了辩诉交易，错误认罪率达到 15%；加利福尼亚州大学尔湾分校的数据显示，自 1989 年以来，美国全境已经有 2045 名罪犯因赦免、撤案或者宣告无罪而

---

① North Carolina v. Alford, 400 U. S. 25 (1970).

② 参见史立梅：《美国有罪答辩的事实基础制度对我国的启示》，载《国家检察官学院学报》2017 年第 1 期，第 34 页。

③ See People v. Holmes, 84 P. 3d 366, 369 (Cal. 2004).

④ 参见王迎龙：《协商性刑事司法错误：问题、经验与应对》，载《政法论坛》2020 年第 5 期，第 48 页。

⑤ 参见［美］萨缪尔·格罗斯等：《美国的无罪裁决——从 1989 年到 2003 年》，刘静坤译，载《中国刑事法杂志》2006 年第 6 期，第 115 页。

被平反，其中有 370 人的有罪判决是根据其有罪答辩作出的，占全部纠错案件的 18.1%，而这些认罪认罚错案中所被指控的犯罪大多数根本没有发生过①……而这仅仅是辩诉交易带来错案的冰山一角，毕竟美国的洗冤计划较为依赖 DNA 技术的作用，这使得诸如杀人、强奸等这类涉及 DNA 证据的案件更可能被发现错误。而且上述数据是针对由于无罪证据而被无罪释放的情形所统计的，很多因为伪造证据、司法腐败而被错误定罪的无辜被告不在其列。更为关键的是，辩诉交易下很多错误定罪由于披着“控辩合意”的外衣，被追诉人看起来获得了“当下的利益”（如即时解除羁押措施等），其主张判决有误的动力会较对抗型司法模式大幅衰减，由此导致辩诉交易中的这类错误定罪往往更具隐蔽性，更难被外界发现。从罪行轻重的角度来看，有数据显示，在国家无罪释放登记处录入的 300 多起案件中，同样有无辜的被告对重罪作出了认罪答辩，其中 72 人被指控谋杀罪。② 但是上述的“洗冤计划”几乎从不考虑轻罪案件，也未见任何相关的宣告无罪案例。③ 这使得大量轻罪案件中可能的错误认罪很难被真正发现及纠正。

辩诉交易制度曾一度被认为是“必要的恶”（Necessary Evil），而现在又被称赞为一种有效的工作手段。④ 与此同时，也有人认为“辩诉交易没有什么值得称赞的地方。在本应为发现真相而激烈对抗的场

---

① See The National Registry of Exonerations, http://www.law.umich.edu/special/exoneration/Pages/detaillist.aspx? View = {FAF6EDDB-5A68-4F8F-8A52-2C61F5BF9EA7}&FilterField1=Group&FilterValue1=P, last visit on 25 February 2025.

② See Carrie Teegardin, Ticket Torment: Georgia Probation Systems Ensnares Those Too Poor to Pay Traffic Fines, Atlanta Journal-Constitution, November 22, 2014.

③ ［美］亚历山德拉·纳塔波夫：《无罪之罚：美国司法的不公正》，郭航译，上海人民出版社 2020 年版，第 107 页。

④ ［美］John H. Blume，Rebecca K. Helm：《“认假罪”：那些事实无罪的有罪答辩人》，郭烁、刘欢译，载《中国刑事法杂志》2017 年第 5 期，第 132 页。

合，辩诉交易使我们得以偷懒休战”,① 甚至有观点将阿尔弗德答辩称为“魔鬼答辩”。② 还有人认为辩诉交易对公共利益、社会利益、被告利益造成的损害已经超过了认罪协商给各方带来的利益，其缺陷是结构性的、无法被克服的，辩诉交易“可以被废除，应该被废除”。③ 究其根本，对辩诉交易制度的负面评价源于该制度对案件事实本身的漠视及由此引发的大量错案。作为一项业已存在的制度，断然否定辩诉交易甚至主张取消该制度并非理性选择，毕竟当今社会的案件数量不允许所有案件都经过完备的陪审团制度得以解决，寻求效率导向的繁简分流的刑事诉讼程序已经成为世界性变革趋势。但是，辩诉交易导致的错案不容忽视，即便为了提高诉讼效率而进行协商或交易，也不应出现如此数量的无辜有罪答辩人。

美国在合作型司法模式中的先行经验使我们得以窥见：认罪认罚错案客观存在。殷鉴不远，在德国，因为认罪答辩而形成的错误判决亦常见于纸端。

在德国波茨坦区法院审理的一桩涉嫌走私稀土案件中，法官选择了一条“现在十分常见的通往真相之路——简化”，当被告被羁押5个月之后，法官给了这位波兰人一个无法拒绝的要约：只要他承认自己是非法将这些稀土由波兰运至柏林的，他就可以马上回去见老婆孩子，并会获得缓刑的判决。“被关了5个月之后，谁还会拒绝这样的要约？几乎不会说德语的托卡奇5个月以来不断坚称自己没有任何不法，现在他却让律师去做笔录，说他因稀土走私，漏缴进口关税及进

① ［美］乔治·费希尔：《辩诉交易的胜利——美国辩诉交易史》，郭志媛译，中国政法大学出版社2012年版，第6页。

② 参见郭烁：《在自愿与真实之间：美国阿尔弗德答辩的启示》，载《当代法学》2020年第5期，第79页。

③ 参见［美］斯蒂芬·舒霍夫：《灾难性的辩诉交易制度》，郭烁译，载《中国刑事法杂志》2019年第6期，第142页。

口营业税给德国政府”。[1] 6年后，这起因“被告坦承不讳”而被定罪的案件最终被证明是错误的。尽管在无罪判决作出之前，上诉法院的法官曾因被告的认罪供述再次判决其有罪，但最后法兰克福的事实审上诉法官判决：“司法不应陷被告作出错误之自白，使其无法脱身。”

另有一项德国2012年的研究显示，超过一半的受访律师认为自己的客户中至少有一位为换取宽大处理作出了虚假供述。再如英国的一项研究显示，监狱中有相当一部分认罪者声称自己无罪或对其中一项或多项指控无罪。[2] 各国层出不穷的错案数据表明，协商性司法制度下的错案风险已经不仅仅是个案问题，而上升为一个制度性问题，背后是辩诉交易本身固有的制度风险，不完整的庭审理所当然地为错案的发生埋下了隐患。究其原因，最主要的问题在于国家和被追诉人之间的权力差异。美国的辩诉交易制度赋予了检察官在认罪协商程序中的垄断地位，除巨大的起诉裁量权和证据上的优势地位外，被追诉人一旦拒绝检察官的认罪协商请求，很可能引发检察官的报复性起诉，面临更重的指控。[3] 同样，在德国的刑事认罪协商程序中，被告在面对法官提出的量刑提议时，也不可避免地会担心自己的不认罪会导致法官更加严格的处理。此时影响当事人认罪答辩的因素绝非“庭审阴影”理论所设想的那么简单，诉讼中的不确定性、诉讼成本的压力以及被追诉人的风险与利益偏好都极有可能影响辩诉交易的走向。[4]

虽然各国的司法模式和具体制度有所不同，但理论和实践无不证

---

① ［德］托马斯·达恩史戴特：《失灵的司法：德国冤错案启示录》，郑惠芬译，法律出版社2017年版，第266页。

② 参见［德］托马斯·魏根特：《德国、英美和中国刑事诉讼中基于合意的案件处置》，王芳凯译，载《刑事法评论》2023年第1期，第519页。

③ 参见郭华、高涵：《认罪认罚从宽制度实施风险及程序控制——基于美国辩诉交易制度实施风险的展开》，载《法学论坛》2021年第1期，第155页。

④ 王喆：《美国辩诉交易中的控辩协商——以“审判阴影模型”为视角的思考》，载《兰州大学学报》（社会科学版）2019年第2期，第46页。

明了不同的刑事认罪协商程序具有共同的错案风险。从不同国家合作型司法模式下的刑事错案可以获知，这类错案的发生有其特殊成因，如何准确界定认罪认罚错案、凝练认罪认罚错案特征、探寻认罪认罚错案的成因，进而为防范认罪认罚案件中的错误定罪提供有效的机制保障，当前大力推行认罪认罚从宽制度背景下亟待研究的现实问题。

第二章 认罪认罚案件中的错案及其生成机理

第一节 认罪认罚案件中的错案内涵

有裁判就存在错判的可能。古今中外，冤假错案都难以完全根除。冤假错案的发生原因有很多，如故意陷人入罪、认识错误、能力不强、技术落后。随着认罪认罚从宽制度作为一项诉讼原则被写入法律，我国刑事诉讼步入新的合作型司法模式。当前，在实践中认罪认罚从宽制度短时间内高比重、全口径适用的背景下，被追诉人对这一制度可能带来的法律后果尚不甚了解，对于控辩协商以及据此产生的量刑建议的法律效力缺乏深入认识，加之因司法模式转型而带来的诉讼程序、证据制度、辩护制度、强制措施等方面的协同变化尚不完备，控审之间的张力日显突出，认罪自愿性和真实性难以得到切实保障，这些都增大了认罪认罚案件中发生错案的风险。美国辩诉交易制度的发展史再次使我们清楚地意识到诉讼效率不能成为评价合作型司法模式的唯一指标，如果由此产生大量的无辜者认罪，无论对具体个案还是整个司法制度而言都将是一场沉重的灾难。尽管这种灾难在合作型司法模式中或许会表现得“隐性”或“温和”，但恰是这种特性将使制度在无声中摧毁社会公众对刑事司法的信任。

按照《布莱克法律词典》的解释，在美国，所谓错案（Failure of

Justice）是指“在刑事诉讼程序中，尽管缺少关于犯罪构成要件的证据，被告却被定罪这样一种极不公平的结果”。首先，根据该解释，错案特指无辜者被错误定罪（Wrong Conviction），至于有罪者被错放（Wrong Acquittal）的情况则不属于错案范畴。其次，错案的发生缘于事实认定错误，法律适用上的错误（如将此罪认定为彼罪）和刑罚量刑上的错误不在此列。与此相类似，《法国刑事诉讼法典》第626条规定的有权要求国家赔偿的刑事错案仅限于无辜者被错误定罪的情形；《德国刑事诉讼法典》第359条规定的再审程序也仅限于无辜者被错误定罪的几类情形。有研究总结道：“英、美、法、德等国关于刑事错案的认定标准虽然各有不同，但其落脚点都在于无辜者被错误定罪，这体现了国外对个体利益的最大限度保护，他们认为法院将一个无辜的人判为有罪比让坏人脱逃的罪过更大。”①

反观我国，如果认为审判监督程序的目的在于“纠错”，那么得以启动该程序的情况即可被视为“错误”。《刑事诉讼法》第253条至少规定了“事实认定”和“法律适用”两类错案。其中，事实认定错误包括错误入罪和错误出罪两类；法律适用错误则包括罪名错误和量刑错误，后者又可以被细分为轻罪重刑和重罪轻刑两种错误情形。有学者对立法中刑事错案种类呈现出的泛化现象表示担忧，认为基于“一事不再理”“疑罪从无”等诉讼原则，错误出罪、法律适用错误等情形一般不应该被视为刑事错案，仅在出现存在作伪证、法官贪赃枉法等例外情形时才宜纳入启动再审程序的范畴，法律关注的错案应当是因为事实认定错误而错判无辜者有罪这一类。② 跳出立法的实然层面，学术界关于错案概念的争鸣亦显纷呈，甚至有观点从根本上反

① 陈敏、张晓玲：《刑事错案语境下我国法官责任追究制度探究》，载《法律适用》2020年第15期，第158页。

② 参见张保生：《刑事错案及其纠错制度的证据分析》，载《中国法学》2013年第1期，第94页。

对使用这一概念，认为“错案”是一种具有模糊性的非科学概念。[①]大多数对“错案”概念持肯定态度的学者对如何界定“错案”又产生了不同的观点，提出了“客观标准说”“主观标准说”“主客观相统一说”“可纠正说”“可赔偿说”“可追责说”[②]“结果说”“过程说”“结果过程统一说”[③]等诸多学理概念。事实上，一种行为一经发生即会成为客观存在的事实，这是不以个人意志为转移的。若该行为与既有的客观规则（律）不符，就可以将其评价为“错误”，无论能否为人们所认识或发现，其都附着于具体行为之上成为一种客观存在。因此，从根本上否定“错案”的概念，并非要否定“错案”本身存在，而更像是一种对错误的认定方法之争，对错案概念的不同解读也多是由于所选视角的差别所致。

本书以下将进一步展开错案的概念，采用一种客观标准的视角，以案件的最终处理结果为关注点，同时将这一结果更多限定在事实认定方面。当然，这样的选择并不意味着对诉讼过程的忽视，但可以肯定的是法律适用错误并不是本书关注的重点。同时，本书对错案的研究，目的不在于责任追究，而在于风险防范，因此将理论逻辑更多地定位在审前阶段。一些同样采用预防错案研究视角的观点是这样定义刑事错案的：“将没有实施犯罪行为的人当作犯罪嫌疑人或被告人进行追究。”[④]更为重要的是，本书将错案研究的场域由对抗型司法模式转向合作型司法模式。在该背景下，被追诉人业已作出认罪认罚的意思表示，继而与控方就量刑进行协商并达成一致意见，此时的错案往

---

① 参见廖永安：《关于错案责任追究制的反思》，载《江苏社会科学》1993年第3期，第64页。

② 参见陈学权：《刑事错案的三重标准》，载《法学杂志》2005年第4期，第31页。

③ 参见何家弘：《三人堂与群言录》，中国政法大学出版社2006年版，第438页；王生今、杨旺年：《刑事错案及相关问题研究》，载《国家检察官学院学报》2005年第3期，第37页；等等。

④ 参见刘品新等：《所有人的正义：中国刑事错案预防与救济指南》，中国法制出版社2015年版，第11页。

往是合意的结果。从主观方面来看，这种结果可能是控辩双方的积极追求，至少也表现为一种默契的放任，其结果是导致刑事诉讼所应恪守的底限正义受到减损。由此，本书为即将探讨的认罪认罚错案作如下界定：因主观或外界介入因素，导致被追诉方作出虚假的认罪认罚表示，经形式化控辩协商后，形成突破底限正义的刑事合意并被法院确认，最终导致事实无罪之人被定罪的刑事案件。简言之，即由错误的诉讼合意导致无辜者被定罪的刑事案件。

第二节 认罪认罚案件中的错案类型

自著名法学家拉德布鲁赫将“类型化”的方法引入法学领域以来，这一理论已经延拓到立法、司法的诸多领域。所谓“类型化”，是指通过寻求具体事物之间以类似方式存在的本质，进而借助归纳的方式把握具有类似本质特征的具体事物的规范价值和整体印象。类型化的研究方法在我国法学领域时常可见，学界既有在宏观法理层面对类型化思维之本质及功能的探讨，亦有以此研究方法对部门法下具体制度优化所提出的类型化思路。① 采用类型化的方法对认罪认罚错案进行研究，意在更有针对性地梳理错案成因及其特征，实现从“个案到整体”的维度跨越，克服理论化概念的抽象性、封闭性及断裂性，将具体案件事实与类型的整体印象要素结合，进而实现个案纠纷法规范的适用。

一、假认罪：事实无罪之人被迫认罪

美国辩诉交易制度下的阿尔弗德案为我们提供了一种极端的认罪错案类型——被追诉人坚称无罪却做认罪答辩。与辩诉交易不同，根

① 参见步洋洋：《论我国刑事缺席审判制度的类型化》，载《政法论坛》2020 年第 4 期，第 183 页。

据认罪认罚从宽制度的要求，被追诉人认罪需“自愿如实供述自己的罪行”并“对指控的犯罪事实没有异议”，这使得在我国合作型司法模式下并不存在“阿尔弗德答辩”的适用空间。但不容否认的是，在认罪自愿性保障机制尚不完备的情况下，事实无罪之人可能基于某些介入因素而作出承认指控事实的虚假意思表示，即将内在的无罪表达为外化的认罪。这种虚假的意思表示并非被追诉人主观追求的结果，假认罪中的“假”用以表示认罪行为的非自愿性。当然，非自愿的认罪不会当然引发实体上的错误后果，也就是说，非自愿认罪的被追诉人仍然有可能是受指控犯罪行为的实施者，有学者将这种情形归纳为“屈从型自愿”。[①] 本书以下重点关注的是基于非自愿过程而引发非真实结果的这一错误类型，即部分学者所述的“协商性刑事司法错误中的无辜者错误定罪”。[②] 自愿性和真实性是保障认罪认罚从宽制度正当运行的基石。从本质上来看，合作型司法模式以被追诉人放弃自身的部分诉讼权利为特征，因此使对抗型司法模式下为保障这些权利而设置的证人出庭、证据调查、法庭辩论等环节得以省略。被追诉人对权利的放弃以获得实体上的从宽处罚为对价，同时包括审前非羁押等程序从简的优待。但是在假认罪情况下，事实无辜者通过非自愿的认罪表示，以牺牲事实真相为代价来换取刑罚上的“优惠”，突破了认罪认罚自愿性和真实性的双重底限。

这种假认罪的错误在辩诉交易制度下已经得到充分显露。根据美国全面洗冤登记中心的数据，在过去 1700 多例后被无罪释放的错案

---

① 参见郭烁：《认罪认罚背景下屈从型自愿的防范——以确立供述失权规则为例》，载《法商研究》2020 年第 6 期，第 127 页以下。需要略做说明的是，“屈从型自愿”这一概念因关键词间的内部张力而具有瑕疵，较为精准的表述应为“屈从型非自愿”或“屈从型‘自愿’”。

② 王迎龙：《协商性刑事司法错误：问题、经验与应对》，载《政法论坛》2020 年第 5 期，第 46 页以下。

中，有15.4%的被追诉人通过辩诉交易被确定有罪。[①] 这些错案的罪名涉及杀人罪、性侵罪、毒品犯罪、抢劫罪等，总体上的认罪答辩率随罪行加重而呈下降的趋势，即轻罪案件中假认罪的比例更高。这主要是因为对于轻罪案件而言，其刑罚处罚一般较轻，有的甚至可能低于其审前羁押的期限。如此一来，诉讼程序本身对于被告即变成一种“惩罚”，无辜者通过认罪能够换取从轻的处罚，从而使自己快速摆脱诉讼和审前羁押的状态。[②] 而重罪案件中的假认罪则是为了避免获得更严重的刑罚处罚，特别是死刑。美国全面洗冤登记中心的数据显示，被指控杀人罪的事实无罪者经过辩诉交易后，除一例终身监禁刑罚外，没有被判处死刑的情况。有观点认为，在这种特殊情形下，刑罚的差异性，如对犯强奸罪者处以的20年有期徒刑至终身监禁与对打人者处以的短期监禁或者无须监禁之间是如此之大，以至于在认罪答辩中检察官诱惑的强制色彩更为浓厚，有点像“强制”了。[③]

为了考察实践中可能存在的这类假认罪情况，笔者通过聚法案例，分别以“认罪认罚”“刑事案件”“裁判结果：发回重审”“二审”为关键词进行检索，[④] 得到有效案例2例，其中一起为“刘某贩卖毒品案”。[⑤] 该案的一审刑事判决书显示，被告人刘某被控伙同雷某、黄某贩卖毒品，上述被告人对指控事实、罪名及量刑建议均无异议且签字具结，在开庭审理过程中亦无异议。针对该指控，检察机关建议判处刘某有期徒刑11个月，并处罚金。一审适用速裁程序审理后，采纳了检察机关的量刑建议，判处刘某有期徒刑11个月并处罚

---

① https://www.law.umich.edu/special/exoneration/Pages/detaillist.aspx，访问日期：2024年10月15日。

② 参见王迎龙：《协商性刑事司法错误：问题、经验与应对》，载《政法论坛》2020年第5期，第46页以下。

③ See Stephen J. Schulhofer, Criminal Justice Discretion as a Regulator System, 17J. Legal Stud, 43, 73(1988).

④ 检索时间：2025年3月7日。

⑤ （2019）渝05刑终967号。

金2000元。后刘某就此判决提起上诉，称其当时不知烟盒中的物品为毒品，在侦查阶段的询问笔录不属实，签署认罪认罚具结书系受到办案人员强迫，即对认罪认罚的自愿性、真实性予以否认。可以注意到该案一审的裁判结果完全采纳了检察机关精准刑量刑建议的内容，符合被追诉人签署认罪认罚具结书时的预期利益，理论上应该能够实现服判息诉的效果，然而原审被告人刘某仍以事实不清为由提起上诉。同时，我们很难将该上诉的目的归结为意图获得更大量刑优惠而提出的"技术性上诉"：按照速裁案件二审程序的要求，被告人以事实不清、证据不足为由提出上诉，二审法院应当裁定撤销原判，发回原审人民法院适用普通程序重新审理，不再按认罪认罚案件从宽处罚。换言之，发回重审后的量刑裁量将不再受原审量刑建议的拘束，原认罪认罚后所获得的量刑优惠将被剥夺。从理论上看，在原审认定事实没有错误的情况下，被追诉人一定会获得高于原审的刑罚判决，即刑罚将因上诉行为而加重。尽管上述分析仍不能排除被追诉人上诉是为了获得更有利于自己判决的可能，但该上诉也足以使我们产生一种合理怀疑：原审被追诉人的认罪认罚是压力下的产物，其认罪自愿性及案件事实基础的真实性有待于进一步审查。

该案发回重审后的判决印证了原审在事实认定上有误的推断。根据重庆市渝中区人民法院作出的黄某、雷某等走私、贩卖、运输、制造毒品罪一审刑事判决书，[①] 在没有新证据的情况下，改判刘某有期徒刑9个月，并处罚金2000元。至此，逻辑上的悖论产生了——在证据没有变化的情况下，适用普通程序审理剥夺原量刑优惠后，被追诉人最终获得的刑罚不增反降。唯一合理的解释就是原审所达成的"认罪合意"在事实层面是有误的。

① （2020）渝0103刑初74号。

表 4　刘某案原审和发回重审情况

审级	适用程序	刑期	认罪情况
原审一审	速裁程序	11 个月	认罪认罚
发回后一审	普通程序	9 个月	不认罪

二、认假罪：事实无罪之人顶替认罪

《刑事诉讼法》第 15 条规定："犯罪嫌疑人、被告人自愿如实供述自己的罪行，承认指控的犯罪事实，愿意接受处罚的，可以依法从宽处理。"法律在此着重强调被追诉人的供述应当围绕"自己"的罪行展开。换言之，被追诉人本人须是该受指控犯罪行为的实施者。在实践中，基于种种目的，会出现事实无罪的人就非本人实施的犯罪行为"认罪"的现象，即事实无罪之人顶替他人认罪。认假罪，"假"用于表示所认之罪并非被追诉人所为，但其"认"的行为往往基于一种实质上的自愿，表现出对于错误定罪消极放任甚至是积极追求的主观态度。概言之，这类认罪认罚错案一般并无认罪自愿性上的瑕疵，而是在认罪真实性上出现悖反。有学者针对"证据错误对错案的影响情况"，就警察、检察官、法官和律师展开问卷调查，在回答"以下哪种因素最后可能导致被告人作出虚假的有罪供述"时，有 35%的受访者选择了"被告人出于某种目的自愿为他人顶罪而作出有罪供述"。①

笔者分别以"认罪""无罪""刑事案件""判决书""顶替""再审"为关键词，通过聚法案例进行检索，得到再审案件 20 件。经过人工筛选，共获得有效案例 9 件，罪名分布情况如图 3 所示。② 需

① 参见何家弘、何然：《刑事错案中的证据问题：实证研究与经济分析》，载《政法论坛》2008 年第 2 期，第 8 页。

② 检索时间：2025 年 2 月 20 日。

要予以说明的是，上述 9 起案件的判决时间横跨 2013 年至 2024 年 11 个年份，并非均是直接适用认罪认罚从宽制度的结果。但是在上述案件中，被追诉人都具备“如实供述罪行”“承认指控的犯罪事实”情节，即在“认罪”层面上符合与认罪认罚从宽制度相同的要求。这些案件的被追诉人认罪后，都是经对抗型司法模式的一审程序被认定为犯罪行为的实施者，并被判处相应的刑罚。从理论上看，将这样的错案类型衍射到认罪认罚从宽制度领域是具有说服力的，毕竟对抗型司法模式对于案件实质真实的追求程度因其诉讼程序的完备而胜过合作型司法模式。与此同时，笔者以“认罪认罚从宽”为关键词，通过聚法案例对适用该程序的案件罪名进行检索（见图 4），[①] 可以粗略地看出危险驾驶罪是当前适用认罪认罚从宽制度最多的罪名，故意伤害罪、交通肇事罪均排名前五。可以预见，在全面推行认罪认罚从宽制度的背景下，上述案件中的绝大多数未来无疑将通过这种更为轻缓的诉讼程序得以解决，因此对样本案例的探讨可以反映出认罪认罚错案的类型情况。

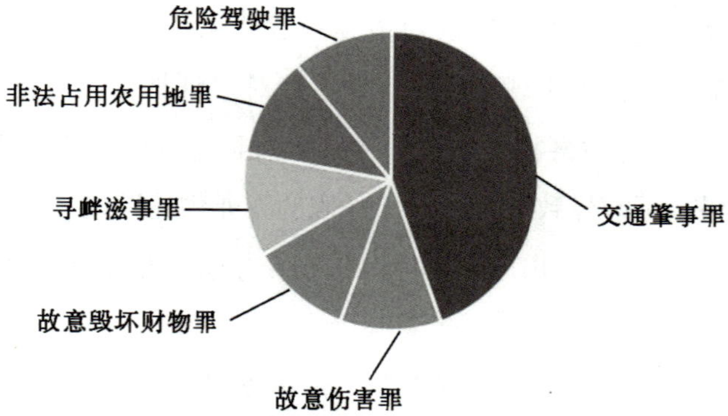

图 3　再审无罪案件罪名及分布情况

① 检索时间：2025 年 2 月 18 日。

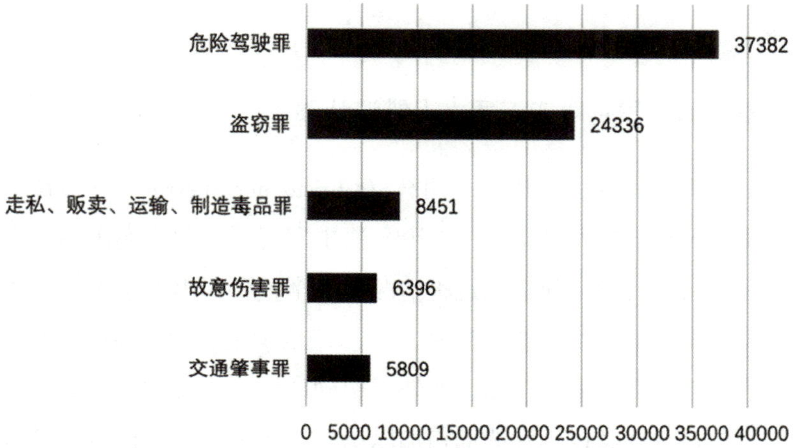

图 4　再审无罪案件罪名及数量情况

从罪名数量上来看，实践中交通肇事案件顶替认罪的数量最多，占全部案件的 58.3%，加上危险驾驶罪后，交通车辆类犯罪占比达 66.7%。此外，寻衅滋事罪、故意伤害罪及非法占用农用地罪各有 1 例。通过研读裁判文书可知，这类案件易出现“认假罪”的替人顶罪情况，原因主要可归结于以下方面：第一，这些犯罪的事实一般较为简单、清楚，顶罪者可以通过熟记行为实施者的描述，经在司法人员面前复述，大体上还原案件事实的全貌，其“如实供述”的内容往往能够被司法机关认可，进而推动诉讼进程的发展。第二，这些犯罪的起刑点普遍较低，特别是交通车辆类犯罪，一般均被判处拘役而非徒刑以上的刑罚，致使替人顶罪后所需承担的负面后果不严重。认假罪者往往会基于家庭、朋友等身份关系，出于防止行为实施者因犯罪行为遭到行政处分、开除公职等影响的动机，代替行为实施者认罪。第三，这类犯罪一般涉及较少的实物证据，更多依赖于被追诉人的供述定案。以认假罪情况数量较多的交通车辆类犯罪为例，全案证据大多由被追诉人供述、被害人陈述、证人证言及电子数据类证据构成，对于缺乏监控设备且无目击者的案件而言，供述基本即为据以定案最关键的证据。此时，非真实的认罪供述将直接导致事实无罪者被定罪的后果。

三、错认罪：事实无罪之人错误认罪

加拿大学者克里斯托弗·谢林（Christopher Sherrin）针对认罪认罚错案的研究表明，加拿大的刑事司法中发现了多起事实无罪之人作出有罪答辩的现象，而造成这种情况的一个重要原因在于被追诉人可能会基于错误的认识而选择认罪。① “基于认识错误而选择认罪者一般会认为自己有罪或者对自己无罪缺乏明确的认识，此时讯问者如果采用一定的诱导或者以较轻的刑罚加以诱惑，被追诉人往往对自己有罪不加怀疑并且自愿选择认罪从宽程序。”② 就主观方面而言，错认罪的被追诉人与认假罪的情况相类似，并非因为受到外界压力而被迫作出选择，而表现为一种主观上的自愿，但区别于认假罪的是这种错误认罪的结果并非被追诉人的主观追求，而是其并未意识到其行为的错误性。展开而言，基于错误认识的错认罪可以分为以下两种情况：

第一，对行为事实的错误认识。例如，有的被追诉人可能基于醉酒、生理性疾病等原因，无法准确记住自己是否曾经实施过当下受到指控的犯罪行为，当遭到司法人员讯问时，可能基于“场压力”下的紧张心理或者自责心理而选择认罪。区别于被追诉人坚信自己并非犯罪行为实施者的“假认罪”，错认罪情况下的被追诉人对自己是否实施了受指控行为表现为不确定。例如，湖北省英山县人民法院审理的一起经再审改判无罪的涉嫌贪污案件，在原审程序中，被告人面对检察机关的指控作出了有罪供述，承认自己将某笔本应入账的款项用于家庭支出，并在庭审时也表示认罪。但在后续的再审程序中，被告人

---

① See Christopher Sherrin, Guilty Pleas from the Innocent, 30 Windsor Review of Legal and Social Issues 4(2011), p. 21.

② 史立梅：《认罪认罚从宽程序中的潜在风险及其防范》，载《当代法学》2017 年第 5 期，第 125 页。

辩解称自己当时对是否入账一事记忆不清，加之当时并未找到入账凭证，紧张之下面对侦查机关的讯问作出了“可能是自己拿去用了”的回答，之后进一步作出了有罪供述。但被告人在缓刑期间经再次查账发现，该笔款项确已入账，并未被自己拿去归个人使用，因而提出再审申请。[①] 有学者将这种类型的认罪称为“强制—内化”型有罪供述。虽然相关实证研究显示，“强制—内化”型认罪相对于其他虚假有罪供述类型出现的概率较低，[②] 但由于其具有自愿性和真实性的外观，误导性极强，加之被告人形成了记忆混淆，即使之后意识到有罪供述的错误，提出的翻供理由也往往难以令审判者信服。[③]

第二，对自己行为性质的错误认识。例如，将自己不构成犯罪的行为误以为是犯罪行为而认罪。依据《刑事诉讼法》第 16 条的规定，有些行为因情节显著轻微、危害不大，不被认为是犯罪，但被追诉人的确实施了该行为，便很可能基于对该行为法律评价上的错误认识而选择认罪。例如，在天津市武清区人民法院审理的一起案件中，被告人被指控涉嫌敲诈勒索罪，其通过虚构家庭背景、披露被害人个人真实信息、声称认识“黑社会大哥”等手段向被害人索要钱款 1.7 万余元。被告人对上述事实供认不讳，但辩解称自己事出有因，因被害人先前称与其发生性关系后将会赠与的 20 万元并未到账，并拍摄了自己裸露的视频，辩护人对此作出了无罪辩护意见。但一审法院并未充分考虑上述情节，仅将其作为从宽处罚考量因素，最终根据被告人的有罪供述以及其他在案证据认定被告人成立敲诈勒索罪。被告人不服，上诉至天津市第一中级人民法院，辩护人在上诉审程序中仍然坚持无罪辩护。后二审法院经审理认为，虽然被告人的行为符合敲诈勒

---

① （2017）鄂 1124 刑再 2 号。

② 参见董凯：《认罪认罚从宽制度中的错案风险——以 206 起认罪错案为考察对象》，载《北方法学》2021 年第 5 期，第 98 页。

③ 参见莫然：《心理强制时代的有罪供述研究》，载《河北法学》2014 年第 6 期，第 108 页。

索罪的构成要件，但本案被害人存在明显过错，被告人主观恶性及社会危害性不大，主观上非法占有目的不明显，其行为情节显著轻微，不认为是犯罪，最终依据《刑法》第13条改判被告人无罪。[①] 在这种案件中，造成被告人错误认罪的主要原因并非侦查机关的强制因素，更多在于外界“告知有罪的可能性”，即使被告人感觉自己无罪，但当面临司法机关单方面有罪告知的重复出现时，最终很大概率会选择认罪认罚。[②] 此时，辩护律师对无罪辩护意见的坚持就显得尤为重要。对此，有学者主张当出现《刑事诉讼法》第16条规定的情形时，即便被追诉人自愿认罪认罚，辩护人仍然可以做无罪辩护。[③] 其背后的逻辑即在于即便被追诉人实施了犯罪行为，但这种基于错误认识的认罪认罚因为突破了程序正义底限，仍然不能为刑事司法所承认和接受。

第三节　认罪认罚案件中的错案特征

一、错误生成节点偏向合意阶段

在过去的传统对抗型司法模式中，我国刑事诉讼呈现出“侦查中心主义”的格局，理论界形象地将其概括为侦查机关“做饭”，检察机关“端饭”，审判机关“吃饭”的“流水线作业”模式。而在这种格局下，公检法三机关之间配合有余而监督不足，特别是侦查机关的权力难以得到有效制约，审前活动的结果不能得到庭审的实质检验；检察机关、审判机关难以独立办案，存在“三长会”等影响案件处理

① (2022) 津01刑终30号。

② 参见董凯：《认罪认罚从宽制度中的错案风险——以206起认罪错案为考察对象》，载《北方法学》2021年第5期，第98页。

③ 参见樊崇义：《认罪认罚从宽与无罪辩护》，载《人民法治》2019年第23期，第110页。

的介入因素。在这种“流水线作业”模式下，侦查活动一旦出现错误结果或者采用错误方式，就将对后续诉讼阶段产生根本性负面影响，检察机关、审判机关不愿对侦查活动及其结果作出否定性评价，往往选择通过“留有余地”的判决消解案件，从而造成冤假错案的产生。有研究者通过对20起震惊全国的刑事冤案进行分析，得出对抗型司法模式下的误判主要出于以下原因：刑讯逼供，过分依赖被追诉人供述；主观臆断，忽视运用科技手段；违法取证，隐瞒、伪造证据，甚至阻止证人作证；主观片面，对无罪证据视而不见；轻视辩护，对辩护律师的合理意见置之不理；有罪推定，证据不足、互相矛盾时仍然坚持认定有罪等。[①] 通过上述分析可见，在对抗型司法模式下，错案生成表现出“起点错、跟着错”的特征，而根源则主要在于侦查阶段，六项错误成因中至少有三项可被归结为侦查人员的行为失当，如刑讯逼供、违法取证、妨碍作证等。应当说，对抗型司法模式所表现出的“侦查主导”使侦查阶段成为错案多发的源头。近年来推动的“以审判为中心”的诉讼制度改革的目的之一即在于“通过贯彻证据裁判原则实现庭审实质化，发挥庭审防止错判、保护无辜的功能”。[②]

与传统对抗型司法模式不同的是，我国当下的合作型司法模式呈现出“检察主导”的特征。认罪认罚从宽制度加强了检察机关在刑事诉讼中的作用，强化了检察机关在刑事案件处理中的决定地位。[③] 这种认罪认罚案件中的“检察主导”特征分别表现在与被追诉人和审判机关的关系上。

在与被追诉人的关系上：首先，检察机关决定认罪认罚程序是否

---

① 参见陈永生：《我国刑事误判问题透视——以20起震惊全国的刑事冤案为样本的分析》，载《中国法学》2007年第3期，第51页以下。

② 闵春雷：《以审判为中心：内涵解读及实现路径》，载《法律科学》（《西北政法大学学报》）2015年第3期，第35页。

③ 参见陈卫东：《刑事诉讼法修改若干问题研究》，载《内蒙古社会科学》2020年第3期，第117页。

启动，享有启动独占权。被追诉人可以认罪认罚，但案件是否适用认罪认罚从宽制度则是由检察机关决定的。其次，检察机关在与被追诉人的认罪认罚协商过程中，控方处于绝对支配地位。检察官与被追诉人分属于讯问者与被讯问者的角色，检察官不必保障被追诉人审前证据材料的知悉权，使其获得刑事司法中的“上帝视角”，主导着定罪及量刑协议的形成。最后，检察机关可以通过抗诉行为抑制被追诉人的上诉。一旦认罪被追诉人提起“反悔上诉”，控诉机关就据此认定被追诉方“毁约”，同时提起报复性抗诉，导致较多上诉认罪被追诉人为避免刑罚加重而申请撤回上诉。易言之，检察机关在很大程度上主导着被追诉人的自由上诉权。

在与审判机关的关系上：首先，在庭审程序的选择适用上，若检察机关认为案件符合认罪认罚程序的适用条件，则可以建议法院适用速裁或简易程序。与此同时，除法律规定外，法院不能拒绝适用，因为这不仅是认罪认罚“程序从宽”的内在要求，也是控诉机关起诉权的有机组成。① 其次，在诉讼标的上，根据不告不理原则，法院的裁判标的限于检察官起诉之被告和犯罪事实，不及于未经起诉的被告或被告未经起诉之其他事实。② 若法院在庭审中发现新的事实，可能影响定罪量刑的，有权建议检察院补充或变更起诉。但在认罪认罚案件中，基于诉讼效率之制度考量，对于庭审前控辩双方就事实问题达成的一致意见，法院无权要求检察机关补充或变更起诉，而只能在检察机关所指控的“人”和“事”的范围内进行裁判。③ 最后，在罪名和量刑建议的效力上，除《刑事诉讼法》第 201 条第 1 款明文规定的

① 参见汪海燕：《认罪认罚从宽制度中的检察机关主导责任》，载《中国刑事法杂志》2019 年第 6 期，第 53 页。

② 参见林钰雄：《刑事诉讼法（上册 · 总论编）》，中国人民大学出版社 2005 年版，第 44 页。

③ 参见汪海燕：《认罪认罚从宽制度中的检察机关主导责任》，载《中国刑事法杂志》2019 年第 6 期，第 53 页。

“被告人的行为不构成犯罪或者不应当追究其刑事责任”“被告人违背意愿认罪认罚”等五种例外情形和第 2 款规定的“量刑建议明显不当”情形外，法院在作出判决时应当采纳检察院指控的罪名和量刑建议，只能在检察机关所指控的“罪名”和“量刑”范围内作出裁判。

可见，“检察主导”不仅表现在与被追诉人的控辩协商上，也表现在与审判机关的分工关系上。相应的，既然在认罪认罚案件中“侦查主导”转变为“检察主导”，那么认罪认罚错案更多不再发生于“侦查中心主义”下的刑讯逼供，而是始于错误的诉讼合意。合作型司法模式凸显了检察机关的重要作用，并带来检察权的一定扩张。在认罪认罚案件中，检察机关是刑事案件的追诉者、程序选择的引导者、控辩协商的参与者、量刑建议的出具者，这些多重身份使得检察官主导着审前阶段的协商程序。尽管法官仍保留认罪认罚案件的最终裁判权，错误合意被纠正的空间依然存在，但裁判权的行使却高度依赖检察官在审前程序中获取的信息，在合作型司法模式中形成“检察权裁判”（prosecutorial adjudication）。[①] 这一点在美国辩诉交易制度中也有所体现，控辩之间的交易一般是在检察官办公室，由检察官和辩护律师共同完成的。可以说合作型司法模式表现出“检察主导”的特征，认罪认罚错案的生成即主要是在控辩之间进行协商的过程中，并随着法院的“确认式庭审”而最终固定。

当然，按照现有法律规定，认罪认罚从宽制度贯穿刑事诉讼的整个流程，侦查、审查起诉、审判环节均可以适用。但总体而言，侦查阶段被追诉人的认罪认罚具有概括性，更多是一种意志和态度的表达——从实体上来看，公安机关并不能在侦查阶段作出具体的从宽承诺；从程序上看，其提出的适用速裁程序等起诉意见也仅为一种“建议”。概言之，被追诉人在侦查阶段认罪认罚并不会直接对实体与程

① See Gerard E. Lynch. Screening versus Plea Bargaining: Exactly What Are We Trading off? Stanford Law Review, Vol. 55, No. 4, 2003.

序两方面产生实质性影响，而要待案件经由公安机关侦查终结，满足犯罪事实清楚，证据确实、充分的法定条件，将案卷材料移送检察院审查起诉，由检察机关在审查起诉阶段同被追诉方进行协商时才能确定案件是否适用认罪认罚从宽制度处理。

二、被追诉人放任错误裁判结果

控辩平等是刑事诉讼的基本理念，辩护制度是法庭作出正确裁决的重要保障。在对抗型司法模式下，控辩平等对抗，法官居中裁决，控辩双方始终存在针对案件事实、定罪量刑等诸多方面的不同认识与分歧张力：审前阶段主要表现为供认或不供的矛盾，庭审中主要表现为对定罪量刑的不同意见，庭审之后主要表现为服判或不服的矛盾，继而引发刑事诉讼的二审程序、再审程序等。可以说，审判程序就是防范司法错案的最后一道防线，控辩双方通过彼此间的作用与反作用起到制约国家公权力、发现案件事实真相的作用。被追诉人方甚或可能采取信访或上访等非司法途径，试图解决错误裁判造成的不利后果。例如，2016 年改判无罪的聂树斌案，其父母在长达 20 年的时间内始终坚持就该案进行申诉，同时司法实务界和部分专家学者也在再审改判前多次就此展开过专门的学术研讨。[①] 可以说，正是这种内在和外在始终存在的对抗性，使得既往的错案相对易于显露。在当前我国司法机关主动纠错面临国家赔偿压力、相关人员责任追究等诸多困境，动力不足的情况下，[②] 被追诉人或其亲属基于对抗寻求解决司法不公的救济方式使得错案存在得以被纠偏的可能；而这种事后的错案救济又在一定程度上倒逼司法机关完善对抗型司法模式中的诉讼制度与诉讼规则，进而防范类似情况的再次发生。

---

① 参见《聂树斌案被害者家属一直申诉：不信聂树斌作案》，https：//news. qq. com/a/20130626/000918. htm，访问日期：2024 年 11 月 1 日。

② 参见樊崇义：《底线：刑事错案防范标准》，中国政法大学出版社 2015 年版，第 13 页。

然而，在合作型司法模式下，控辩之间的矛盾张力式微，使得被追诉人表现出对错误结果的默认或追求，导致认罪认罚错案更加难以被发现。一方面，在庭审过程中，控辩双方的对抗性减弱，法庭审查的重点从案件事实和法律适用转移到认罪认罚情节的自愿性和真实性上，争议性事实大大减少，尤其是那些因认罪认罚而适用速裁程序的案件，庭审样态呈现明显的“形式化确认”特征①。而根据以往的实践经验，在许多刑事错案的背后，人们都可以看到庭审虚化的阴影，庭审虚化对错案形成具有不可推卸的责任。② 同时，形式化的庭审也使得辩护律师难以发挥实质性作用。虽然现行法律并未剥夺辩护人在被追诉人认罪认罚的情况下辩护人进行无罪辩护的权利，但实践中一旦被追诉人选择了认罪认罚，法庭几乎不会采纳辩护人提出的无罪辩护意见。法庭要么不对辩护意见进行实质性审查直接予以否认，要么对辩护意见进行实质性审查后将其中的一部分作为从宽情节考量，更有甚者直接因无罪辩护否认了被追诉人的认罪认罚，未予以从宽处理。③ 辩护人作为刑事诉讼活动的主要参与者，是预防刑事错案不可忽视的力量。法庭对辩护意见的轻视使辩护人难以充分发挥作用，进一步减弱了辩方的对抗性力量。另一方面，根据本书第一章的研究，当前适用认罪认罚从宽制度的案件中，判处 3 年有期徒刑以下刑罚的轻罪案件占 96.2%，这些案件的被追诉人往往通过“认罪认罚”获得了非羁押或较轻刑罚的“从宽处理”。这使得实践中绝大多数“假认罪”型的错案被追诉人极易成为“短视的功利主义者”。尽管他们深知自己并非受指控犯罪行为的实施者，但是“从宽处理”本身消解了

---

① 参见李奋飞：《论“确认式庭审”——以认罪认罚从宽制度的入法为契机》，载《国家检察官学院学报》2020 年第 3 期，第 40 页。

② 参见何家弘：《亡者归来：刑事司法十大误区》，北京大学出版社 2014 年版，第 174 页。

③ 参见程龙：《论认罪认罚从宽制度中的矛盾辩护》，载《中国刑事法杂志》2023 年第 2 期，第 128 页。

其对案件处理结果感到不公的负面主观心态，进而表现出一种“合作”或“协商”的姿态。加之无辜者认罪的一个重要目的在于尽早脱离诉讼，避免各种消耗与损失，[①] 因此轻罪案件被追诉人几乎不再对错误主张救济。至于“认假罪”型的错案，错误结果本身即为顶替者的积极追求，其自然不会就此错误主动提出异议。针对辩诉交易中无辜者认罪的研究表明，“大多数认罪的被追诉人获得了轻缓的刑罚，因此这些无辜被追诉人缺乏动机及足够的时间寻求洗冤程序”。[②]因此，总体而言，先前存在的错误控辩合意一经法院确认，将会使认罪认罚错案的无辜被定罪者主张寻求救济的动力不大。

三、错案结果更难获得及时纠正

合作型司法模式下的错案更具有隐蔽性。如前所述，“假认罪”型的认罪认罚错案是被追诉人“两害相权取其轻”后的结果，“认假罪”型的错误结果则是顶替认罪者积极追求的结果。两种错误往往是经由合意产生，只要法院在审判阶段不对“量刑减让合意”产生实质性冲击，被追诉方一般不会就案件提起上诉。实践中，认罪认罚案件低上诉率的背后一定掩盖了相当数量“假认罪”和“认假罪”型的错误裁判。特别是当前实践中存在的检察机关报复性抗诉，在很大程度上影响了被追诉人上诉的自主性——检察机关的同步抗诉可能使上诉行为造成加重刑罚的后果，此时便出现了第二次“两害相权取其轻”的选择，即放弃或撤回上诉进而使错误更加难以得到纠正。相关数据证明了这一点，近三年认罪认罚案件的一审服判率稳定在96%以上，这与认罪认罚从宽制度暗含的错案风险明显不符。

从内部视角来看，认罪认罚错案的生成表现出更多的非暴力性。

---

① 王迎龙：《认罪认罚自愿性困境实证研究》，载《环球法律评论》2023年第6期，第160页。

② See Jon B. Gould & Richard A. Leo, One Hundred Years Later: Wrongful Convictions After a Century of Research, 100J. Crim. L. & Criminology. pp. 825, 834-35.

对抗型司法模式向合作型司法模式的转型，使虚假供述的生成由“暴力威胁”变为“从宽胁迫”，刑讯逼供等暴力取供手段的运用大幅减少，被追诉人几乎不会受到外观可见的身体伤害，而更多表现为一种心理压制。这种心理强制型讯问方式不会对被追诉人带来直接的身体伤害，表面上强调对被追诉人供述自愿性的保护，所得供述具有自愿性和真实性的形式外观。但近年来大量的研究表明，心理强制性讯问对被追诉人同样具有高度强迫性，可能导致被告人在极大的精神压力和不断的心理暗示下作出虚假有罪供述。在这种讯问方式下，有罪供述的生成过程与真实供述的生成过程基本一致，相较于传统刑讯逼供所得供述具有更强的隐蔽性。① 另外，正如本书第一章所述，由于我国法律援助制度尚未普及，认罪认罚案件多由值班律师提供法律帮助，存在值班律师形式化的问题。多数值班律师并不会提出实质性的反对意见，或者即使提出了反对意见，司法机关往往也缺乏足够的重视，反而由于获得了值班律师的见证，使有罪供述具有了合法的形式外观。由此，对基于从宽胁迫而选择“自愿”认罪的行为，很难从客观上清楚地加以分辨，加剧了认罪认罚错案的非显露性特征，进而使其难以得到及时、有效的纠正。

从外部视角来看，认罪认罚错案往往更难获得社会公众及法律界的广泛关注。前文所提到的理论界所关注和研究的冤错案件往往是涉及无期徒刑、死刑的重大刑事案件，如有学者对刑事误判的研究以20起“震惊全国”的案例为视角，其中被指控故意杀人罪的达14起之多。② 再如有学者所研究的10起影响重大的冤错案件，均为抢劫、强奸、故意杀人等严重暴力犯罪，其中有9起造成了被害人死亡的严重

① 参见莫然：《心理强制时代的有罪供述研究》，载《河北法学》2014年第6期，第108页。

② 参见陈永生：《我国刑事误判问题透视——以20起震惊全国的刑事冤案为样本的分析》，载《中国法学》2007年第3期，第51页以下。

后果。[1] 这些案件往往事实复杂、案情重大，涉及公民长期人身自由乃至生命权的剥夺，非常容易引起社会公众的关注。[2] 相比较而言，轻罪案件无论是案件事实还是刑罚处罚方面都更为平和，被追诉人申诉动力已然较低，即使真的出现冤错案件也通常难以引起外界的足够关注，而其中又以认罪认罚轻罪案件的错案风险更高。认罪认罚程序的效率导向在简化庭审程序的同时，不可避免地会削弱法庭保障权利、查明真相的能力，但这种潜在的错案风险被控辩双方披上了“合意”的外衣，外界往往很难在被追诉人不具备申诉动力的情况下关注到这些每天大量发生的轻罪案件。加上目前我国刑事错案的纠正多依赖“真凶落网”和“亡者归来”这种小概率事件，具有偶然性，[3] 且通常不会出现在非严重暴力犯罪的轻罪案件中，这使得轻罪案件的纠错更为困难和被动。

综上所述，认罪认罚错案表现出的显露难、纠正难特征使得认罪认罚从宽制度难于建立起一套通过纠错倒逼规范运行的机制，由此凸显出本书选择的“防范”视角具有更重要的理论和现实意义。

第四节 认罪认罚案件中的错案成因

一、效率价值与公正价值失衡

一般认为，刑事诉讼步入合作型司法模式的一项重要原因在于借此应对刑事案件数量的激增，解决由此造成的诉讼效率低下问题。在

---

① 参见樊崇义：《底线：刑事错案防范标准》，中国政法大学出版社 2015 年版，第 12 页。

② 参见王迎龙：《认罪认罚从宽制度下轻罪冤假错案的防范》，载《人民法院报》2019 年 2 月 14 日第 6 版。

③ 参见樊崇义：《底线：刑事错案防范标准》，中国政法大学出版社 2015 年版，第 13 页。

工业化国家，由于犯罪不断增加，司法资源有限，执法机关利用各种方式促使被追诉人认罪，以求刑事案件快速解决，减轻法院的负荷。①最高人民法院、最高人民检察院、公安部、国家安全部、司法部《关于在部分地区开展刑事案件速裁程序试点工作的办法》指出，开展刑事案件速裁程序试点工作，有利于进一步推定案件繁简分流，优化司法资源配置，提高办理刑事案件的质量与效率。《认罪认罚试点办法》指出，开展认罪认罚从宽试点，有利于及时有效地惩罚犯罪，维护社会稳定，优化司法资源配置，在更高层次上实现公正与效率的统一。

学理上关于认罪认罚案件中效率与公正的关系亦有诸多争鸣。例如，关于认罪认罚后从宽处理正当性的论述，有学者主张采用“降低司法成本说”，认为被追诉人认罪认罚的选择提高了刑事诉讼的效率，降低了国家为个案所投入的资源，因而需要通过实体上从宽和程序上从缓的方式以示对合作选择的肯定；② 有学者认为“公正为本，效率优先”应当是认罪认罚从宽制度改革的核心价值取向。③ 与此同时，有学者通过比较法学的研究，提出以美国辩诉交易制度为代表的“效率型协商型司法”和以德国等国家为代表的“规范型协商性司法”，并指出我国应采取“规范型”作为制度建构和实施的方式；亦有学者主张，效率并非认罪认罚从宽制度的基本内核，而只是这一制度的附随效果，至多是一个从属性目标。④

然而，实践中的认罪认罚从宽制度表现出对效率价值的极度追求

① 熊秋红：《比较法视野下的认罪认罚从宽制度——兼论刑事诉讼“第四范式”》，载《比较法研究》2019年第5期，第96页。

② 参见魏晓娜：《完善认罪认罚从宽制度：中国语境下的关键词展开》，载《法学研究》2016年第4期，第79页以下。

③ 参见陈卫东：《认罪认罚从宽制度研究》，载《中国法学》2016年第2期，第51页。

④ 参见左卫民：《认罪认罚何以从宽：误区与正解——反思效率优先的改革主张》，载《法学研究》2017年第3期，第164页。

和高度关注，《南昌西湖区检察院“三个简化”提高认罪认罚办案效率》[①]《上海青浦：适用认罪认罚从宽制度大幅提高办案效率》[②]《认罪认罚从宽：提高办案效率 节约司法资源 彰显司法温度》[③]《山东推进认罪认罚从宽制度 提升诉讼效率》[④] 等屡见报端；北京市海淀区施行的认罪认罚从宽制度“海淀模式”，从被追诉人被传唤到案，到签署具结书、审查起诉判决，全流程结案时间已经不超过 48 个小时；[⑤] 上海青浦区审理的一起寻衅滋事案件，整个庭审过程的持续时间已不足 5 分钟。尽管自速裁程序展开试点起，即有“减程序不减权利”的官方观点，[⑥] 但事实上除去一些技术手段的应用，如通过远程视频开庭降低相关成本外，认罪认罚案件中诉讼效率提升的背后必然伴随诉讼程序的简化，而诉讼程序的简化又必然伴随诉讼权利的放弃。对诉讼效率的至上追求极有可能导致诉讼权利的保障不周和案件事实的查明不能。更为重要的是，此处所谓的“诉讼效率”是针对个案的审理周期而言，那么个案诉讼效率的提高确实能够起到缓解司法人员办案压力的作用吗？根据笔者的调研情况来看，推行认罪认罚从宽制度后，办案人员的工作量并没有显著减轻，对于检察官而言，除需出具精准刑量刑建议外，还要制作和签署认罪认罚建议书、具结书等，这些事务性工作挤占了大量的工作时间；对于法官而言，虽然单个案件

---

① 参见江西政法网，http：//www. jxzfw. gov. cn/2019/0829/2019082917454. html，访问日期：2024 年 11 月 1 日。

② 参见最高人民检察院网站，https：//www. spp. gov. cn/dfjcdt/201707/t20170710_195148. shtml，访问日期：2024 年 11 月 1 日。

③ 参见《金陵晚报》网站，http：//jlwb. njnews. cn/html/2019 - 11/09/content_174333. htm，访问日期：2024 年 11 月 1 日。

④ 参见新浪司法网，http：//news. sina. com. cn/sf/news/fzrd/2019 - 12 - 16/doc - iihnzhfz6261183. shtml，访问日期：2024 年 11 月 1 日。

⑤ 参见李刚：《认罪认罚从宽制度的海淀模式》，载《中国检察官》2019 年第 1 期，第 10 页。

⑥ 参见何晓慧、陈莉：《减程序不减权利 省时耗不省监督 福建刑事速裁瞄准“既快又好”》，载《人民法院报》2015 年 7 月 17 日第 1 版。

的庭审时间大幅缩短，但是每天需要审理的案件数量却呈几何倍数上升的态势，有时仅半天时间就需开十几个庭。工作量并未显著减轻的现状影响着司法人员适用认罪认罚从宽制度的主动性，而在绩效考评等要求下的机械适用，便难以保证实现“又快又好”的工作目的，很容易以牺牲公正为代价，维持制度的高速运转。

我国的合作型司法模式是在对抗型司法模式的发展尚未臻于完善的前提下建立的。“与一些法治发达国家相比，我国是在刑事诉讼‘第三范式’发育尚不充分的情况下迈向刑事诉讼‘第四范式’……由此可能带来更大的背离公正原则的风险。”① 域外国家的对抗型司法模式基于对被追诉人诉讼权利的保障，设置了非常完备的诉讼制度与规则，使得正当程序下的刑事诉讼显得异常“繁琐”。以笔者在美国加利福尼亚州观摩的一场涉嫌谋杀案庭审为例，仅陪审团成员的选任程序就耗用了整整一天时间。这种完备权利保障基础下的繁杂程序确实难以承载刑事案件数量的大幅增加，由此促生建立合作型司法模式、提高诉讼效率的必要。反观我国的对抗型诉讼模式，由于职权主义的属性，已经使其具备相当的经济性，庭审已经高度简化与经济化；② “以审判为中心”的诉讼制度改革尚在进行中，证人、见证人出庭难等顽疾尚在一定程度上存在，客观程序正义尚未完全实现。与此同时，由于实践中控辩双方地位的不平等，检察机关往往利用其优势地位掌控着认罪认罚的结果与过程，而作为最重要的程序参与者的被追诉人，无法能动地参与认罪认罚司法过程，其事实罪名、从宽处罚和适用程序的陈述意见不被充分考虑。在审前阶段，无法有效地通过认罪认罚获得轻缓化的审前强制措施适用，在检察机关抗诉的上诉审案件中，无法对审判机关最终的实体从宽结果产生预期感和控制

---

① 熊秋红：《比较法视野下的认罪认罚从宽制度——兼论刑事诉讼“第四范式”》，载《比较法研究》2019 年第 5 期，第 100 页。

② 左卫民：《刑事诉讼的经济分析》，载《法学研究》2005 年第 4 期，第 130 页。

感，主观程序正义在司法层面的两种核心要素，即被追诉人参与司法程序的尊严感和控制感，[①] 并未被认罪认罚案件中处在中心位置的程序参与人所认同。在此基础上，再以提高诉讼效率为首要目的对程序进行简化，将形成一种“简上加简”的情形，使得本就难言权利得到充分保障、公正得到彻底彰显的刑事司法程序面临更大风险。概言之，过于效率化的刑事诉讼改革会对职权主义诉讼模式所特有的案件质量保障机制和错误裁判控制机制产生不利影响，由此导致认罪认罚错案的产生。

二、被追诉方知悉权保障不足

作为合作型司法模式的中国表达，认罪认罚从宽制度的良好运行以控辩双方具备平等的诉讼地位为前提。若不能理顺权利与权力的关系，将使被追诉人无法获得进行协商的平等地位，进而无法对认罪认罚的从宽对价施加有效影响。在这种“检察权力主导”模式的制度设置和司法实践中，控方对强制措施的适用、诉讼程序的选择、指控罪名的确定、具体量刑的减让均掌握事实上的决定权，刑事诉讼仍然沿袭了既往对抗型司法模式中的职权主义特征。应当说，控辩之间不平等地位的形成，根源在于“权力主导”对“权利保障”的挤压，集中表现为控辩双方审前知悉权上的不平等，其中尤以证据知悉的缺位为甚。

根据“庭审阴影”理论，被追诉人的认罪答辩本质上就是庭审预期结果乘以一定折扣的产物。庭审预期结果包含“庭审的定罪可能”及“可能的审后量刑”两个方面，而这两个方面都直接受制于案件的证据信息。控方与被追诉方之间的证据信息不对称是导致错案的一项重要原因。一项较早的数据显示，在 1989 年至 2003 年美国已被平反

① 参见徐亚文、黄峰：《“感受公平正义”命题的两个面向》，载《河南财经政法大学学报》2022 年第 2 期，第 4 页以下。

的刑事错案中，有20%的无辜被追诉人进行辩诉交易，而证据信息不对称是其选择非自愿认罪的重要原因之一。[①] 相较于事实有罪的被追诉人，无辜被追诉人因信息匮乏所受到的负面影响更大。事实有罪的被追诉人作为犯罪行为的实施者，大多对自己行为的性质、触犯的罪名、控方可能掌握的不利于己方的证据等存在概括性的认识，并可以据此对案件走向作出大体预估。无辜被追诉人却没有上述能力，他们对案件证据情况的固有了解近乎为零，完全依赖控方对证据的披露来实现诉讼对等。一旦控方怠于开示证据，就会将无辜被追诉人置于"证据真空"的不利地位。更为糟糕的是，控方的恐吓、欺骗对无辜被告尤其有效，因为一般而言他们比有罪的人更加在意风险规避。"较之守法公民，罪犯更敢于冒险。"[②] 证据不对称情况下的无辜被追诉人更有可能为了尽快摆脱身处的不利局面，出于"委曲求全"的心理而被迫认罪。有关辩诉交易的研究进一步证明，在不掌握控方证据的情况下，被追诉方更容易被说服，使之认为获得有罪判决的风险大于被无罪释放的可能。因此，被追诉人可能会被诱导接受认罪答辩，尽管其实际上是无辜的。可以说，在认罪认罚从宽制度的错案风险防控体系中，被追诉方知悉权的程序性保障构成防范控辩双方"合意异化"、防止错案发生的关键举措。

与普通刑事案件不同，在认罪认罚案件中被追诉者所享有的知悉权需要从两个层面进行理解：一是对案件相关信息的知悉，即信息对称性要求。例如，检察机关掌握的证据材料需要向被追诉人开示，使其充分知晓受指控案件的证据事实。再如，被追诉者涉嫌的罪名和可能承担的刑事责任也需由控方承担开示义务。二是对认罪认罚从宽制度相关信息的知悉，即程序选择权的实质保障要求。检察机关需要通

① 参见［美］萨缪尔·格罗斯等：《美国的无罪裁决——从1989年到2003年》，刘静坤译，载《中国刑事法杂志》2006年第6期，第108页以下。

② ［美］斯蒂芬诺斯·毕贝斯：《庭审之外的辩诉交易》，杨先德、廖钰译，中国法制出版社2018年版，第209页。

过告知机制使被追诉人明确何为认罪认罚从宽制度、被追诉人在认罪认罚从宽制度中享有的诉讼权利以及认罪认罚从宽制度所引发的双重法律后果（实体责任的酌减可能性与程序权利的限制风险）。[①] 唯有在对案件证据情况完全了解和对认罪认罚规范后果充分认知的前提下，被追诉人所作出的认罪认罚意思表示才符合自愿性的实质标准，进而具备认罪认罚从宽制度的程序正当性基础。但依据现有法律的规定，在认罪认罚从宽制度中，控诉机关只需保障程序选择意义上的被追诉人知悉权，即被追诉人本人具结前的知情权范围限于指控的罪名、认罪认罚的性质和法律后果、享有的诉讼权利三部分，而并未将对证据情况的知悉纳入其中。例如，2019 年 12 月颁布施行的《人民检察院刑事诉讼规则》仅规定，认罪认罚案件中检察机关的告知义务仅为“犯罪嫌疑人享有的诉讼权利和认罪认罚的法律规定”。展开而言，我国《刑事诉讼法》并未赋予被追诉人阅卷权，而是将之归属于辩护人，但由于实践中大部分被追诉人没有辩护律师辩护，控辩协商基本上是检察人员和被追诉人之间的“直接接触”。统计显示，2013 年至 2017 年间我国刑事案件的律师辩护率仅为 20%左右。[②] 虽然 2017 年颁布的《关于开展刑事案件律师辩护全覆盖试点工作的办法》扩大了指定辩护在刑事案件中的适用范围，但因该办法聚焦于法庭审理阶段的律师辩护问题，对于审前辩护律师的参与只字未提。可见，由于被追诉人阅卷权的缺乏，使其在缺少辩护律师帮助的情况下缺乏认罪前的证据先悉，在其自身无法了解案件证据信息的情况下，基于恐惧心理等被迫认罪可能性大大增加，从而导致认罪认罚错案的出现。

为弥补在没有辩护律师时刑事被追诉人所不具备的通过阅卷获取案件关键信息的技术，以及所缺乏的对证据资格等进行判断的能力，

---

① 参见汪海燕：《职务犯罪案件认罪认罚从宽制度研究》，载《环球法律评论》2020 年第 2 期，第 64 页。

② 参见陈子奇：《论认罪认罚案件证据开示的两种逻辑》，载《法律科学》（《西北政法大学学报》）2022 年第 4 期，第 175 页。

立法引入了值班律师制度来保障被追诉者的审前知悉权。但实践中认罪认罚程序中的值班律师制度表现出多重悖论，其中之一便是“大作用与少权利”的不匹配，[①] 即值班律师所需提供的大量法律帮助内容是建立在缺乏会见权、阅卷权支撑的基础上，值班律师不能通过阅卷对案件产生清楚准确的认识，亦无法帮助其作出更为有利的选择，使得认罪的自愿性及权利减损的正当性无从保障。虽然 2019 年相继出台的《认罪认罚从宽指导意见》和《人民检察院刑事诉讼规则》规定了值班律师可以自案件移送审查起诉阶段起“查阅案卷材料、了解案情”，但对是否能够进一步摘抄、复制案卷材料则语焉不详。可见，尽管立法希望值班律师承担起绝大多数认罪认罚案件被追诉人知悉权的保障作用，但由于与之功能定位相匹配的诉讼权利缺失，认罪认罚案件中值班律师的职能只能由“权利保障”异化为“程序见证”。应当说全面充分地获知证据，确保控辩双方掌握对称的证据信息是作出妥协与权衡的最主要依据。证据知悉缺位下的认罪认罚对被追诉方而言，要么成为同意与否的是非选择，要么成为盲人摸象的无的放矢。有研究显示，在 2016 年至 2019 年间被追诉人上诉的认罪认罚案件中，“被告方无法完全知悉相关证据信息”是一项重要的原因。[②] 甚至有学者指出，个别司法机关正是希望利用这样一种不完备的告知义务造成信息上的不对称，使犯罪嫌疑人意志屈服。[③]

三、被追诉方辩护权保障不足

认罪认罚从宽制度凸显了值班律师制度的重要性。作为我国传统

---

① 参见汪海燕：《三重悖离：认罪认罚从宽程序中值班律师制度的困境》，载《法学杂志》2019 年第 12 期，第 12 页以下。

② 参见杨帆：《认罪自愿性的边界与保障》，载《法学杂志》2019 年第 10 期，第 14 页。

③ 参见龙宗智：《完善认罪认罚从宽制度的关键是控辩平衡》，载《环球法律评论》2020 年第 2 期，第 11 页。

法律援助制度的补充方式之一，“值班律师”概念最早出现于2006年联合国开发计划署主导下的河南修武“法律援助值班律师制度”项目试点工作。2014年，最高人民法院、最高人民检察院、公安部和司法部联合发布的《关于在部分地区开展刑事案件速裁程序试点工作的办法》首次从规范性文件的高度明确提出建立值班律师制度，并经2016年《认罪认罚试点办法》发展完善，最终被规定在2018年修改后的《刑事诉讼法》第36条。尽管从文本上看，值班律师并非仅能为认罪认罚被追诉人提供法律帮助，但实践中该制度与认罪认罚从宽制度高度绑定，大多数认罪认罚案件中的被追诉人都是通过值班律师来获得法律帮助，委托辩护和法律援助辩护所占的比例仅在30%左右。①

作为委托律师与法律援助律师的补充，《刑事诉讼法》将值班律师定位为有别于辩护人的法律帮助者，他们通过提供法律咨询、程序选择建议、申请变更强制措施、对案件处理提出意见等方式履行职责。针对“法律帮助者”这一概念存在诸多理论上的争鸣，如有学者认为《刑事诉讼法》第38条关于侦查期间辩护律师的权利亦采用了“为犯罪嫌疑人提供法律帮助”的表述，不能据此否定其辩护人身份，即“提供法律帮助”与“辩护人身份”并非当然的对立关系。② 还有的学者基于值班律师与被追诉人之间并未签订专门委托代理合同等原因，认为“起码可以赋予其‘准辩护人’的身份”。③ 事实上，从体系分析的角度来看，“法律帮助者”的功能定位直接影响到值班律师的权利义务外延，最显著的表现即为《刑事诉讼法》并未赋予值班律师阅卷的权利，使其明显有别于一般意义上的辩护律师。另外一个可以佐证立法者有意将“值班律师”与“辩护人”相区分的理由在于

① 参见林喜芬：《值班律师应当享有阅卷权吗》，载《检察日报》2019年8月21日。

② 参见贾志强：《论“认罪认罚案件”中的有效辩护——以诉讼合意为视角》，载《政法论坛》2018年第2期，第179页。

③ 姚莉：《认罪认罚程序中值班律师的角色与功能》，载《法商研究》2017年第6期，第47页。

2018年《刑事诉讼法（修正草案）》第一稿将值班律师的诉讼活动定义为“辩护活动”，而在第二稿中却将“提供辩护”改为“提供法律帮助”。2020年最高人民法院、最高人民检察院、公安部、国家安全部、司法部出台的《法律援助值班律师工作办法》第2条将值班律师定义为“法律援助机构……通过派驻或安排的方式，为没有辩护人的犯罪嫌疑人、被告人提供法律帮助的律师”，再一次强化了其“提供法律帮助”的功能定位和作为辩护人阙如时的补充角色定位。

尽管对于立法上值班律师定位的正当性有待商榷，但理论上其所应承担的职责对于合作型司法模式的有效运转具有不可替代的重要作用。由于控辩之间对抗性的减弱，认罪认罚案件中对值班律师是否尽职的评判标准在于其是否保障了被追诉人的认罪自愿性、认罪真实性、量刑精准性及程序自主性，其中前两项对于防范认罪认罚错案的发生至关重要。展开而言，被追诉人作出认罪认罚的意思表示，应以“明知”作为前提。但是囿于自身认识能力和法律理解能力所限，很难保证每位被追诉人对自己的行为能否被评价为刑法意义上的犯罪行为、自己的行为可能被指控的具体罪名等问题具有清楚的认识，此时就需要值班律师为被追诉人提供详尽的法律咨询，对案件的走向、程序的选择提出理性务实的建议；及时为被追诉人申请变更强制措施，防止因为长时间审前羁押而迫使被追诉人通过选择虚假认罪来换取自由；防止根据《刑事诉讼法》第16条第1款“情节显著轻微、危害不大”，本应不认为是犯罪的案件被追诉人选择认罪认罚等。然而在实践中，值班律师参与认罪认罚案件呈现出“形式化”特征，造成被追诉人认罪自愿性、真实性无法得到切实保障，认罪认罚案件的值班律师往往仅需作为签署具结书的“见证人”，而无法提供切实有效的法律帮助服务。之所以造成形式化的法律帮助的原因应归结为以下几个方面。

一是值班律师不具备提供有效法律帮助的时间条件。有别于传统委托律师或法律援助律师针对个案进行“一对一”委托或者指派的方式，实践中的值班律师以“坐班”方式被派驻到看守所、人民检察院或人民法院，通过“一对多”的形式提供法律帮助，一名值班律师一天之内可能会面对数件甚至数十件刑事案件，使其很难深度介入每例个案之中。特别是在一些采用速裁程序审理的刑事案件中，立案到结案的时间周期已经被压缩到48小时之内，留给值班律师参与案件的时间相当有限。二是值班律师不具备提供有效法律帮助的权利条件。如前所述，现行《刑事诉讼法》将值班律师定位为有别于辩护人的法律帮助者，并没有赋予其阅卷权、会见权等。事实上，值班律师所需提供的“法律咨询”“程序选择建议”“对案件处理提出意见”等帮助内容均需建立在通过阅卷了解案件具体情况的基础之上，在这些权利缺位的情况下，想要值班律师提供有效的法律帮助近乎成为“无米之炊”。三是值班律师不具备提供有效法律帮助的待遇条件。在实践中，多地值班律师的补贴一般采取日结的形式，由各级司法行政机关法律援助业务经费予以保障。相对于传统的辩护行业而言，日结式补贴方式不对律师实际介入认罪认罚案件的程度进行评价，而是固定了每日额度标准，缺乏绩效考核的梯度性。一些地方补贴标准很低，一天的补贴仅为150元左右,① 难以有效调动值班律师深度参与案件的积极性。

四、控辩合意生成逻辑顺序倒置

所谓“合意”，是指“两个或两个以上的主体就某一事项作出互相一致的意思表示”。② 作为民事合同的成立要件之一，与意思自治、契约自由等理论一脉相承，合意的概念在私法领域的运用由来已久。

① 参见张泽涛:《值班律师制度的源流、现状及其分歧澄清》，载《法学评论》2018年第3期，第78页。

② 刘少军:《论刑事诉讼合意的理论基础》，载《安徽大学学报》(哲学社会科学版)2008年第5期，第55页。

例如，早在1804年颁布的《法国民法典》第1101条即规定："契约为一人或数人对另一人或数人承担给付某物、作为或不作为义务的合意。"尽管这一概念早先被严格排除在公法领域之外，认为"公法关系一般由国家立法来规定，这些规定是与公益相关的强行规定，任何人不得以意志自由作出与之相反的决定"，① 但随着法律理念的不断发展、公私法间界限的日渐模糊，合意理论开始出现在行政法、民事诉讼法等领域。② 现代刑事诉讼的发展为引入合意制度提供了可行的土壤：刑事司法制度高度重视被追诉方的诉讼权利及人权保障，通过诸多诉讼制度和原则保障其主体地位，完备其与控方"分庭抗礼"的条件与能力。于是近几十年来，世界范围内相继在刑事诉讼领域出现了带有合意、契约或协商性质的司法制度，有学者将其概括为"私力合作模式"与"公力合作模式"两大类，③ 其中前者包括刑事和解制度等；后者则包含辩诉交易制度、认罪认罚从宽制度等。仅就公力合作模式中的刑事合意而言，可以被定义为控辩双方就程序适用、定罪量刑问题所达成的，对双方具有一定约束力、对裁判者形成影响力的共同意思表示。展开来说，这种刑事合意一般包括实体合意与程序合意两部分，其中实体合意又是程序合意的前提。在认罪认罚从宽制度语境下，所谓的实体合意是指被追诉人"承认指控的犯罪事实"和接受公诉机关的"量刑减让"；程序合意则是指在我国多层次刑事诉讼程序体系中，控辩双方就案件审理所适用的程序类型达成共识。

按照理想的制度设计，在认罪认罚从宽制度语境下，从宽应以认

---

① ［日］田中二郎：《公法契约的可能性》，肖军译，载《行政法学研究》2002年第1期，第77页。

② 参见罗豪才主编：《现代行政法制的发展趋势》，法律出版社2004年版，第146页；张卫平：《论民事诉讼的契约化——完善我国民事诉讼法的基本作业》，载《中国法学》2004年第3期，第75页；等等。

③ 参见陈瑞华：《刑事诉讼的前沿问题（第五版）》，中国人民大学出版社2016年版，第398页；陈瑞华：《刑事诉讼的公力合作模式——量刑协商制度在中国的兴起》，载《法学论坛》2019年第4期，第5页。

罪认罚为基础，而认罪又处于最前沿的位置，是整个制度适用的前提（见图5）。[①] 具体到实体合意的两个构成要素而言，应是首先就指控的犯罪事实达成合意，继而才会引发控辩双方就量刑问题进行协商，并就量刑减让达成共识，即认罪在先，从宽在后（见图6）。

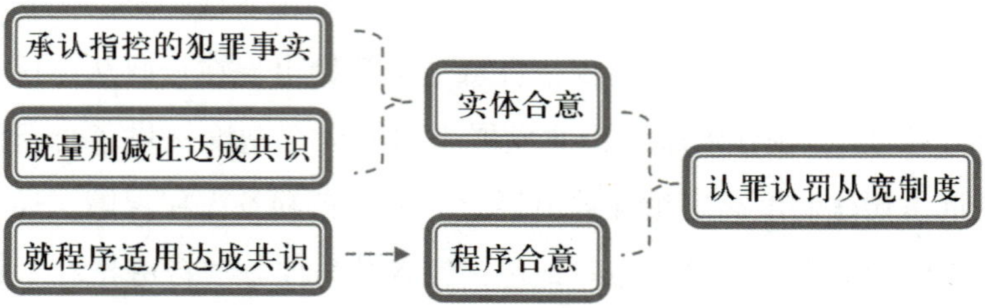

图5 认罪认罚从宽制度的适用逻辑

图6 认罪、认罚与从宽制度的顺序关系

在实践中，上述合意的发生逻辑顺序倒置，呈现出“先羁押、后量刑、再认罪”的顺序，造成控辩双方刑事合意的非真实性。如前所述，当前绝大多数认罪被追诉人处于审前羁押状态，这一状况即便在轻罪案件中也未有例外。美国一项关于辩诉交易的实证研究表明，轻微罪嫌疑人在审前被羁押数量是定罪后被羁押人数的4倍。[②] 对于这些轻罪案件，审前羁押的时长可能会接近甚至超过法庭审判后被判处的刑罚，于是选择通过庭审获得公正审判的价值被极大削弱，这一点在我国法院经常基于多种考量而依据审前羁押时间作出“实报实销”

① 赵恒：《“认罪认罚从宽”内涵再辨析》，载《法学评论》2019年第4期，第176页。

② 参见［美］斯蒂芬诺斯·毕贝斯：《庭审之外的辩诉交易》，杨先德、廖钰译，中国法制出版社2018年版，第26页。

的刑罚判决背景下更显突出。即便被追诉人最终通过庭审获得无罪判决，也是一场毫无意义的胜利，毕竟无法挽回其在审前被羁押时所度过的时间。我们可以通过一起辩诉交易案件清楚地观察到这类案件的合意逻辑。

30 岁的单身妈妈玛尔·菲伊·史都华（Erma Faye Stewart）在一次扫毒行动中被捕，并被指控犯有交易违禁药物的罪行。为了摆脱羁押以照顾自己的两个孩子，她选择认罪并最终被判处缓刑及 1800 美元罚金。认罪后仅 1 个小时她即被释放。事后证明，这次扫毒行动的线人说了谎。

在轻罪案件中，被追诉人为了摆脱被羁押的困境而作出“承认指控犯罪事实”的实体合意，是被许以重获自由承诺的结果。尽管此时被追诉人仍可以选择坚持不认罪，但是实证经验告诉我们，绝大多数被追诉人会尽其所能地逃离监狱或避免审判，而对自己没有犯下的罪行认罪服法无疑是两害相权后的最佳选择，毕竟这是其唯一唾手可得的打开牢狱之门的钥匙。[①] 此时，影响被追诉人认罪与否的因素已经不再单纯是庭审的预期定罪可能，更是眼下变更强制措施的强烈诉求。但是，由于合意逻辑顺序的倒置，“从宽”已不是“认罪”“认罚”的对价，反而成为羁押状态下强迫被追诉人“认罪”“认罚”的诱饵，被追诉人此时基本无法就先前提出的量刑减让幅度与检察机关进行协商（见图 7）。

---

① 参见［美］John H. Blume，Rebecca K. Helm：《“认假罪”：那些事实无罪的有罪答辩人》，郭烁、刘欢译，载《中国刑事法杂志》2017 年第 5 期，第 137 页。

图 7　审前羁押对认罪认罚与控辩协商的不当影响

重罪案件中同样存在这种合意逻辑顺序倒置的现象，只是此时的诱饵不再限于“非羁押的承诺”，还包括“避免严厉的刑罚结果”等。例如，在美国，事实无罪的被追诉人可能通过认罪避免死刑判决同时换取较宽缓刑罚；或者司法机关通过许诺不起诉等方式换取被追诉人的认罪认罚。从总体上看，无论是轻罪还是重罪，这些案件都表现出认罪合意与从宽合意之间的逻辑混乱：被追诉人无法对量刑减让的程度施加影响。从某种程度上讲，被追诉人根本未与控方就量刑问题展开协商，亦未形成严格意义上的“合意”，而仅能选择基于上述承诺作出不自愿、非真实的“承认指控犯罪事实”合意。从性质上来看，刑事诉讼是用来解决被追诉人刑事责任问题的国之重典，涵盖个人、社会和国家的多元利益，“惩罚犯罪，保护人民，保护国家安全和社会公共安全，维护社会主义社会秩序”即作为立法目的被写入《刑事诉讼法》，这使得刑事诉讼领域的合意有别于民事诉讼领域，我们不能将实体和程序方面的重大事项全部交由当事人来决定，亦不能使就相关事项达成的合意突破刑事诉讼的底限正义，否则就可能造成国家公益的丧失和法律尊严与权威的沦丧。①

上述分析的这种合意逻辑顺序倒置及其最终导致事实无罪被追诉人认罪的结果，无疑已经突破了刑事合意的底限正义，导致认罪认罚错案的发生。认罪认罚从宽制度中的合意应当是地位平等的合意，而非司法机关利用强势地位压迫弱势被追诉人的行为；应当是遵循程序

① 参见刘少军：《刑事审判中的对抗与合意》，中国人民公安大学出版社 2009 年版，第 128 页。

的合意，而不能表现出随意性和肆意性；应当是事实和法律基础上的合意，而不能毫无原则突破底限。

五、自愿性、真实性审查机制不足

如前所述，实践中的认罪认罚从宽制度带来检察权扩张，形成合作型司法模式下的“检察权裁判”。从现行法律角度来看，认罪认罚从宽制度并未冲击既有司法机关的职能分工。作为一项基本原则，2018 年修改后的《刑事诉讼法》将认罪认罚从宽制度规定在第一编第一章的“任务和基本原则”项下，同时与之并列的还有第 12 条“未经人民法院依法判决，对任何人都不得确定有罪”，即学界所普遍认为的“人民法院定罪原则”。依据上述两个条文在《刑事诉讼法》中的并列关系，可以认为适用认罪认罚从宽制度的案件仍需经由人民法院审理后对被追诉人有罪与否作出裁判，被追诉人“认罪”且就此签署具结书并不当然代表“有罪”。这种控审分离原则视野下的规定与《宪法》第 128 条“中华人民共和国人民法院是国家的审判机关”是相适应的。但是，《刑事诉讼法》第 201 条的规定在一定程度上造成了对“人民法院定罪原则”的侵蚀。根据此条规定，对于认罪认罚案件，人民法院依法作出判决时，一般应当采纳人民检察院指控的罪名和量刑建议。第 201 条表面上看是在对“罪名”加以规定，但实际上“采纳指控的罪名”是建立在承认犯罪事实基础之上的，即只有认为犯罪事实存在且被告人确为该行为的实施者才会进一步涉及罪名问题。当然，有学者通过对第 201 条的“原则—例外”规范进行教义学解读的方式纾解了上述矛盾，认为第 201 条并未改变“审判中心主义”所要求的“裁判结果形成于法庭”，也未否定“法”“检”分工关系的基本格局，审判机关在认罪认罚的定罪与量刑中仍处于决定地位。[①] 然而，实践中第201条的适用却容易呈现出将“一般应当”绝对化的选择倾向，即法官完全不加分别地接受指控的罪名和量刑建议，而疏于对案件事实的审查，再加上《认罪认罚从宽指导意见》第33条规定的检察机关一般应当提出确定刑量刑建议，使得“裁判结果产生于庭审”成为无法兑现的空头支票，认罪认罚庭审流于形式化。以量刑建议的采用情况为例，有数据显示成都市大邑区人民检察院等部分检察院在全部提出确定刑量刑建议的情况下，法院对此的采纳率达到了100%。[②] 概言之，法院对认罪认罚案件的裁判结果同控辩合意之间形成了极高的黏合度。从整体上看，合作型司法模式的庭审程序，特别是采用速裁程序审理的案件，已经变为审查被追诉人认罪认罚自愿性、真实性、合法性的过程，不再像对抗型司法模式一般经由控辩双方在庭上举证、质证、辩论等完成对案件事实的准确查明。有学者将这种新的审判程序称为“确认型庭审”。[③] 从整体上看，无论采用简易程序抑或是速裁程序审理的认罪认罚案件，其法庭审理阶段都呈现出一定程度的“虚化”，甚至由此引发关于速裁程序是否还需要开庭审理的争论。[④]

自愿性是认罪认罚从宽制度的核心。被追诉者为获取实体和程序上的优惠，放弃了全面参与对抗型司法程序的机会，失去了获得无罪

---

① 参见闫召华：《“一般应当采纳”条款适用中的“检”“法”冲突及其化解——基于对〈刑事诉讼法〉第201条的规范分析》，载《环球法律评论》2020年第5期，第133页以下。

② 参见陈国庆：《量刑建议的若干问题》，载《中国刑事法杂志》2019年第5期，第6页。同样的情况还出现在淄博市人民检察院、西安市未央区人民检察院、浙江省龙泉市人民检察院、海南省屯昌县人民检察院、长沙市开福区人民检察院等诸多地方的检察机关。

③ 参见李奋飞：《论“确认型庭审”——以认罪认罚从宽制度的入法为契机》，载《国家检察官学院学报》2020年第3期，第39页以下。

④ 参见贾志强：《“书面审”抑或“开庭审”：我国刑事速裁程序审理方式探究》，载《华东政法大学学报》2018年第4期，第132页以下；熊秋红：《刑事简易速裁程序之权利保障与体系化建构》，载《人民检察》2014年第17期，第12页以下；等等。

裁判的可能。这就要求被追诉者的权利放弃必须出于自愿的意思表示，否则认罪认罚就会沦为政府压迫公民权利的工具。我国立法也是围绕着加强被追诉人自愿性的角度展开的，并主要从以下三个方面确保认罪认罚的实质自愿性：一是确保和尊重被追诉人的自由选择权；二是司法机关（尤其是法院）反复进行认罪认罚的自愿性审查；三是赋予被追诉人程序反悔的权利。① 其中，法院作为认罪自愿性审查的最后一道关卡，扮演着判断认罪认罚正当性的“守门人”角色。但实践中认罪认罚案件的审判程序表现出自愿性审查上的形式化。以速裁程序为例，《刑事诉讼法》对该程序的适用条件作了较为严格的规定，被追诉人认罪认罚的、可能判处 3 年以下有期徒刑的案件需达到事实清楚，证据确实、充分的程度方可适用。在此背景下，进入庭审程序的案件，控辩双方基本已经就事实、罪名、量刑等达成了共识。但是由于前述的羁押率偏高、值班律师参与度低等原因，审前阶段的认罪自愿性未能达到充分全面保障的高度，而法律对庭审阶段自愿性的审查判断标准规定又略显模糊，有些法官仅仅通过询问被追诉人对认罪认罚具结书是否存在异议来判断其认罪自愿性。由于合意生成机制的不完备，认假罪和假认罪两类事实无罪者均有可能表现出对具结书的认可，并在庭上接受法官询问时作出无异议的回应，因而使法官难以有效甄别非自愿的认罪认罚。

我国《刑事诉讼法》向来以实质真实主义为程序构建的基本原则之一。在认罪认罚案件中，在控辩双方的合意基础之上，被追诉者认罪认罚的“三性”，即自愿性、真实性、合法性起到了一种担保定罪事实真实性、准确性的作用。② 然而，由于对被追诉人权利保障不足、控辩双方的协商地位不平等等原因，认罪自愿性与具结书的真实性存

---

① 参见陈瑞华：《论协商性的程序正义》，载《比较法研究》第 2021 年第 1 期，第 12 页。

② 参见汪海燕：《认罪认罚从宽制度视野下的“以审判为中心”》，载《中国法学》2023 年第 6 期，第 78 页。

在虚假危机，进而导致“三性”担保案件事实达到法定证明标准的作用无法实现。这时在庭审阶段构建对案件事实真实性的审查机制就显得尤为重要，但规范层面认罪认罚案件的审判程序表现出真实性审查上的简略。根据法律规定，采用速裁程序审理的认罪认罚案件可以省略法庭调查、法庭辩论等环节，这导致证据调查程序严格程度的松动，容易使证明标准从高向低滑落。尽管《认罪认罚从宽指导意见》明确认罪认罚从宽制度应坚持证据裁判原则，即办理认罪认罚案件，应当以事实为根据，以法律为准绳，严格按照证据裁判要求，全面收集、固定、审查和认定证据。坚持法定证明标准，侦查终结、提起公诉、作出有罪裁判应当做到犯罪事实清楚，证据确实、充分，防止因犯罪嫌疑人、被告人认罪而降低证据要求和证明标准，但是由于缺乏庭上完备的证明程序，法官不再通过听取证人等的庭上陈述，经由自由心证达至内心确信，而是仅根据检察机关提交的证据材料，作出符合控方预期的定罪和量刑判决。有学者认为，尽管法律仍将认罪认罚案件的证明标准规定为“案件事实清楚，证据确实、充分”，但是基于程序与证明之间的融贯互动关系，实然层面上认罪认罚案件中的证明标准已经发生了“隐形降低”。[①] 这种简略的事实真实性审查极有可能使一些证据不够确实充分的假认罪、认假罪案件，因为辩方没有在庭上提出明确异议，法官又基于对诉讼效率的优先推崇和对“一般应当”的机械理解而作出“认罪认罚式”的有罪判决，继而导致认罪认罚错案的发生。

---

① 参见孙远：《论认罪认罚案件的证明标准》，载《法律适用》2016 年第 11 期，第 14 页以下。

第三章　知悉权：认罪认罚错案防范的前提

根据“庭审阴影”理论的经典归纳，所谓辩诉交易制度就是庭审预期结果乘以一定折扣的产物。“庭审预期”包含两个方面的内容：一是庭审定罪的可能，这一点的准确判断有赖于被追诉人对受指控事实的全面了解；二是定罪后可能的量刑，此时被追诉人需要清楚地获知选择对抗抑或是合作二者间刑罚幅度的差异。可以说对被追诉人知悉权的保障是使其能够明知、明智地参与到刑事诉讼活动中来的前提，这一点又因诉讼中对抗的消弭、协商的创设而在合作型司法模式中表现出更为重要的作用。从错案防范的角度来看，前述的“错认罪”这类认罪认罚错案基本可以通过对知悉权的保障得以有效避免：错误认罪往往是由于被追诉人对自身行为性质、行为事实的不正确认识，如果能够使被追诉人清楚地了解到用以指控自己的证据情况，值班律师能够切实履行其解释法律法规、告知法律后果的职责，绝大多数的错误认识便可以在判决生成前得到纠正。对于“假认罪”这一认罪认罚错案类型，其特征在于无辜者作出非自愿的虚假认罪意思表示。从认知学的角度来看，知悉同样是自愿的前提与基础，唯有对案件事实、选择后果具备清楚的认识，才能够认真、理性对待放弃部分诉讼权利的认罪认罚行为。只有赋予被追诉人充分的知悉权，才能使其对“司法机关发出的认罪认罚邀约进行权衡并选择是否作出认罪认罚的决定，这是保障被追诉人认罪认罚自愿性的重要基础”。[①]

本章将围绕保障刑事案件中被追诉人的知悉权，从两方面建构认罪认罚错案的防范机制：第一，要进一步完善值班律师的职能，明确其对认罪认罚法律后果的告知内容、告知方式等，特别是要求其对认罪认罚后可能造成的负面法律后果进行全面释明，以此纠偏实践中一些值班律师沦为“劝降者”的错误职能定位，确保被追诉人通过值班律师获得有效的信息，防止因信息不对称而成为“短视的功利主义者”，在量刑减让等承诺面前不当处分自己的权利。第二，在认罪认罚案件中探索建立证据开示制度，借此实现被追诉人对案件证据情况的了解，进而对庭审的定罪可能进行评估，以作出是否认罪认罚的程序选择。与此同时，证据开示制度还可以辅助被追诉人实现对量刑情况的有效预测，强化被追诉人在控辩协商中的平等地位，避免司法机关利用“证据独占”“证据偏在”的优势地位，胁迫被追诉人虚假认罪，造成认罪认罚错案的发生。

第一节　明确认罪认罚的法律后果及告知程序

法律后果，是指法律对具有法律意义的行为赋予的某种结果。根据对行为人产生的利弊影响不同，法律后果一般分为两类：一是对行为人有利的肯定性法律后果；二是对行为人不利的否定性法律后果。[②]《认罪认罚从宽指导意见》第12条规定，值班律师应为认罪认罚的犯罪嫌疑人、被告人提供下列法律帮助：(1) 提供法律咨询，包括告知涉嫌或指控的罪名、相关法律规定，认罪认罚的性质和法律后果等……第28条“自愿性、合法性审查”规定：“对侦查阶段认罪认罚

① 郭烁：《认罪认罚背景下屈从型自愿的防范——以确立供述失权规则为例》，载《法商研究》2020年第6期，第135页。

② 郝川主编：《刑法学》，中国言实出版社2013年版，第221页。

的案件，人民检察院应当重点审查以下内容……（三）犯罪嫌疑人是否理解认罪认罚的性质和可能导致的法律后果……”结合该指导意见的上下文来看，在认罪认罚案件中，对法律后果的释明是值班律师的职责，同时其释明情况还需接受检察机关在后续诉讼阶段的审查。

另外，《刑事诉讼法》依据诉讼阶段的不同，分别就公安机关、检察机关和审判机关的告知内容加以规定，其中均包括“认罪认罚的法律规定”。例如，《刑事诉讼法》第 173 条第 2 款规定：“犯罪嫌疑人认罪认罚的，人民检察院应当告知其享有的诉讼权利和认罪认罚的法律规定……”第 190 条第 2 款规定：“被告人认罪认罚的，审判长应当告知被告人享有的诉讼权利和认罪认罚的法律规定……”根据王爱立主编的《中华人民共和国刑事诉讼法释义》，审查起诉阶段“认罪认罚的法律规定”是指“刑法和刑事诉讼法有关认罪认罚从宽处理和其他实体性和程序性的规定，如对有关犯罪的刑罚，从轻、减轻、免除处罚，自首和立功等；犯罪嫌疑人如实供述自己的罪行，承认指控的犯罪事实，愿意接受处罚的，依法从宽处理；认罪认罚要签署具结书；适用简易程序或速裁程序等”；审判阶段“认罪认罚的法律规定”是指“实体上可以从宽、程序上可以从简”的两方面结果。

然而，上述规定在逻辑上发生混乱，诉讼权利和法律后果、法律规定的告知以被追诉人认罪认罚为前提，即需满足条文前半句的“犯罪嫌疑人、被告人认罪认罚”的要求。在此逻辑下，诉讼权利与法律后果、法律规定的告知不是认罪认罚前的知悉权保障，而仅是认罪认罚后对规范的释明。问题在于如果被追诉人已经作出认罪认罚的表示，此时才就“实体上可以从宽、程序上可以从简”等作出说明的意义何在？被追诉人在上述阶段认罪认罚前，又是否知道自己的行为可能引发的法律后果及相关法律规定。笔者认为，对诉讼权利和法律后果、法律规定的告知，不能以“被追诉人认罪认罚”为前提，而应作为各个诉讼阶段起始的必经程序：对于已经认罪认罚的，诉讼权利和法律后果、法律规定的告知可以强化认罪自愿性、确保认罪稳定性；对于在该阶段尚未认罪认罚的，诉讼权利和法律后果、法律规定的告知意在保障被追诉人的知悉权，继而保证认罪认罚的选择是基于明知作出的。

事实上，“认罪认罚的法律规定”在《认罪认罚试点办法》及2018年《刑事诉讼法》几次修改草案稿中采用了不同的表述。以侦查阶段为例，现行《刑事诉讼法》第120条第2款由草案第一稿的“认罪认罚可能导致的法律后果”变为了第二稿中的“认罪认罚的法律后果”，最后在立法中表达为“认罪认罚的法律规定”（见表5）。根据王爱立主编的《中华人民共和国刑事诉讼法释义》，侦查阶段“认罪认罚的规定”主要是指修改后的《刑事诉讼法》第15、162、172、173、174、176、190、201、222条等关于认罪认罚从宽制度和诉讼程序的规定。本书认为，“认罪认罚的法律后果”与“认罪认罚的法律规定”存在差别。具体而言，“法律后果”具有全面性、概括性的特征，其不限于法律文本的内容，还应包括定罪附随后果等认罪认罚后可能引发的结果；而“法律规定”则是指规范层面具体的法律条文，其中又以《刑法》和《刑事诉讼法》的相关内容为主要方面。

认罪认罚从宽既包括实体上的从宽，也包括程序上的从简，因此“认罪认罚的法律后果”也相应包括实体后果和程序后果两个方面。但是由于“认罪认罚的法律后果”概念的模糊性，实践和理论中要么将其与“法律规定”混同，要么仅关注肯定性法律后果这一维度，而忽视了对否定性法律后果的研究与关注，使现有的法律后果告知内容不够全面。这对于保障被追诉人的明知性，使其能够基于后果对认罪与否作出全面准确评估，继而慎重对待“认罪认罚”，防止基于“短视的功利主义目的”假认罪、认假罪等产生了一定的不利影响。

表5　相关规范性文件对“法律后果”与“法律规定”的不同表述

规范性文件	条文表述
《认罪认罚试点办法》	在侦查过程中，侦查机关应当告知犯罪嫌疑人……认罪认罚可能导致的法律后果
《刑事诉讼法（修正草案）》第一稿	侦查人员在讯问犯罪嫌疑人的时候，应当告知……认罪认罚可能导致的法律后果
《刑事诉讼法（修正草案）》第二稿	侦查人员在讯问犯罪嫌疑人的时候，应当告知……认罪认罚的法律后果
现行《刑事诉讼法》	侦查人员在讯问犯罪嫌疑人的时候，应当告知……认罪认罚的法律规定

一、认罪认罚的实体法律后果

（一）肯定性实体法律后果

被追诉人认罪认罚将可能获得实体上从宽的肯定性法律后果。作为“宽严相济刑事政策”的具体化，被追诉人认罪认罚的案件，将遵循实体法的有关规定，根据犯罪的事实、情节、性质和对社会的危害程度，结合法定、酌定的量刑情节，依法决定是否从宽。作为一种激励机制，实体法上的肯定性后果限于一定比例的量刑减让，控辩双方不能就所指控的罪名和罪数进行协商。就从宽幅度而言，需要根据认罪认罚的诉讼阶段、对查明案件事实的意义价值、是否有悔罪表现等来综合考虑。《认罪认罚从宽指导意见》表露出对主动认罪、较早认罪、稳定认罪及彻底认罪的鼓励态度，通过阶梯性的从宽幅度体现实体方面对认罪认罚的肯定。根据现有法律规范，认罪认罚后“可以从宽”赋予司法机关一定裁量权。被追诉人认罪认罚后，并非“绝对从宽”“一律从宽”，如果司法机关认为其犯罪性质和危害后果特别严重、犯罪手段特别残忍、社会影响特别恶劣，可依法不予从宽处罚。换言之，适用认罪认罚从宽制度后的肯定性实体法律后果具有或然性。

与此同时，《认罪认罚从宽指导意见》第 5 条规定，认罪认罚从宽制度没有适用罪名和可能判处刑罚的限定，所有刑事案件都可以适用，不能因罪轻、罪重或者罪名特殊等原因而剥夺犯罪嫌疑人、被告人自愿认罪认罚获得从宽处理的机会。但“可以”适用不是一律适用，犯罪嫌疑人、被告人认罪认罚后是否从宽，由司法机关根据案件具体情况决定。至此，认罪认罚从宽制度领域出现了“可以适用”和“可以从宽”两个概念，其中前者意在决定案件能否进入合作型司法模式的轨道；后者则涉及在合作型司法模式下是否赋予被追诉人量刑减让的问题。

在规范层面对适用认罪认罚从宽制度后，被追诉人获得肯定性实体法律后果作出“可以从宽”的或然性规定值得反思。以一起可能判处无期徒刑的刑事案件为例，因其符合《刑事诉讼法》第 81 条规定的径行逮捕条件，因而无法在审前适用非羁押性强制措施，也不能经由审查起诉阶段的不起诉实现程序出罪。与此同时，“具有重大社会影响”因素也将使该案很难在审判阶段适用简易程序或速裁程序。如果此时在实体上依法不予从宽处理，那么适用认罪认罚从宽制度将为被追诉人带来什么利益，步入合作型司法模式的意义又何在？在认罪认罚从宽制度语境下，不存在符合法律规定的认罪认罚条件、启动了该制度却不予从宽处理的情形，被追诉人放弃公正审判权就是为了得到从宽的实体处理，因此实体从宽应当是程序从简的目的所在。① 应当通过“不适用制度”来排除“适用后不从宽”的情况，即对于不能获得肯定性实体法律后果的案件，司法机关应将其挡在合作型司法

① 闵春雷：《回归权利：认罪认罚从宽制度的适用困境及理论反思》，载《法学杂志》2019 年第 12 期，第 4 页。

模式的大门之外，在对抗型司法模式语境下推动刑事诉讼活动，同时将“认罪认罚”视为与“自首”“坦白”相当的量刑情节。犯罪嫌疑人、被告人自愿认罪认罚，拟不适用认罪认罚从宽制度办理的，应当进行严格的程序控制。《人民检察院办理认罪认罚案件监督管理办法》第8条规定，当出现此类拟不适用认罪认罚从宽制度的情形时，检察官应当向部门负责人报告。

（二）否定性实体法律后果

被追诉人认罪认罚将获得有罪判决的否定性实体法律后果，以及随之而来的一些消极的限制性规定，即刑罚之外的附随法律后果。从某种程度上说，被追诉人认罪认罚是通过放弃与司法机关之间的对抗，继而放弃获得无罪判决的可能。尽管被追诉人认罪认罚以及同检察机关达成诉讼合意并不当然对裁判者形成必须定罪的拘束，但实践中绝大多数认罪认罚案件最终会被法院判决有罪。

有罪判决将对罪犯后续生活的方方面面产生极大的负面影响，这些后果不是刑罚的一部分，不会体现在裁判文书中，甚至法院在作出裁判时对某些附随后果也不清楚，但是罪犯在服刑期间或获释后却都不得不面对。在美国，犯罪记录不仅会剥夺罪犯的就业机会，也会剥夺他们接受教育和融入社会的机会，甚至轻微的定罪也会影响他们获取执照资格、儿童监护权、食品券、学生贷款以及医疗保健等权利。[①]与此相类似，在中国有罪判决的附随后果至少包括以下方面：第一，丧失工作与担任特定职务的资格。例如，已失效的《行政机关公务员处分条例》第17条第2款规定：“行政机关公务员依法被判处刑罚的，给予开除处分。”第二，丧失担任公务员与陪审员的资格。例如，《公务员法》第26条规定，曾因犯罪受过刑事处罚的，不得录用为公

① 参见［美］John H. Blume，Rebecca K. Helm：《“认假罪”：那些事实无罪的有罪答辩人》，郭烁、刘欢译，载《中国刑事法杂志》2017年第5期，第137页。

务员。又如《人民陪审员法》第7条规定，受过刑事处罚的不得担任人民陪审员。第三，丧失特定行业、职业的从业资格。例如，《旅行社条例》第64条规定："因妨害国（边）境管理受到刑事处罚的，在刑罚执行完毕之日起五年内不得从事旅行社业务经营活动……"第四，在工资待遇与人事待遇方面的不利后果。例如，《关于公务员被采取强制措施和受行政刑事处罚工资待遇处理有关问题的通知》规定，公务员受到刑事处罚，处分决定机关尚未作出开除处分决定的，从人民法院判决生效之日起，取消原工资待遇。公务员退休后被判处有期徒刑以上刑罚的，从人民法院判决生效之日起，取消原退休费待遇。人事部《关于国家行政机关工作人员被判处管制、拘役及判处刑罚宣告缓刑后的工作和工资问题的通知》则规定，缓刑人员在缓刑期间不能办理离退休手续。第五，在本人教育方面的不利后果。例如，教育部《2022年普通高等学校招生工作规定》规定，因触犯刑法已被有关部门采取强制措施或正在服刑者不得报考。[①] 第六，犯罪的不良后果还延伸到社会信用评价体系之中。国务院2014年印发的《社会信用体系建设规划纲要（2014-2020年）》明确要"对违法违规等典型失信行为予以公开"。近年来，随着各地社会信用信息条例的出台，违法犯罪行为作为失信行为被纳入社会信用信息的范围，如《河南省社会信用条例》第33条列举式规定的10类严重失信行为中，有很大一部分是刑事犯罪类型。由此可见，犯罪附随后果的立法层级混乱，地域差距显著，除在国家法律法规、规章中有规定外，也散见于地方性法规、地方政府规章、地方性工作文件等规范性文件，涉及事项广泛。

除了罪犯本人将承受多方面的否定性法律后果外，获得有罪判决的后果还将波及罪犯的直系亲属或家庭成员等。例如，《公安机关录

① 参见蒋鹏飞：《有罪判决的附带后果：问题与回应》，载《法治研究》2011年第11期，第38页以下。

用人民警察政治考察工作办法》第 9 条规定："考察对象的家庭成员具有下列情形之一的，其本人不得确定为拟录用人选：（一）因故意杀人、故意伤害致人重伤或者死亡、强奸、抢劫、贩卖毒品、放火、爆炸、投放危险物质罪等社会影响恶劣的严重犯罪，或者贪污贿赂数额巨大、具有严重情节，受到刑事处罚的……"此外，父母犯罪还可能会影响子女参加一些需要政审的岗位或者活动，如公务员考试、军队文职招聘、国防学校招生、入党申请等。由此可见，我国的犯罪附随后果有明显的责任牵连倾向。犯罪人直系亲属和家庭成员即使没有犯罪，也会因为血缘和亲属关系而受到犯罪人有罪判决的不利影响，这实质上将犯罪后果的辐射范围从个体责任转向家族责任，与个人责任主义形成根本对立。

二、认罪认罚的程序法律后果

（一）积极程序法律后果

第一，被追诉人认罪认罚将可能获得适用非羁押性强制措施的积极程序法律后果。认罪认罚的意思表示是被追诉人社会危险性降低的重要表征。《刑事诉讼法》第 81 条规定，认罪认罚应被作为被追诉人是否可能发生社会危险性的重要考量指标。然而需要说明的是，上述规定并非要将认罪认罚与不予逮捕机械地捆绑起来，认为被追诉人没有认罪认罚就不能取保候审，否则将会导致实践中一些推行认罪认罚从宽制度前原本可以被取保候审的被追诉人极有可能因不愿选择认罪认罚而遭致审前羁押。有学者就此提出羁押必要性的"分步审查方法"，即认为应当首先根据《刑事诉讼法》第 81 条第 1 款，对被追诉人的社会危险性进行考察，并作出不予逮捕的决定；对于决定应当逮捕的，再进一步考虑其是否有认罪认罚情节，并据此评价其社会危险性是否更为降低。"只能将认罪认罚作为证明犯罪嫌疑人社会危险性小的证据，而绝对禁止将不认罪认罚作为社会危险性大的证明。”①

第二，被追诉人认罪认罚将可能获得不起诉的积极程序法律后果。《认罪认罚从宽指导意见》第 30 条“不起诉的适用”规定：“完善起诉裁量权，充分发挥不起诉的审前分流和过滤作用，逐步扩大相对不起诉在认罪认罚案件中的适用……”认罪认罚从宽制度的一项重要目的在于推动刑事案件繁简分流，进而实现司法资源的合理配置，不起诉制度的适用能够从源头上控制进入审判程序的案件数量，对于诉讼效率的提升作用不证自明。从程序上看，不起诉意味着诉讼程序的终结，被追诉人因此免除了等待受审和法庭审理的诉累。由于“程序即是惩罚”，这种“惩罚性”的减轻便成为一种肯定性程序法律后果。② 当然，从实体层面看，诉讼程序的终结也使被追诉人免除了获得有罪判决的否定性实体后果，但该后果是附随程序适用而产生的，即程序后果带来了实体利益。

（二）消极程序法律后果

被追诉人认罪认罚将可能带来审判程序简化的消极程序法律后果。这里的“消极”并非基于法律文本而言，而是从对被追诉人权利保障的角度出发，即程序从简对于被追诉人的权利保障具有一定的消极影响。一些观点认为，审判程序从快从简是对被追诉人有利的选择，甚至将审判程序从快从简当作激励被追诉人认罪认罚的积极举措。例如，有学者指出：“程序简化是程序从宽的首要体现，是提高诉讼效率的重要方式，是真正实现庭审实质化的内容。”③ 上述观点实际上是基于一种权力视角，因为审判程序的简化确实能够实现个案层

① 吴宏耀：《认罪认罚从宽制度的体系化解读》，载《当代法学》2020 年第 4 期，第 66 页。

② 参见刘甜甜：《解构与重建：论酌定不起诉从宽的困境消解》，载《中国刑事法杂志》2020 年第 5 期，第 141 页。

③ 孙道萃：《认罪认罚从宽制度研究》，中国政法大学出版社 2020 年版，第 117 页。

面的诉讼效率提高和司法资源节约。但是从个人视角来看，诉讼程序的简化必然伴随诉讼权利的放弃——程序越简化，对被追诉人获得公正审判的背离便越显著。从这个意义上而言，诉讼程序的从简不能为被追诉人带来积极的法律后果，甚或可以说，实体上的量刑从宽正是对这种程序简化所造成不利后果的补偿。有学者认为，"认罚"应包括要求其同意适用速裁程序、简易程序或普通程序简化审程序。[①] 这一观点将"程序从简"与"从宽"相剥离，背后即蕴含"同意程序适用"将带来否定性程序后果的评价，将适用简易程序、速裁程序视为"认罚"的一个方面。《认罪认罚从宽指导意见》第 7 条明确被追诉人享有程序选择权，不同意适用速裁程序、简易程序的，不影响"认罚"的认定。上述规定客观上降低了"认罚"的认定标准，使被追诉人的权利放弃或减损程度得以降低，本质上也是对这种否定性程序法律后果的控制。

三、认罪认罚的法律后果告知不足

（一）司法机关的书面告知表现为法条重述

在实践中，司法机关主要通过出具《认罪认罚从宽权利义务告知书》《认罪认罚从宽制度告知书》的形式履行对法律规定的告知职责，但是告知书的内容往往不甚齐备，更多表现为对规范条文的集中重述。以笔者检索到的江西省人民检察院发布的告知书模板为例，[②] 该文书共分 8 条，其中第 1、2、3、5、6 条均为直接援引《刑事诉讼法》的既有条文；第 4 条较为细化地规定了认罪认罚具结书所应载明的内容，但这已经不属于基于保障知悉权目的而对认罪认罚法律规定

---

① 参见孙长永：《认罪认罚从宽制度的基本内涵》，载《中国法学》2019 年第 3 期，第 214 页。

② 参见江西省人民检察院网站：http://www.jx.jcy.gov.cn/jwzn/qlywxz/202008/t20200828_2932493.shtml，访问日期：2024 年 11 月 25 日。

所作出的阐释；第 7 条规定了签署具结书后被追诉人异议或者变更的处理办法，亦是针对已经作出认罪认罚表示并完成具结行为的情况；第 8 条规定被追诉人若是不同意检察机关的量刑建议，有权不签署具结书，不适用认罪认罚从宽制度。

根据胡云腾主编的《认罪认罚从宽制度的理解与适用》一书提供的侦查阶段和审查起诉阶段《犯罪嫌疑人权利义务告知书》样式，两阶段的权利义务告知内容高度相似，仅存在“同意程序适用”方面的一项差异；告知内容空泛，被追诉人很难通过该告知书确认自己认罪认罚后将面临哪些后果，特别是疏于对否定性后果的告知（见表 6）。我国审前阶段的告知主体主要是侦查机关或者检察机关，“就告知主体的中立性与告知程度的彻底性而言，至少在审前阶段，我国的告知状况并不理想”。[①]

表 6　侦查和起诉阶段犯罪嫌疑人权利义务告知内容

侦查阶段用	审查起诉阶段用
认罪认罚获得从宽处理的权利	认罪认罚获得从宽处理的权利
辩护及获得法律援助、法律帮助的权利	辩护及获得法律援助、法律帮助的权利
使用本民族语言文字进行诉讼及获得翻译的权利	使用本民族语言文字进行诉讼及获得翻译的权利
申请回避的权利	申请回避的权利
核对笔录、讯问知情、亲笔书写供词和不回答无关问题的权利	核对笔录、讯问知情、亲笔书写供词和不回答无关问题的权利
知悉用作证据的鉴定意见及申请补充鉴定或者重新鉴定的权利	知悉用作证据的鉴定意见及申请补充鉴定或者重新鉴定的权利

① 孔令勇：《被告人认罪认罚自愿性的界定及保障——基于“被告人同意理论”的分析》，载《法商研究》2019 年第 3 期，第 69 页。

续表

侦查阶段用	审查起诉阶段用
申请变更及解除强制措施的权利	同意适用刑事速裁/简易程序的权利
申诉或者控告的权利	申请变更及解除强制措施的权利
接受检查、搜查的义务	接受检查、搜查的义务

（二）值班律师的口头告知呈现出非全面性

为了探求值班律师履职过程中对认罪认罚法律后果的告知情况，笔者通过个别访谈的方式，对J省C市13位曾担任值班律师工作的律师进行调研。从调研方式来看，本访谈所获取的样本量较为有限，严格来讲并不能直接反映该地区值班律师提供法律帮助的整体情况；调研并未建立在选取本市多家律师事务所基础上的抽样结果，13位受访人主要集中在3家律师事务所。但是，访谈结果呈现出的绝对性、倾向性特征使得13位值班律师的回答对于分析该市值班律师法律后果的告知情况具有重要参考价值。

通过调研可以发现，目前J省C市的律师协会、法律援助机构等并未针对认罪认罚从宽制度出台可供值班律师履行告知义务使用的制式文书，调研对象所涉及的3家律师事务所也没有这方面的要求。除了提供相关法条外，值班律师对诉讼权利和法律后果的告知基本以口头形式进行，出具书面材料的仅占全部值班律师人数的7.69%。针对该值班律师的进一步访谈显示，其所出示的书面材料并非制式，也并非在其经办的所有案件中均有提供。占近93%的口头形式告知具有一定的随机性和任意性，并没有可供遵循的固定模板，容易导致告知内容及告知程度上存在差异（见表7）。

表 7　值班律师对认罪认罚法律后果的书面告知情况

Q1：您是否通过书面方式向被追诉人告知认罪认罚的法律后果？	
是	否
1 人	12 人

在受访的 13 位值班律师中，无一人对法律后果进行过“肯定性”与“否定性”的区分，仅有 2 人对权利克减等否定性法律后果进行告知，比例占受访者人数的 15.3%（见表 8）。有受访者指出，其对法律后果的告知基本上限于“认罪认罚能给被追诉人带来的‘好处’，主要是说明认罪后将又快又轻松地完成诉讼程序”。可见，实践中一些值班律师对认罪认罚法律后果的告知并非站在客观中立的角度，通过全面告知协助被追诉人理性选择，而在一定程度上带有“鼓励适用认罪认罚从宽制度”的色彩，使其告知的内容偏向于对肯定性法律后果的介绍，从而导致告知的片面化和认罪的盲目化。

表 8　值班律师对认罪认罚法律后果的具体告知内容

Q2：您是否会将认罪认罚的法律后果作出肯定性与否定性的划分？	
是	否
0 人	13 人
Q3：您是否会释明认罪认罚将造成权利克减这一法律后果？	
是	否
2 人	11 人

四、认罪认罚法律后果告知的完善进路

第一，应将值班律师对法律后果的告知形式书面化。可以考虑由法律援助机关牵头，制定制式的《值班律师认罪认罚法律后果告知

书》，其中要对认罪认罚可能带来的肯定性和否定性法律后果加以明确说明，使值班律师的履职情况更为规范，避免发生不告知、选择性告知的情况。当然，书面化的告知并非要消减值班律师与被追诉人的口头交流，值班律师仍需依托并不限于告知书内容向被追诉人释法答疑，毕竟任何预先设计的文书都具有一定的抽象性和概括性，而个案的情况并非一成不变的。

第二，值班律师、司法机关的告知书应当进一步细化，除需囊括认罪的肯定性和否定性法律后果外，还应适当对正当程序下的选择后果进行释明，使被追诉人认罪认罚的自愿建立在全面的知悉和衡量基础上。在此可以参考美国辩诉交易制度中的相关文书。尽管联邦和各州使用的文书形式多样，但是其基本结构和大体内容具有高度相似性。佛罗里达大学法学院法律实务教授乔治·迪可（George R. Dekle）撰写的《公诉原则：法律诊所手册》（*Prosecution Principles*：*A Clinical Handbook*）中记载的美国犹他州使用的文书模板可以就如何完善认罪认罚法律后果的书面告知提供诸多借鉴（见表9）。

表9　美国犹他州认罪被告人告知内容

答辩要约（Offer of Plea）	
宪法性权利的放弃	律师辩护权
	陪审团审判权
	对质和交叉询问权
	无罪推定权
	上诉权
有罪答辩的后果	获得监禁刑、罚金或两者并存的减让刑罚
	可能被科处追加罚款
	累加（Consecutive）或合并（Concurrent）刑期
	有罪答辩将体现在书面答辩协议中
	法官不受量刑建议的约束

续表

答辩要约（Offer of Plea）	
受指控犯罪的相关事宜	可能的罪名、犯罪等级
	每项指控可能判处的最高和最低刑罚
……	……

应当说这份文书模板较为详尽地展示了被追诉人认罪后可能带来的法律后果，其中包括肯定性实体后果，并强调了量刑从宽的或然性(即法官不受量刑建议的约束)；否定性的法律后果，即宪法性权利的放弃，具体包括获得陪审团审判的权利、对质和交叉询问权、无罪推定权、上诉权等，且对这些权利放弃的规定均采用正反两方面的叙述，概言之，不认罪的后果为何、认罪的后果又为何都能通过该文书得到清楚的答案。以无罪推定原则为例，该要约书首先释明如果被追诉人不做有罪答辩，直到政府能证明其有罪前都将被推定为无罪。如果其决定挑战指控，只需要做“无罪答辩”，案件将被移交审判。在庭审中，政府有证明所有指控事实的责任，而且该证明必须达到排除合理怀疑的程度。如果经过陪审团审判，有罪判决必须经过陪审团一致作出。继而规定如果被追诉人做有罪答辩，其将放弃无罪推定权，并承认已经实施了上述犯罪行为。这种对两种选择进路可能发生后果的明确规定使被追诉人非常明确各种选择对其意味着什么，继而保障其作出的决定是真正明知、明智的。以该要约书为蓝本，完善认罪认罚案件中的书面告知文本，可以最大限度地降低被追诉人因陷入错误认识而“错认罪”，同时为被追诉人自愿认罪奠定较为坚实的知悉基础。

五、认罪认罚附随后果的程序控制

（一）轻罪时代犯罪记录封存制度的构建

近年来，由于犯罪概念的扩张及法定犯的增加，我国犯罪结构已出现较大转变，重罪案件占比下降，轻罪案件占比上升，“轻罪时代已经来临”。[①] 据统计，2020 年至 2023 年，我国犯轻罪（被判处 3 年以下有期徒刑）和微罪（被判处拘役、单处附加刑或缓刑）的罪犯人数占比持续攀升，分别达到总罪犯人数的 82.97%、85.05%、85.90% 和 86.47%。[②] 这表明轻微犯罪已成为刑事治理的主要对象。但我国的犯罪附随后果不分罪行轻重对犯罪人统一适用，带来了犯罪附随后果的显著失衡，不仅与“当严则严、当宽则宽”的宽严相济刑事政策相冲突，也造成了制裁强度倒挂与比例原则背离。这会造成犯罪附随后果对轻刑犯造成的不利影响远超出刑罚本身的影响，犯罪人虽犯轻罪，但后果不轻，阻碍其回归社会。这一问题已成为阻碍我国法治发展的一大弊病，亟须构建新的制度加以解决。当前刑法学界普遍呼吁在我国推行“前科消灭制度”，但由于我国犯罪附随后果及犯罪记录制度尚未在规范层面体系化、完备化，刑事复权制度缺乏付诸实施的制度前提，难以一蹴而就。

在比较法视域下，犯罪记录分级封存制度已成为现代刑事司法文明的制度标配。如德国建立“犯罪记录中央登记册”，记录犯罪较为全面的信息，包括定罪、刑罚、犯罪事实、未决刑事程序事实及其他相关判决信息，并规定只有本人申请或国家机关调取才能对犯罪记录

---

① 卢建平：《轻罪时代的犯罪治理方略》，载《政治与法律》2022 年第 1 期，第 51 页。

② 该部分系根据最高人民法院网站公布的 2020 年至 2023 年《全国法院司法统计公报》经过计算后得出，参见：http：//gongbao. court. gov. cn/ArticleList. html？ serial_ no=sftj。

进行查询①。在澳大利亚，犯罪记录封存是定罪效果中止的一项程序性措施。如果相关人员所犯罪行轻微，且在一定期限内表现良好，则可中止该罪的定罪效果，进而封存相应的犯罪记录。同时，联邦刑法规定，如果某人被判处非监禁刑或监禁时间不超过 30 个月，等待期届满，犯罪记录自动封存。②

在我国，2012 年《刑事诉讼法》修改时在未成年犯罪领域增设犯罪记录封存制度，该法第 275 条第 1 款规定：“犯罪的时候不满十八周岁，被判处五年有期徒刑以下刑罚的，应当对相关犯罪记录予以封存。”未成年人犯罪记录封存制度经过不断完善，体系和内涵趋于完备，“这一制度自确立以来对促进未成年犯罪人复归社会发挥了显著作用，成为其‘再社会化’过程中的关键一环”。③基于对“教育为主、惩罚为辅”的刑事政策方针的贯彻，我国的未成年人犯罪记录封存制度可谓“关怀备至”，不仅将未成年人的犯罪记录予以封存，还将其涉案记录、违法记录一并予以封存，同时要求庭审不公开审理与规定保密义务。制度的周密使得未成年人犯罪的信息得到了严密的保护。

为回应犯罪附随后果无限扩张这一重大法治问题，党的二十届三中全会通过的《中共中央关于进一步全面深化改革 推进中国式现代化的决定》明确提出要“建立轻微犯罪记录封存制度”。该决定为我国落实犯罪的精细化治理，尤其是轻罪治理，提供了新的方向与政策支撑。我国目前的犯罪记录封存制度适用主体仅限于未成年人，而轻罪犯罪记录封存制度的适用范围显著扩大，并且在制度构建及实践理

---

① 李艳飞：《德国犯罪记录消灭制度的内容与特点》，载《人民法院报》2025 年 1 月 10 日第 8 版。

② 贾紫涵：《新西兰、澳大利亚犯罪记录封存制度考察》，载《人民法院报》2024 年 11 月 1 日第 8 版。

③ 参见何挺：《〈刑事诉讼法〉第四次修改与中国特色未成年人司法的发展完善》，载《南京师大学报》（社会科学版）2024 年第 2 期，第 133 页。

念上也会有显著区别。因此，照搬未成年人犯罪记录封存制度来构建我国的轻微犯罪记录封存制度是不可取的，轻微犯罪记录封存势必需要全新的制度构建。

具体而言，犯罪记录封存应根据犯罪人的罪行轻重、认罪悔罪态度以及再犯可能性三个因素合理设置层级式考验期限。对犯罪记录封存设置层级式的考验期实为必要，这是因为犯罪附随后果的存在意义：一方面在于对潜在的犯罪人员进行威慑，提高犯罪成本；另一方面是出于对公民安全和社会安宁的守护，防范有前科的人员再次犯罪。根据犯罪人罪行轻重设置犯罪记录封存考验期，而不是一经刑罚结束直接封存犯罪记录，有助于实现人权保障和保护社会安宁的价值平衡。考验期限届满时，如果犯罪人没有再次实施违法犯罪行为，则对犯罪人的犯罪记录进行封存。犯罪记录一经封存，除司法机关为办案需要或者有关单位根据国家规定进行查询外，将不得向任何单位和个人提供。封存的资料除犯罪人个人信息及判决结果，还应包括在侦查、起诉、审判、执行阶段形成的各种载体记录的书面以及电子材料，避免遗漏导致犯罪信息的泄露。这样可以在较大程度上抹除犯罪人的罪犯标签，助其更好地回归社会，从而缓和因犯罪附随后果的不利影响产生的社会矛盾。[①]

犯罪记录封存制度实现的前提是对重罪、轻罪、微罪的合理区分。学界对于重罪与轻罪的区分已达成普遍共识，即以法定最高刑为3年有期徒刑为分界点，法定最高刑3年有期徒刑以上的为重罪，法定最高刑为3年有期徒刑以下的为轻罪。对于轻罪与微罪的区分尚存在一定争议，有学者认为微罪应以法定最高刑1年有期徒刑或宣告刑为1年以下有期徒刑为界限。[②] 本书认为，微罪应满足行为恶性小及

---

① 参见鲍文强：《调和与路径：审判公开原则下的轻微犯罪记录封存》，载《比较法研究》2025年第3期，第151页以下。

② 李长友、仲家乐：《微罪附随后果的性质归属与改造进路》，载《吉首大学学报》（社会科学版）2025年第1期，第93页。

人身危险性小两个要件，因此以法定最高刑为拘役为界限，进行轻罪与微罪的划分，可以防范微罪概念的不当扩张。以法定最高刑来确定考验期的合理性在于立法者在确定法定量刑幅度时，就对犯罪人的主观恶性及行为危害后果作出了评估，犯罪附随后果在某种程度上是刑罚在社会层面的延续，这是对罪责刑相适应原则精神的延续。而法定最高刑一般低于宣告刑，这意味着犯罪人往往要接受比宣告刑更长的考验期，获得犯罪记录封存处理结果更为不易，有利于实现犯罪记录封存制度在犯罪人再社会化及实现社会安宁的双重价值目标的平衡。具体到考验期的设置，则根据法定最高刑来进行。对于微罪，即法定最高刑为拘役及拘役以下的犯罪，包括被判处管制、单处附加刑、定罪免罚的罪名，统一设置 1 年的考验期；对于轻罪，即法定最高刑在 3 年以下有期徒刑的犯罪，则统一设置 3 年的考验期。在此基础上，若犯罪人的宣告刑高于法定最高刑，则根据宣告的刑期来确定考验期。

犯罪记录封存制度的良好运行还需实现与社区矫正制度的良好衔接。对封存犯罪记录设置考验期的意义在于确保犯罪人已经改过自新，降低其再犯风险。刑罚执行结束并不意味着对犯罪人的教育也告终，在考验期内仍需对犯罪人进行监督及改造，社区矫正机构可作为在考验期内对犯罪人进行监督和评估的主体，承担对犯罪人的教育改造功能。社区矫正机构应主动了解在犯罪记录封存考验期内的犯罪人，并对其进行监督管理。首先要对犯罪人刑罚执行结束后的思想及行为进行监督，预防其再犯可能性，如果有再次犯罪的现象发生，则需要进行报告。其次要对犯罪人进行法治与道德教育，对其思想进行改造，可以要求犯罪人定期进行思想汇报。再次，社区矫正机构还可以开展职业技能培训，帮助犯罪人更好地回归社会。在考验期满后，社区矫正机构应出具犯罪人考验期行为评估报告，作为评估犯罪人考验期表现的参考。最后，结合犯罪人的犯罪性质、悔罪表现、社会危害性、社区矫正情况等动态因素作出犯罪记录封存的决定。因此，在考验期内，犯罪人除不可触犯刑法之外，还要接受社区矫正机构的教育改造及监督，由社区矫正机构对犯罪人在考验期的表现予以评估，评估合格才可封存犯罪记录。

（二）认罪认罚案件中的犯罪记录封存

认罪认罚从宽制度作为合作型司法的中国表达，贯穿于刑事诉讼全过程，通过协商机制赋予被追诉人实体从宽的优惠空间。既然在被追诉人认罪认罚从宽的情况下，犯罪的实体法律后果，即罪刑，可以得到酌情从宽处理，那么附随后果也可以考虑被纳入认罪认罚从宽制度的体系之中。具体而言，可依据《刑事诉讼法》第 15 条确立的协商基础，针对认罪认罚的被追诉人建立犯罪附随后果层级式宽宥机制，通过犯罪记录封存制度设计实现从惩戒到修复的衡平治理。

对于确有认罪悔罪表现并签署认罪认罚具结书的被追诉人，公安机关、检察机关、审判机关可以考虑减轻被追诉人犯罪附随后果，即缩短犯罪记录封存的考验期。以法定最高刑为参照，结合认罪认罚情况对犯罪记录封存的考验期进行确定，实际上考虑了被追诉人的认罪悔罪态度及再犯可能性，是对被追诉人的行为进行的实质考量，契合了对于犯罪精细化治理的需求。但缩短犯罪记录封存考验期必须建立在对其法定最高刑的参考之上，根据被追诉人的认罪认罚情况，其幅度应以缩短 20%–50%的考验期为宜。

对于微罪行为人而言，其罪行的法定最高刑为拘役及拘役以下。这类犯罪行为通常具有情节轻微、社会危害性有限、行为主观恶性较小等特点，典型罪名为危险驾驶罪。微罪行为人的人身危险性及再犯可能性也相对较低，尤其是在行为人主动认罪认罚、真诚悔过的情况下，其人身危险性更是大为降低。因此，在刑事司法实践中，应当充分考虑微罪行为的特殊性，对微罪行为人采取更为和缓的处理方式，对其进行实体上的特别优待，不设置犯罪记录封存的考验期。这意味着刑罚一经执行完毕，或在定罪免罚案件中判决书一旦生效，即立即启动犯罪记录的封存，无须经过额外的考验期。这种处理方式是对微罪行为人人身危险性降低的回应，有助于减轻行为人的心理负担，为其回归社会创造有利条件，有助于实现刑罚的个别化和精细化。

目前，我国的犯罪记录封存制度在政策设计上主要面向轻微犯罪，对于重罪即法定刑在 3 年有期徒刑以上的犯罪，现行制度并未将其纳入犯罪记录封存的适用范围。这种制度设计主要基于重罪行为的社会危害性较大、行为人的人身危险性较高以及再犯可能性较大的考量。然而，随着刑事司法理念的不断发展和宽严相济刑事政策的深入推进，对于是否应将重罪行为人完全排除在犯罪记录封存制度之外，值得进一步探讨。事实上，对于重罪行为人，如果其在犯罪后能够真诚悔过、积极认罪认罚，并表现出明显的改造意愿和行为，其人身危险性及再犯可能性往往会显著降低。在这种情况下，若仍然完全排除其适用犯罪记录封存制度的可能性，可能会在一定程度上削弱刑罚的教育和改造功能，甚至可能导致行为人因长期背负犯罪记录而难以顺利回归社会，进而增加其再次犯罪的风险。因此，从刑事政策的灵活性和个别化原则出发，可以考虑在特定条件下将重罪行为人纳入犯罪记录封存制度的适用范围。

具体而言，对于重罪行为人适用犯罪记录封存制度，可以设置更严格的条件和程序。例如，要求行为人必须满足以下条件：一是真诚悔过，主动认罪认罚，并在服刑期间表现良好；二是经过一定期限的考验，证明其人身危险性和再犯可能性已显著降低；三是犯罪行为对社会造成的损害已得到有效弥补或修复。此外，还可以引入听证程序或评估机制，由司法机关、社区矫正机构及社会相关方共同参与，综合评估行为人是否具备适用犯罪记录封存制度的条件。

宽严相济刑事政策不仅意味着“该宽则宽”，还要求“该严则严”。在将重罪纳入犯罪记录封存制度适用范围的同时，还应建立犯罪记录封存的负面清单，将某些特殊类型的犯罪或性质十分恶劣的犯罪排除在犯罪记录封存制度的适用范围之外，禁止某些罪犯通过犯罪记录封存制度摆脱罪犯的标签。具体而言，根据我国《刑法》及《刑事诉讼法》的规定，触犯危害国家安全犯罪、恐怖活动犯罪与黑社会性质组织犯罪的人员的犯罪记录不可封存，因为其行为具有涉众性，对国家安全及公共安全带来的危害极大。同时，对于故意杀人、故意伤害致人重伤或者死亡、强奸、抢劫、贩卖毒品、放火、爆炸和投放危险物质这八类罪名的触犯者也不得适用犯罪记录封存制度。我国《刑法》规定已满 14 周岁不满 16 周岁的未成年人触犯这八类罪名要依法追究刑事责任，直接反映出这些罪名的社会危害性之大。从维护社会公共利益的角度出发，排除这八种罪名适用犯罪记录封存制度更有利于社会安宁。

在认罪认罚案件中，对于犯罪记录封存考验期的确定也需要满足实体量刑幅度从宽的相应要求，保障被追诉人的知悉权。对于满足犯罪记录封存条件的被追诉人，检察机关应向其具体阐释犯罪记录封存制度的具体含义及意义，使被追诉人全面掌握封存条件，还需明确告知被追诉人考验期的具体内容，如期限、行为规范、评估标准。在个案中，检察机关还应考虑未成年人、偶犯、初犯等群体，在认罪认罚的情况下设置更为灵活的考验期标准，如为未成年人设置考验期可优先考虑教育矫治效果，而非单纯以刑期长短为依据。检察机关还应就考验期与辩护律师或值班律师进行充分沟通，并听取其对考验期设置的合理建议，确保辩方能基于完整信息全面掌握认罪认罚后在犯罪记录封存方面的相应后果。

犯罪记录封存制度可隔断罪犯由于附随后果而受到的不利影响，考验期的设置又为犯罪记录封存制度的顺畅实施保驾护航。在被追诉人认罪认罚的情况下，适当减少考验期既是认罪认罚从宽制度的延伸，也是犯罪治理体系的重要创新。未来在推行认罪认罚案件的犯罪记录封存制度时，还需进一步细化考验期规则，并推动实体法与程序法的协同完善，以充分发挥制度效能。

第二节　探索建立认罪认罚案件证据开示制度

一、认罪认罚案件证据开示制度的必要性

证据开示作为一项信息交换机制，用于使诉讼一方从另一方获得与案件有关的事实情况和其他信息，以保障控辩双方的证据知悉权。控辩之间需要按照一定的程序和方式依职权或依申请披露所掌握的证据材料，否则将承担不利的法律后果。一般认为，广义的证据开示包含英美法系国家的证据开示制度和大陆法系国家的阅卷制度，其中前者作为狭义的证据开示在我国又被译为证据披露等。[①] 在当前大力推行认罪认罚从宽制度的背景下，通过现有证据信息交换机制满足被追诉方知悉权表现出一定的困难。

如前所述，现有值班律师为绝大多数认罪认罚案件提供法律帮助的情况下，由于阅卷权利不足，使被追诉方的审前证据知悉无法得到保障，由此学界无论认为应将值班律师定位为“辩护人”“准辩护人”还是“帮助者”，都在积极为值班律师争取阅卷的权利。[②] 2019年相继出台的《认罪认罚从宽指导意见》和《人民检察院刑事诉讼规

---

① 除特别说明外，本书以下所述的“证据开示”采狭义概念，即与阅卷制度并列的一类证据信息交换机制。

② 参见姚莉《认罪认罚程序中值班律师的角色与功能》，载《法商研究》2017年第6期，第42页以下；贾志强：《论“认罪认罚案件”中的有效辩护——以诉讼合意为视角》，载《政法论坛》2018年第2期，第171页以下；杨波：《论认罪认罚案件中值班律师制度的功能定位》，载《浙江工商大学学报》2018年第3期，第34页以下；樊崇义：《值班律师制度的本土叙事：回顾、定位与完善》，载《法学杂志》2018年第9期，第1页以下；等等。

则》规定，值班律师可以自案件移送审查起诉阶段起“查阅案卷材料、了解案情”。尽管上述规定对值班律师是否能够进一步摘抄、复制案卷材料语焉不详，却在一定程度上以司法解释的方式弥补了其阅卷权利的不足。然而，在保障其阅卷权利的背景下，实践中的值班律师却表现出阅卷动力的不足，有学者通过调研试点期间值班律师参与认罪认罚案件的情况指出，即使部分试点单位赋予其阅卷权与调查取证权，也鲜有律师真正去阅卷和调查取证的情形。[①] 有学者主张，对于无辩护人的认罪认罚案件被追诉人，在值班律师提供法律帮助的同时可以赋予其有限制的阅卷权。[②] 从权属角度看，被追诉人的确是阅卷权的主体。我国《刑事诉讼法》没有赋予被追诉人完整的阅卷权，而规定由辩护人代为行使，同时可以有限度地向被追诉人“核实证据”。在认罪认罚案件中，被追诉人寻求与司法机关合作的态度，使其借由了解案件证据信息而串供翻供、虚假供述的可能性和必要性降低；其认罪认罚后社会危险性的减弱也使其接触案卷材料后毁坏证据、报复证人的风险性降低，赋予被追诉人阅卷权看起来在合作型司法模式中寻得了可能。但不容忽视的是，大多数刑事被追诉人并不具备通过阅卷攫取案件关键信息的技术，亦缺乏对证据资格等进行判断的能力，在值班律师阅卷动力不足的情况下，其单方面阅卷通常仅能做到形式上的知悉，无法与值班律师实现同频共振。赋予认罪被追诉人阅卷权后，如果最终还是无法保证律师的切实参与，而将认罪认罚塑造成检察官与被追诉人之间的协商，那将会是“一种非常失败的制度设计”。[③] 除此之外，实践中半数以上的认罪被追诉人处于审前羁押

---

① 参见周新：《值班律师参与认罪认罚案件的实践性反思》，载《法学论坛》2019 年第 4 期，第 42-49 页。

② 参见朱孝清：《再论辩护律师向犯罪嫌疑人、被告人核实证据》，载《中国法学》2018 年第 4 期，第 44 页以下。

③ 陈瑞华：《刑事诉讼的公力合作模式——量刑协商制度在中国的兴起》，载《法学论坛》2019 年第 4 期，第 5 页以下。

状态,[①] 其行使阅卷权需满足时间、地点、方式等多方面要求，很有可能产生影响诉讼效率、增加诉讼成本之虞，这与认罪认罚从宽制度所追求的价值有所抵牾。在阅卷制度这种证据信息交换机制下，司法机关仅需被动为律师查阅案卷材料“提供便利”。在对抗型诉讼模式下，辩护人阅卷更有利于在两造冲突中取胜，其寻求阅卷的主动性弥补了司法机关披露证据的被动性。上述格局在认罪认罚案件中产生变化，特别是在值班律师参与的大多数案件中，阅卷权利、动力和能力的多重不足使我们有必要将视角转向证据信息交换的另一种形态——证据开示。

证据开示对传统大陆法系国家的信息交换机制产生了有力的冲击。例如，2004 年日本在公判前的整理程序中正式设立证据开示制度，尽管该制度遭到“适用范围窄、运行成本高”等诸多批评，但仍被视为日本刑事司法改革的一项重大进步。[②] 我国 2012 年修改后的《刑事诉讼法》规定，辩护人应将收集到的被追诉人不在犯罪现场、未达到刑事责任年龄、属于依法不负刑事责任的精神病人的证据及时告知公安机关和检察机关。有观点认为，“在 2012 年刑事诉讼法的修法中，证据开示制度被以明文方式确立”。[③] 实际上，立法中的证据信息交换机制呈“强阅卷弱开示”模式，开示的主体单一，并未形成交互性的双向开示，仅被追诉一方承担开示证据的义务；开示的范围狭窄，内容上限于被追诉方掌握的出罪证据，至于检察机关据以指控犯罪的证据信息仍高度依赖阅卷制度获取。2012 年修改后的《刑事诉讼法》增加了有关庭前会议制度的规定。为集中解决一些程序性与实

---

① 在认罪认罚试点中，判处 3 年有期徒刑以下刑罚的占 96.2%，但羁押率却高达 57.8%。参见最高人民法院、最高人民检察院《关于在部分地区开展刑事案件认罪认罚从宽制度试点工作情况的中期报告》。

② 参见王小光：《日本刑事诉讼证据开示制度》，载《人民法院报》2019 年 12 月 6 日第 8 版。

③ 徐利英、王峰：《关于刑事证据开示制度的思考》，载《中国刑事法杂志》2013 年第 9 期，第 94 页。

体性问题，人民法院可以在庭前会议组织控辩双方“展示证据”。尽管庭前会议中的证据展示也表现为控辩双方互相披露证据，但其与证据开示存在较大的差别：第一，从程序目的上看，庭前会议中的证据展示是为实现庭审实质化所做的准备工作，通过证据的整理与展示明确争议焦点、排除非法证据，以提高正式庭审的诉讼效率；证据开示则是为保障知悉权而设置的证据信息交换机制，特别是意在强调检察机关将通过公权力收集到的证据披露给被追诉方。第二，从适用范围上看，法律规定了四种可以召集庭前会议的情形，符合条件进入庭前会议程序的案件仅占刑事案件的一部分；证据开示则在一般意义上普遍适用，无须设置专门的适用情形。第三，从启动时间上看，由于庭前会议要同时用以解决审判人员的回避等事项，因此召集时间为人民法院决定开庭审判并确定合议庭成员后；而证据开示承载案件繁简分流的作用，开示的时间一般在案件进入审判阶段以前。在实践中，受“强阅卷弱开示”模式影响，司法机关对庭前会议证据展示环节认识不足。有研究显示，作者调研范围内80%以上的法官认为，辩护人庭前阅卷就已经等同于检察院开示了证据。① 可以说，庭前会议中的证据展示并非为解决证据的“一次知悉”设置，而是建立在被追诉方已经阅卷基础上的“二次知悉”，其本质功能在于简化展示案卷材料中的证据，而非保障被追诉方的证据先悉。总体而言，旨在服务于庭审实质化的庭前会议制度和证据展示环节，在认罪认罚案件中的适用空间相当匮乏。通过上述分析可见，现有立法及司法解释中的证据开示、证据展示亦无法解决认罪认罚被追诉方的证据知悉困境。由此可见，在现有证据信息交换机制之外建立一套专门的认罪认罚认罚证据开示制度以防范认罪认罚错案的发生具有实践必要性和现实紧迫性。

---

① 参见张燕龙：《庭前会议程序的衔接机制研究》，载《法学杂志》2015年第12期，第115页以下。

二、认罪认罚案件证据开示制度的特征

探索建立认罪认罚案件证据开示制度，必要性源自被追诉方证据知悉的困境，功能性则在于保障认罪自愿性、实现量刑精准性等。从总体原则层面来看，要充分发挥其相较于阅卷制度在认罪认罚案件中表现出的优势特征。

（一）检察机关承担开示证据的法定职责

合作型司法模式带来了检察权的扩张，检察官近乎成为“法官之前的法官”“法官背后的法官”，不仅主导着审前阶段的协商程序，而且实质性地决定着案件的最终处理结果。尽管法官仍保留有裁判权，但裁判权的行使却高度依赖检察官在审前程序获取的信息，在合作型司法模式中形成“检察权裁判”（prosecutorial adjudication）。[①] 域外国家“无不在合理限制检察裁量权以防范其潜在风险的同时增设有关规则举措，保证被追诉人及其辩护律师在知情、答辩和救济等方面的诉讼权益”。[②]《认罪认罚从宽指导意见》规定检察机关承担证据开示的职责即是对其权力扩张的一种回应与限制。检察机关承担办理认罪认罚案件的主导责任，要求其履行开示证据的法定职责以保障被追诉方的知悉权，与其在诉讼中扮演的多重角色是相适应的：作为刑事案件的追诉人，检察机关处在承上启下的诉讼阶段，可以借助提前介入侦查等方式，强化公安机关对证据的全面准确收集，检察机关在审查起诉阶段对证据情况的全面掌握使其具备开示证据的可能性。作为程序选择的引导者，向被追诉方开示证据有利于敦促被追诉人尽早认罪，同时确保被追诉人在全面掌握证据情况下作出的认罪认罚选择是自

---

① See Gerard E. Lynch, *Screening versus Plea Bargaining: Exactly What Are We Trading off?* Stanford Law Review, Vol. 55, No. 4, 2003.

② 赵恒：《论检察机关的刑事诉讼主导地位》，载《政治与法律》2020 年第 1 期，第 33 页。

愿、明知和明智的。这符合认罪认罚从宽制度对诉讼效率和底限正义的追求，有利于切实发挥其程序分流的作用，保证检察机关具有开示证据的能动性。作为控辩协商的参与人，双方必须处于平等的地位。当前实践中办理的一些认罪认罚案件，被追诉方由于证据信息上的缺失，根本不具有进行协商的能力。借助有效的证据信息交换与共享，控辩双方之间才有了进行协商的根基，这决定了处于优势地位、掌握诉讼权利的检察机关需要承担开示证据的职责。

认罪认罚案件中的证据开示不应是单向开示，而应为双向开示。唯有如此，才能最大限度地实现控辩双方证据获知的全面性，促使案件真相的发现更为迅速、准确，既保障被追诉方本应具有的平等诉讼地位，也使检察机关提出的量刑建议更为精准，避免因对相关证据了解不足而产生误判。缺少被追诉方向检察机关开示证据这一向度，不仅影响诉讼效率，而且妨碍检察官证据开示的积极性，从而反过来又影响辩护方及时和有效地获取实质性的案件信息。当然，双向开示并非对等开示，相较于检察机关，被追诉方的证据开示居于次要地位，开示的内容可以相应限缩，同时方式也可以更为灵活。

（二）检察机关依职权主动启动开示程序

有观点认为，证据开示的启动应由犯罪嫌疑人通过辩护人或值班律师向检察机关提出申请，由检察官最终决定是否开示。① 按照依申请开示的制度设计，被追诉方首先要知悉自己因认罪认罚而享有证据开示请求权，被追诉方提出申请后，则由检察机关单方面决定是否开示，使检察机关由原本承担开示职责的义务主体转而成为决定开示与否的权力主体，不符合刑事证据开示制度的平等性要求。

实际上，要求检察机关承担认罪认罚案件中开示证据的法定职

① 参见林战波、贾文琴：《认罪认罚证据开示把握的原则及具体操作》，载《检察日报》2020年7月2日第3版。

责，即意在用检察机关“主动示证”取代“被动配合”的证据信息交换机制，保障被追诉方的证据知悉权，塑造能够进行实质性协商的平等控辩关系。在美国，辩诉交易的形成依赖控方法定自动的证据开示，很多州就此作出专门规定，如“控方在大陪审团起诉状或检察官起诉状提起后的特定时间内，有出于被告的权利而将可能展示的内容规定为控方自动展示的义务”。[①] 在实践中，检察机关通常在传讯（arraignment）被追诉人后，即向辩方发出一封附有控方证据开示范围及相关证据材料的信函。美国检察官主导着辩诉交易中的证据开示，而法官则采用一种“事后参与”的模式，即当控辩双方就证据开示产生争议时，才会根据两造一方的申请来作出是否命令开示的裁断。“在绝大多数州，证据知悉就自然被视为一种权利，不用诉诸司法行为。向法院提起动议，指示一方进行证据展示的情况，只在控辩双方就特定事项究竟属于固有权利还是应当由法院进行裁定的事项有争议时发生。”[②] 在英国，控方应自动开示证据而无须辩方请求，1967年《刑事审判法》明确规定控方负有“预先提供信息的义务”，必须就每项指控向被告提供足以证明案件“表面上成立的证据”。[③] 我国当前认罪认罚案件中的控辩关系本就难言平等，加之值班律师参与案件的形式化，如果证据开示程序需要依申请并经检察机关同意方可启动，将很难实现《认罪认罚从宽指导意见》中通过证据开示“保障犯罪嫌疑人知情权和认罪认罚的真实性及自愿性”目的。明确主动开示原则，要求检察机关自发启动程序履行开示职责，有利于弥补认罪认罚案件中被追诉方知悉证据的困难与被动，通过满足知悉权敦促被追

---

① ［美］伟恩·R. 拉费弗等：《刑事诉讼法》，卞建林、沙丽金译，中国政法大学出版社2003年版，第996页。

② ［美］伟恩·R. 拉费弗等：《刑事诉讼法》，卞建林、沙丽金译，中国政法大学出版社2003年版，第996页。

③ 参见孙长永：《证据开示的理念与趋势——基于当事人主义刑事诉讼的分析》，载《人民检察》2003年第8期，第19页以下。

诉方选择认罪认罚，同时保障其认罪认罚的自愿性和真实性。

（三）检察机关主动全面开示出入罪证据

在合作型司法模式中，如果控方开示的不是包含出罪、罪轻证据在内的全案证据，就会不当加剧控辩双方之间的不对等地位，其展示的有罪证据将形成更大的胁迫被追诉人认罪的压力。根据美国“无辜者计划”的调查显示，检察官开示证据时隐匿无罪证据的现象时有发生。尽管《美国律师协会职业道德模范规则》等对检察官的无罪证据开示义务进行了规定，但辩诉交易中的检察官时常逃避这一义务，众多无辜被追诉人认罪的情况由此而生。[1] 检察机关应当向被追诉方开示侦查、审查起诉阶段与案件有关的全部证据材料，既包括有罪证据，也包括无罪证据。遵循全面开示原则的意义不仅在于充分保障被追诉方的知悉权，促进认罪认罚的自愿性、真实性，还在于完善审前的起诉裁量权，通过无罪证据等的开示激活不起诉制度在认罪认罚案件中的适用，进而实现审前分流和过滤目的。证据开示制度的功能之一在于促进控辩双方展开实质化协商，控方因此应及时开示影响量刑的相关证据，如认定自首、立功、累犯等法定量刑情节的证据，被害方存在足以影响量刑的过错证据等，以便被追诉方能够务实理性地参与量刑协商。全面开示证据的立法选择在美国新近刑事司法改革进程中得到体现，如根据 2020 年 1 月 1 日开始实施的纽约州《刑事诉讼法》第 245.20 条规定，修正后的证据开示制度充分吸收了全面开示理念，将开示范围扩展至不限于 20 余类证据材料，几乎涵盖了全部证据类型，包括被告或同案被告在执法人员面前作出的书面、口头、录音陈述；任何在大陪审团面前作证之人所作的与本案有关的证言副本；专家意见证据；任何掌握与指控或潜在辩护相关证据或信息的控

---

① 参见王新清、张瀚文：《美国无罪证据开示制度研究》，载《证据科学》2017 年第 3 期，第 330 页以下。

方知悉之人的姓名及充分的联系信息；任何掌握与指控或潜在辩护相关证据或信息的人所做的书面记录、录音记录或其摘要，包括警察报告、警察和其他调查人员说明、执法机构报告；科学证据；无罪、罪轻、弹劾证据等。①

当然，全面开示原则并非没有例外。基于国家和公共利益的考量，一些特殊证据如出于涉及国家秘密等原因，可以允许控方不向被追诉方开示，即"公共利益豁免原则"免除了检察机关承担的部分证据开示义务。为确保豁免原则的准确正当适用，全面开示证据的例外情形宜接受法院的司法审查，而不应由检察机关单方决定。

《认罪认罚从宽指导意见》明确"认罪"的概念为被追诉人如实供述自己的罪行，对指控的犯罪事实没有异议。"认罪"并不意味着被追诉人需要通过开示自证有罪，认罪认罚案件中的证明责任仍由检察机关承担。基于此，作为履行开示义务的另一主体，被追诉方除应向控方开示《刑事诉讼法》规定的不在犯罪现场、未达到刑事责任年龄、属于依法不负刑事责任的精神病人等证据外，还应开示服务于控辩量刑协商的罪轻证据，以充分激活检察机关酌定不起诉等权能。与此同时，《刑事诉讼法》第 174 条规定了犯罪嫌疑人认罪认罚后不需要签署具结书的几类情形，包括尚未完全丧失辨认或者控制自己行为能力的精神病人等，对于这些可能影响认罪认罚案件具体程序适用的证据，需要被追诉人主动及时向控方示明。

三、认罪认罚案件证据开示制度的程序

（一）审查起诉阶段在检察机关进行开示

《认罪认罚从宽指导意见》规定，检察机关可以根据案件具体情况在审查起诉阶段就开示案件证据信息进行探索。在这一诉讼阶段，

① N. Y. Crim. Proc. Law § 245. 20 (2019).

案件所涉的证据材料已随侦查终结而收集完备并移送检察机关，使其具备全面开示证据的条件。控辩之间的协商发生于审查起诉阶段，并经具结行为将协商结果固化于具结书上。从性质来看，具结书是“被追诉人与检察官围绕罪刑的实体问题与诉讼程序的适用问题所达成的刑事协议”,[①] 被追诉方一经签署，便从定罪量刑、程序适用等方面形成约束。由此，应将签署认罪认罚具结书规定为检察机关开示证据的最晚时间节点，保证被追诉人在具结行为前能够获知全案证据信息，进而作出自愿、真实的认罪认罚表示。如前所述，认罪认罚从宽制度贯穿于刑事案件的各个诉讼阶段，被追诉人在侦查阶段即可表示认罪并愿意接受司法机关的处罚。但一般而言，司法机关不宜在侦查阶段就案件证据进行开示，这是因为：首先，侦查阶段的任务主要在于收集和固定证据，这一方面使案件证据的数量与内容处于变化状态；另一方面也使该阶段具有一定的秘密性特征，如果向犯罪嫌疑人或辩护人透露过多的相关案件信息，可能会对侦查活动造成消极影响。[②] 在阅卷制度下，辩护人自人民检察院对案件审查起诉之日起方可查阅、摘抄、复制案卷材料正是基于同样的逻辑。其次，为了促使被追诉人认罪认罚，《认罪认罚从宽指导意见》第 23 条规定公安机关在侦查阶段应当同步开展认罪教育工作，实践中的具体做法包括播放宣传短片、发放释法传单等，这在一定程度上能够代替证据开示起到敦促被追诉人尽早认罪、提高刑事司法效率的作用。最后，被追诉人在侦查阶段的认罪认罚具有概括性，更多是一种意志和态度的表达——从实体上来看，公安机关并不能在侦查阶段作出具体的从宽承诺，其提出的适用速裁程序等起诉意见也是一种“建议”。概言之，被追诉人在侦查阶段认罪认罚并不会直接对实体与程序两方面产生实质性影响，

---

① 马明亮：《认罪认罚从宽制度中的协议破裂与程序反转研究》，载《法学家》2020 年第 2 期，第 121 页。

② 参见汪海燕：《重罪案件适用认罪认罚从宽程序问题研究》，载《中外法学》2020 年第 5 期，第 1187 页以下。

那种认为由于不能保证证据先悉而应彻底取消侦查阶段认罪认罚的观点是值得商榷的。[①] 作为次要开示义务主体，被追诉方开示相关证据的起始时间不受上述限制，在侦查阶段即可作出认罪认罚的表示并开示相关证据，但同样应在具结行为作出之前完成开示。

认罪认罚案件中的证据开示由检察机关主导，其承担主动、全面的开示职责，将检察院规定为开示地点便于展示包括实物证据原件在内的异议证据。作为例外，被追诉人被羁押的，看守所应当为证据开示提供场所。被追诉人认罪认罚是其社会危险性降低的重要评价因素，实践中应当进一步降低审前羁押率，采用“分步审查法”。首先按照《刑事诉讼法》第 81 条第 1 款的规定作出捕或不捕的决定，对于决定羁押的，再依据其认罪认罚情况进行第二轮羁押与否的判断。审前非羁押有利于被追诉人更加自由地参与到证据开示活动中来。可以借鉴美国纽约州推行的证据开示改革经验，依据被追诉人是否被审前羁押，对于已被羁押的被追诉人要求在签署具结书前 15 日开示证据，对于未被羁押的被追诉人则要求在签署具结书前 7 日开示，以此倒逼办案机关对适用认罪认罚从宽制度的被追诉人少捕慎押，进而强化被追诉人认罪自愿性的保障。[②]

（二）以《证据开示表》为载体进行释明

认罪认罚具结书背后包含一揽子附属性文件，如《被追诉人诉讼权利义务告知书》《认罪认罚从宽制度告知书》等。认罪认罚案件中引入证据开示制度，本质上是为司法机关增设了开示证据的义务，实

① 参见郭烁：《在自愿与真实之间：美国阿尔弗德答辩的启示》，载《当代法学》2020 年第 4 期，第 68 页以下。

② 参见郭烁：《认罪认罚背景下屈从型自愿的防范——以确立供述失权规则为例》，载《法商研究》2020 年第 6 期，第 137 页以下。

践中一些检察机关通过在具结前出示《证据开示表》的方式履行该义务。[①]《证据开示表》承载检察机关据以指控被追诉人的证据信息，按照种类列明证据及其所欲证明的内容，制作完成后及时将表格交付被追诉人，并将其副本提供给辩护人或值班律师。检察机关在被追诉人、辩护人或值班律师在场的情况下，就案件所涉及的证据内容进行宣读、展示，对有争议的部分可以展开辩论和释疑，对被追诉方有异议的可视化证据应当场向其展示或者播放。控辩双方签署具结书后，应整理出有争议的证据内容，然后将《证据开示表》与上述法律文书一同随卷移送审判机关，以便法官对被追诉人基于知悉权的认罪认罚自愿性、真实性进行审查。被追诉方开示证据的形式可以更为灵活，不必遵循制式文书的要求，司法机关应当及时将被追诉方开示的证据记录在案。

（三）将是否开示纳入自愿性审查范围

建立以“自愿性评价”为标准的审查机制，对违反开示义务的行为进行纠正与制裁，对于确保证据开示的主动性具有十分重要的作用。毋庸讳言，在认罪认罚案件中增设证据开示制度将会在一定程度上增加检察人员的工作内容，打破其对证据信息的垄断占有，控辩协商的形成也将使其面临更多挑战，这些都难免会影响到检察机关开示证据的主动性。为防止发生类似情况，美国从实体和程序两个方面对违反证据开示义务时的救济措施作出了详尽规定。如果一方无故不履行法定自发的开示义务，另一方可以向法院提出强制其开示证据的申请。如果法官审理后认为该证据确实应当开示，即可向不履行义务一方作出强制开示的命令，并宣布延期审理。如果此时不履行义务一方仍然不开示相关的证据，法官便可以推认可依未经开示的证据证实的

① 参见王帅琳、王杰：《证据开示表：破解值班律师见证效率与效果难题》，载《检察日报》2020年3月8日第3版。

事实成立。[①] 此外，根据“不开示禁止出示”原则，一旦未履行开示义务的一方在庭审中出示了未经开示的证据，法官便可对该证据的证据资格作出否定性评价。从总体上看，上述救济程序主要是针对司法机关不履行开示义务的情形。在对抗型刑事司法中，检察机关出于追诉的欲望，往往会隐匿一些证明力很强的入罪证据以达到出其不意的定罪效果，通过否定该被藏匿证据的证据能力倒逼开示是切实有效的。在认罪认罚案件中，证据开示的主要目的不是防止证据突袭，而是保障审前的证据知悉，否定未出示证据的证据资格便不再合乎逻辑。是故，认罪认罚案件中检察机关未履行开示义务的救济，应遵循否定认罪认罚具结书和量刑建议效力的思路，将开示与否视为审查被追诉人自愿性的重要内容，对《认罪认罚从宽指导意见》第 39 条“审判阶段认罪认罚自愿性、合法性审查”第 1 款第 4 项“人民检察院、公安机关是否履行告知义务并听取意见”作扩大解释，将检察机关是否履行证据开示义务纳入其中。检察机关未履行开示证据职责的，法官可责令其当庭开示；若检察机关拒不开示、开示后被追诉方对认罪认罚有异议或法院对被追诉方认罪认罚自愿性、合法性产生异议的，应当及时依法转换诉讼程序，按照普通程序对案件进行重新审理。

① 参见孙长永：《美国刑事诉讼中的证据开示》，载陈光中主编：《诉讼法论丛（第 3 卷）》，法律出版社 1999 年版，第 241 页。

第四章　自愿性：认罪认罚错案防范的重点

第一节　认罪认罚自愿性的判断标准

一、认罪认罚自愿性的概念

自愿性是认罪认罚从宽制度得以有效运行的基石。《刑事诉讼法》第 15 条规定：“犯罪嫌疑人、被告人自愿如实供述自己的罪行，承认指控的犯罪事实，愿意接受处罚的，可以依法从宽处理。”本条中的“自愿”“如实”两个关键词分别从认罪认罚自愿性和事实基础真实性两方面对认罪认罚进而获得从宽处理的前提加以规定。《刑事诉讼法》第 190 条继而要求法院对认罪认罚的自愿性进行审查，如果经审查认为被追诉人是在违背自身意愿的情况下作出认罪认罚选择，则应将检察机关指控的罪名和出具的量刑建议作为“一般应当”的例外不予采纳。《认罪认罚从宽指导意见》进一步强化了对认罪认罚自愿性的审查，其中第 28 条规定检察机关应当将自愿性问题作为审查侦查阶段认罪认罚案件的一项重要内容，以确定有无因受到暴力、胁迫、引诱而认罪认罚，同时依据《认罪认罚从宽指导意见》第 39 条，法院也应当将认罪认罚自愿性作为重要的审查事项。然而，规范层面并未对认罪认罚自愿性的判断标准作出明确规定，实践中对自愿性审查的把握亦因标准缺失而流于形式。

根据《布莱克法律词典》的界定，所谓“自愿性”是指“一种自发主动的、不受强迫的自由的特征，没有受到外界的干涉和他人的影响”。[①] 由该定义可见，自愿性是隶属于主观意志层面的概念。认罪认罚从宽制度所要求的自愿是行为意义上的自愿，而非目的层面上的自愿，即只要认罪认罚的行为是其内心真实想法的自由表达便可认定为自愿，至于作出该表达的动机则在所不问。概言之，不论被追诉人基于何种目的选择认罪认罚——真诚悔悟、避免重刑抑或是替人顶罪、错误认识——只要是其在无压迫环境下真实意思的表达，就满足了行为时自愿性的要求。基于此，本书在第二章对认罪认罚错案进行分类时认为，“认假罪”这类替人顶罪行为并不存在自愿性方面的偏差，而是在认罪事实基础真实性上发生错误。

从组成元素上看，认罪认罚的自愿性包括“认罪的自愿”与“认罚的自愿”。有学者将“认罪的自愿”划分为“如实供述自己罪行的自愿”和“承认指控犯罪事实的自愿”，并将前者命名为“实质自愿”，将后者命名为“形式自愿”。[②] 还有学者基于上述三种自愿的划分，提出应分别设置不同的自愿性判断标准。实际上，将“认罪认罚自愿性”割裂为三种会徒增司法机关的工作内容和工作难度，并不能从根本上起到对认罪认罚自愿性的积极保障作用。一方面，这样的区分缺乏现实可操作性。实践中被追诉人的认罪认罚行为往往是一个有机整体，二者具有共同的目的，即换取实体和程序上的从宽；此外从时间上看，认罪认罚通常是同时进行的意思表示，司法人员很难区分辨别认罪行为的自愿与认罚行为的自愿。另一方面，这样的区分缺乏现实必要性。如果对认罪认罚的自愿性进行二分甚或三分，并分别采

① See Henry Campbell Black, Black's Law Dictionary, 5th ed, West Publishing CO., 1979, pp. 1412-1413.

② 参见杜磊：《论认罪认罚自愿性判断标准》，载《政治与法律》2020 年第 6 期，第 149 页。

用不同的审查判断标准，如像有学者主张“实质自愿”应采用“无痛苦”标准，“形式自愿”应采用“无异议”标准，[①] 便很有可能导致同一情形下满足了认罪的自愿却不满足认罚的自愿，或者在认罪自愿的内部因标准不同而产生张力，认罪认罚从宽制度将很难得到适用。毕竟“自愿性”这一概念本身具有双重品格，一来被用以形容被追诉人的内心意志；二来则是一种刑事政策的表达。[②] 对认罪认罚自愿性的判断，不应将各行为要素简单地割裂开来，并分别设置不同的标准，而是应将认罪认罚的自愿性作为统一的整体看待，以此在实现认罪认罚自愿性保障的同时，使作为宽严相济刑事政策具体表现的认罪认罚从宽制度得到灵活适用。

二、辩诉交易制度中认罪自愿性的判断标准

如前所述，认罪的自愿与否属于被追诉人主观意志范畴的概念，因此对其自愿性的判断更适宜通过反面赋予客观判定标准的方式得以进行。认罪认罚需要被追诉人供述有关犯罪事实和情节，从证据种类的角度来看，这是证据法所规定的被告人供述。但是在美国，刑事诉讼对供述自愿性原则和认罪自愿性原则做了一定的区分，判断标准也不尽相同，这使得辩诉交易制度得以通过有别于正当程序的诉讼规则深入发展。

（一）供述自愿性标准

布拉姆诉美国（Bram v. United States）一案为美国确立了非常严格的供述自愿性原则。[③] 根据该判例，司法人员不能为获取被追诉人的供述而向其施加任何暴力、胁迫，同时不能提供任何直接或者间接

---

① 参见闫召华、李艳飞：《认罪认罚自愿性研究》，载《河南财经政法大学学报》2018 年第 2 期，第 90 页以下。

② See Culombe v. Connecticut, 367 U. S. 568 (1961).

③ See Bram v. United States, 168 U. S. 532 (1897).

的允诺，甚至任何一点微不足道的外部影响都是不被允许的。布拉姆案确立的供述自愿性审查判断实际为主观审查，标准高到脱离实际，以至于按照该标准，几乎所有的庭外供述皆丧失了可采性。联邦最高法院大法官费利克斯·弗兰克福特（Felix Frankfurt）在科隆布诉康涅狄格州（Culombe v. Connecticut）案中这样描述：确定被告供述是否为“自愿”，要综合考虑“所有情况”，如果是自愿，则可以作为指控他人犯罪的证据；如果不是自愿，那么采纳这样的证据将会严重危害程序的正当性，因此必须予以排除。[①]

行至20世纪中后期，这一标准渐渐出现更加符合客观事实的松动，被追诉人只有在讯问中遭受了暴力、威胁、心理压力、欺骗等，供述才会被认定为非自愿。到了米兰达案（Mirand v. Arizona）发展出的规则，上述标准可能因个案具体情况不同而无法统一适用的弊端得到较为根本性的解决。[②] 米兰达警告的实质为客观性审查标准，为法院审查口供的自愿性提供了清晰的行为标准。依据米兰达案，在刑事案件讯问开始前，警方必须向被追诉人宣读米兰达警告，使其知晓自己拥有不得自证其罪和获得律师帮助的权利。而法官当庭对自愿性的审查往往只需要询问三个问题：（1）警方是否在讯问前宣读了米兰达警告；（2）如果警方确已宣读，被追诉人是否声明放弃了上述权利；（3）被追诉人的弃权行为是否是在清醒情况下的自愿行为。借助这三个问题，供述自愿性的判断实际上已经转化为对米兰达规则放弃自愿性的判断，这使得司法实践中对主观自愿判断的可操作性大幅提升。[③] 米兰达规则确立后，迫于保护公共安全的需要，法院通过裁判对米兰

---

① See Culombe v. Connecticut, 367 U. S. 602, 606(1961).

② See Mirand v. Arizona, 384 U. S. 436(1966).

③ 参见孔令勇：《被告人认罪认罚自愿性的界定及保障——基于“被告人同意理论”的分析》，载《法商研究》2019年第3期，第65页。

达规则作出了一些限缩，如“公共安全例外”① 和“必然发现例外”②等减少了米兰达规则的保护范围。如今，美国法院对于违反米兰达规则的行为仅界定为一般的瑕疵行为，而非严重的违宪行为，米兰达权利已经从刚性“规则”演变为弹性“标准”。③

除了宣读米兰达规则作为供述自愿性的审查标准外，美国还会关注警察的行为是否属于非法行为，即从警察的行为判断供述自愿性。如布朗诉密西西比州（Brown v. Mississippi）一案中，警方为获取布朗的有罪供述，对其实施了悬吊、鞭打等攻击性审讯方法。联邦法院认为，警察的刑讯逼供行为“违反了正义观”，即使获取的供述是真实的，但是侵犯了公民的自由权，无论供述是否出于被告的自愿，本案中布朗的供述都是不可采的。④ 同时，美国的供述自愿性审查还会关注警察是否通过对被告施加影响，使被告作出虚假陈述。一旦法院认为警察基于策略作出的审讯可能使被告作出虚假供述，就会认为被告的供述出于非自愿性而不具有可采性。但是这两种审查标准都存在的问题是被告可能出于理性和自愿选择作出虚假供述，而不是由于警察的非法行为或审讯策略所造成的影响。在科罗拉多州诉康纳利（Colorado v. Connelly）一案中，对此争议进行了解决，联邦最高法院认为，警察存在非法行为的情况下，如果要基于非自愿而对被告供述进行排除，那么就要求被告的供述与警察行为之间必须存在因果关系。审查因果关系有三方面的要求，首先要求警察确实实施了非法行为或在审讯时采取了一些策略；其次要求被告的供述是不真实的有罪供述；最后要求证明被告作出供述是来自警察的影响。⑤

① See New York v. Quarles, 467 U. S. 649(1980).

② See Nix v. Williams, 476 U. S. 431(1984).

③ 参见孙彩虹：《美国口供规则中的自愿性原则：分析与借鉴》，载《南都学坛》2020 年第 4 期，第 68-76 页。

④ See Brown v. Mississippi, 297 U. S. 278(1936).

⑤ See Colorado v. Connelly, 479 U. S. 157, 167(1986).

综上所述，美国通过设置一系列客观标准来对被告主观上的供述自愿性进行判断。是否告知米兰达规则、警察的行为是否对被告造成影响从而降低了供述的可信度均为审查的客观标准，通过这些客观标准，美国的供述自愿性审查标准逐步更具可操作性，同时向着体系化的方向发展。

（二）认罪自愿性标准

与供述自愿性不同，美国的认罪答辩自愿性采取了更宽松的标准。这主要是因为：第一，辩诉交易制度本就是依托司法机关提出的相关许诺而展开，这种许诺包括罪名、罪数、刑期等诸多方面，如果仍对认罪自愿性提出较为严格的认定标准，那么辩诉交易制度就会因正当性的丧失而无用武之地。第二，合作型司法模式表现出“检察权主导”的特征，使得认罪答辩的意思表示往往是在有律师帮助的情况下，与检察机关就相关事项达成的共识，这使其区别于对抗型司法模式下庭外供述的生成环境——警察控制下的封闭场所。笔者在第二章分析认罪认罚错案特征时指出的“错误生成节点由侦查阶段偏向协商阶段”即反映了这种供述环境的变化。第三，供述自愿性审查主要意在防止强迫自证其罪，被追诉人通常会为自己作出无罪的抗辩，但在认罪答辩环节，被追诉人的关注重点已经转向法院的量刑问题，这使得对认罪自愿性的要求不必像前者一样严格。事实上，尽管美国《宪法第十四修正案》规定了“需有证据证明，被追诉人认罪答辩是明知后果且自愿的”，但是最高法院并没有给认罪自愿性予以明确的界定，既有的一些判例亦是采用了反面规定的方式，表明哪些情况下的认罪答辩是不自愿的，这种情况包括受到司法机关威胁、诱导等。① 但从总体上看，在美国认罪自愿性的判断标准是低于供述自愿性标准的。

---

① See James E. Bond, Plea Bargaining & Guilty Pleas (Second Edition), Clark Boardman Company, Ltd. New York, 1982, pp. 3-36.

辩诉交易中的认罪自愿性标准在具体案件中不断明晰和完善，在1978年伯顿克歇尔诉哈耶斯（Borden Kircher v. Hayes）一案中，明确了认罪自愿性是对达成合意的自愿性，而非认罪的自愿性。[①] 在此案中，被告哈耶斯因涉嫌伪造支票而受到指控，检察官提出5年监禁的辩诉交易，并告知若坚持无罪答辩，则会因为其是惯犯而被判处终身监禁。哈耶斯因坚持无罪答辩而被判处终身监禁。本案的争议点主要在于检察官是否报复性使用检察裁量权。联邦最高法院在审议该案的过程中指出，辩诉交易中被告面临更为严厉的惩罚是不可避免的，检察官用辩诉交易可能带来的巨大量刑差诱使被告进行辩诉交易并不违反美国《宪法第十四修正案》中的正当程序条款。[②] 在本案中，哈耶斯对自己拒绝辩诉交易后会面临检察官的惯犯指控并可能被判处终身监禁是知悉的，那么哈耶斯就要承受相应的后果，这是基于其拒绝认罪协议的自愿性。由此可以看出，美国判定认罪协议自愿性的核心不在于协议本身的实质性条款或谈判过程中的让步幅度，而在于被告是否充分知悉所受指控的基本事实、可能面临的法定最高刑期及强制性最低刑。

辩诉交易自愿性的极端样态体现为1970年的北卡罗来纳州诉阿尔弗德案。在本案中，阿尔弗德被北卡罗来纳州指控犯有一级谋杀罪，且检察官掌握了相当有力的有罪证据。检察官向阿尔弗德提出若接受辩诉交易且作出有罪答辩，就认定二级谋杀并判处2年至30年的监禁，否则将认定其构成一级谋杀并可判处死刑。阿尔弗德决定作出有罪答辩以避免被判处死刑，但当庭坚称无罪。初审法官特别要求其澄清“无罪申明下仍自愿认罪”的立场，最终对其顶格判处30年监禁。阿尔弗德不服裁判并提起上诉。在长达七年的司法拉锯中，该

---

① See Borden Kircher v. Hayes, 434 U. S. 357(1978).

② 参见赵飞龙：《美、德辩诉交易中自愿性的审查及启示》，载《重庆理工大学学报》（社会科学）2019年第7期，第125页以下。

案历经多轮审判，核心争议始终围绕“死刑威胁是否构成胁迫”展开。最终联邦最高法院以 6∶3 裁决判决有效，怀特大法官领衔的多数判决明确指出：“明确承认有罪不是宪法规定的施加刑事处罚的必要条件。”即无须实际认罪，只要被告明知且自愿接受认罪协议，即可认定辩诉交易有效。由此诞生了阿尔弗德式答辩。可以说，它是辩诉交易制度的极端形态：在谋求自愿性与真实性平衡的两端全面倒向了前者。①

综上所述，美国辩诉交易自愿性的最低标准是被告需了解自己受指控的本质及可能的法律后果，无须了解案件的全面情况，甚至无须认罪，只要检察院不存在暴力、威胁行为或作出协议之外的承诺，就可判定被告辩诉交易的自愿性。这与我国认罪认罚从宽制度有很大的不同，使得这样一种自愿性的判定标准是不可采的，因为在我国自愿的“认罪”与“认罚”是适用该制度的绝对前提。

三、认罪认罚自愿性判断“不可拒绝标准”之提出

我国《刑事诉讼法》第 56 条第 1 款规定：“采用刑讯逼供等非法方法收集的犯罪嫌疑人、被告人供述和采用暴力、威胁等非法方法收集的证人证言、被害人陈述，应当予以排除……”该条从反面为被追诉人的供述自愿设置了客观判断标准，即未受到刑讯逼供等暴力方式取证。一旦被追诉人的供述是在遭到刑讯逼供后作出的，便需通过否定该供述证据能力的方式将其彻底排除出全案证据之列。《人民检察院刑事诉讼规则》对被追诉人供述的排除情形加以细化，“采用殴打、违法使用戒具等暴力方法或者变相肉刑的恶劣手段，使犯罪嫌疑人遭受难以忍受的痛苦而违背意愿作出的供述”“采用以暴力或者严重损害本人及其近亲属合法权益等进行威胁的方法，使犯罪嫌疑人遭受难

① 郭烁：《在自愿与真实之间：美国阿尔弗德答辩的启示》，载《当代法学》2020 年第 4 期，第 70 页。

以忍受的痛苦而违背意愿作出的供述”“采用非法拘禁等非法限制人身自由的方法收集的供述”都应被排除。2013 年最高人民法院及公安部出台的《关于建立健全防范刑事冤假错案工作机制的意见》第 8 条将“刑讯逼供”与“冻、饿、晒、烤”并列，使自愿性保障的规定更为细化。综上所述，我国目前采用的供述自愿性标准是通过“非法证据排除规则”建立起来的，其在判定上采用了“痛苦标准”。

按照此标准，经刑讯逼供造成“痛苦”而获得的被追诉人认罪认罚意思表示固然应受到自愿性方面的否定性评价。但是，如果将通过非法证据排除规则确立的“痛苦标准”视为认罪自愿性的判断标准，则很可能因标准过于宽松而无法实现防范非自愿认罪认罚的目的。具体而言，合作型司法模式已经使控辩之间的对抗性大幅衰减，屈从型供述的产生更多并非缘于暴力取供行为，而是在实体和程序从宽的诱惑下，经审前羁押等因素的介入而造成的。一项针对 164 名被告人开展的实证研究表明，当面对“如果没有犯罪事实，你是否会为了得到从宽处罚而违心认罪”这个问题时，有 38 人选择“会违心认罪，可以早点出去”这一选项，占全部受访人数的 23.2%。从性别比例来看，全部受访女性的 26.5%和全部受访男性的 22.3%作出了上述选择。[①] 显然，在非暴力情况下，仅凭实体和程序从宽的许诺，被追诉人便可能作出非自愿的认罪认罚表示，而此时的外界介入因素远未达到“痛苦标准”的阈值。

另外，“痛苦标准”虽然实现了自愿性评价“由主观到客观”的转换，但是该客观标准仍然带有一定的模糊性，因为个体对“痛苦”的理解仍然可能体现出不小的差异性。因此，有学者在反思非法证据排除规则时指出“作为一种‘质’的立法表述，还必然会产生‘量’

---

① 参见李洪杰：《认罪自愿性的实证考察》，载《国家检察官学院学报》2017 年第 6 期，第 113 页。

的问题（多长时间不吃饭叫‘饿’，多长时间不让睡觉构成‘疲劳审讯’）”。[①] 显然，“由主观到客观”的评价转化还不够，若是对该客观标准实现量化，则将使对认罪自愿性的把握更具有实践可操作性。我们需要把视角转向实体和程序从宽对被追诉人所产生的“诱惑”上面——通过对“诱惑”的合理程度进行评价来判断被追诉人在此基础上的认罪认罚是否自愿。因此，本书主张通过评价量刑减让和程序从简的幅度来对被追诉人的认罪认罚自愿性进行判断，并引入“不可拒绝标准”：如果控方提供的从宽条件是一位理性被追诉人在受指控情况下所“不可拒绝”的，即认为该介入因素已经对被追诉人产生非自愿认罪认罚的心理压迫。具体而言，“不可拒绝标准”可以从实体和程序两方面进行界定。

（一）量刑减让幅度是否达到“不可拒绝”的程度

有学者针对美国辩诉交易制度产生过这样的反思：“对于被指控强奸罪的被追诉人来说，终身监禁的初始量刑和辩诉交易后可能被处以20年有期徒刑之间的差异是如此之大，以至于这种量刑减让表现出检察官诱惑的浓厚色彩，看起来很像是一种‘强制’了。”[②] 不过对于辩诉交易前后量刑方面产生的巨大差额，美国最高司法机关却采取了一种暧昧的态度，认为“当被告作出有罪答辩是为了换取一种具有肯定性或可能性较低的刑罚，从而避免承担进行庭审时可能面临的太多的不确定因素风险时，即从可能被判处无罪到判处有罪，到接受一个更高的、法律规定的、针对其被指控的罪行的刑罚，我们就不愿

---

① 吴宏耀：《非法证据排除的规则与时效——兼论我国非法证据排除规则的完善进路》，载《现代法学》2014年第4期，第129页。

② See Stephen J. Schulhofer, Criminal Justice Discretion as a Regulatory System, 17 J. Legal Stud, 43, 73 (1988).

意认定这种有罪答辩可以根据《宪法第五修正案》判断是被强迫作出的”。[①] 毕竟在美国，一项早年的研究表明，认罪答辩率由90%降至80%需要分配2倍的司法人力和物力资源，若降低至70%则需要3倍资源。[②] 有限的司法资源和不断增长的刑事案件数量使美国的刑事司法必须高度依赖辩诉交易制度得以正常运转，因而对实践中确已存在因量刑差过大而使被追诉人“无法拒绝”辩诉交易制度的现象有所宽容，有学者将其归纳为“无限从宽模式”，即检察官具有的定罪量刑权利近乎超过法官，使得交易后的量刑减让比例与法定刑有着天壤之别。[③]

区别于美国的“无限从宽模式”，在没有量刑指南要求的情况下，德国对认罪认罚案件中被追诉人所能获得的最大量刑幅度折扣作出了明确规定，量刑的减让最多不能超过法定刑的1/3，若是超过这一比例便可被视为违法，即禁止“量刑剪刀差”。德国司法实践中的大多数案例基本遵循了这一比例，协商量刑普遍比庭审程序低25%至33.3%，但仍有一些案件最终落入“量刑剪刀差”的窠臼。一项针对德国辩护律师的实证研究显示，有55%的律师表示曾发生在“量刑剪刀差”面前，其无法判别被告的供认到底是否为自愿真实的情形，即“量刑剪刀差”在实质上会影响被追诉人的供述自愿性，而35%的律师认为这种情况经常或者有时会发生。[④] “量刑剪刀差”的存在实际上使被追诉人陷入一种“不可拒绝”的受压制状态：被追诉人看起来仍可以在认罪与不认罪之间进行选择，并且司法机关也明确告知了两种选择将分别产生的量刑后果，其知悉权得到了较为充分的保障。但

① ［美］伟恩·R. 拉费弗等：《刑事诉讼法》，卞建林、沙丽金译，中国政法大学出版社2003年版，第1048页。

② 参见［美］John H. Blume，Rebecca K. Helm：《“认假罪”：那些事实无罪的有罪答辩人》，郭烁、刘欢译，载《中国刑事法杂志》2017年第5期，第133页。

③ 参见赵恒：《论从宽的三种模式》，载《现代法学》2017年第5期，第76页。

④ 参见高通：《德国刑事协商制度的新发展及其启示》，载《环球法律评论》2017年第3期，第163页。

是，认罪与不认罪之间的量刑差异是如此之大，以至于一个理性人在这种情况下根本“没得选择”，“不能拒绝”的量刑剪刀差足以迫使辩护律师认为事实上无罪的人选择认罪，因而必须将量刑的差额限制在一定比例之内。与德国相类似，《意大利刑事诉讼法典》第 422 条规定，在处罚的情况下，法官确定的刑罚应当减少 1/3，无期徒刑由 30 年有期徒刑替代。在数罪并罚和连续犯罪情况下，附带白天隔离的无期徒刑由无期徒刑替代。《法国刑事诉讼法典》第 495-8 条规定，检察官在提出监禁刑时，提议的刑期不得超过 1 年，也不得超过法定监禁刑期的一半，可以提议该刑罚全部或一部分缓期执行，也可提议对刑罚采取第 712-6 条所列举的某项调整措施……总体而言，这些国家基本上采取了比例设计的模式，规定将“量刑剪刀差”限制在不超过法定最高刑 1/3 的比例内。综上所述，如果量刑建议的幅度明显不当，达到“不可拒绝”的程度，即应当对被追诉人的认罪自愿性作出否定性评价。

将量刑建议的采纳情况与认罪自愿性的评价相结合得到了我国立法的肯定。作为“一般应当”的例外，《刑事诉讼法》第 201 条第 1 款第 2 项规定：“被告人违背意愿认罪认罚的”，检察机关出具的量刑建议不应当被采纳，甚至此时案件就不应当继续适用认罪认罚从宽制度办理。但是与此同时，该条第 2 款规定：“人民法院经审理认为量刑建议明显不当，或者被告人、辩护人对量刑建议提出异议的，人民检察院可以调整量刑建议。人民检察院不调整量刑建议或者调整量刑建议后仍然明显不当的，人民法院应当依法作出判决。”所谓“量刑建议明显不当”，是指刑罚的主刑选择错误，刑罚的档次、量刑幅度畸轻或者畸重，适用附加刑错误，适用缓刑错误等。[①] 从体系角度来看，《刑事诉讼法》第 201 条先后采用两款的规定创设出“量刑建议

① 王爱立主编：《中华人民共和国刑事诉讼法释义》，法律出版社 2018 年版，第 432 页。

的采纳”与“量刑建议的调整”两个规则，使得“量刑建议明显不当”与“违背意愿认罪认罚”之间的因果关系被彻底斩断。

当客观上发生“量刑建议明显不当”的情况时，依据《刑事诉讼法》第 201 条第 2 款，有两种可能的发现路径：一种是人民法院依职权认为不当；另一种是被告人、辩护人对量刑建议提出异议。根据经验，对于后一种情况，在量刑建议畸重时更有可能发生，即被追诉人及其辩护人一般不会因为畸轻而对己方有利的量刑结果提出异议，只有当最终量刑结果偏重并超出其预期时方可能表达不满。按照现有法条的逻辑，如果检察机关出具的量刑建议明显不当——这里着重讨论畸轻的情况——则主要依靠法院经审理后提出，但此时并不是直接否定适用认罪认罚从宽制度的效力，而是否定该量刑建议。否定原本的量刑建议后又会经由两条进路之一完成定罪量刑：第一种是检察机关调整量刑建议；第二种是当第一种情形行不通或不得当时，由法院依法作出判决。然而，无论是上述哪种情况，均是在认罪认罚从宽制度框架下运行的。问题是根据上述实体层面对“不可拒绝标准”的论述，当量刑建议畸轻到形成“剪刀差”程度时，被追诉人的认罪认罚自愿性就应当受到否定性评价，案件也不能再继续适用认罪认罚从宽制度审理，否则极有可能因量刑建议畸轻导致“假认罪”，继而使得刑事错案发生。面对法条之间的内部张力，一种可行的解决方法是从解释论的角度对该法条进行重塑，具体展开即是将“量刑建议明显不当”归纳为《刑事诉讼法》第 201 条第 1 款第 5 项规定的“其他可能影响公正审判的情形”。从 2018 年《刑事诉讼法》修改的过程来看，在修正草案第一稿中，“量刑建议明显不当”本就是第 201 条第 1 款中的单独一项，后面由于该项与第 2 款存在内容上的重复而被从第 1 款中删除，“但其实质内容仍然保留在该款之中，由兜底条款所承接”。[①] 当发生量刑建议明显不当的情形时，首先依据第 1 款第 5 项的内容对其影响公正审判的程度进行判断，如果发现存在量刑畸重需要调整这类有利于被追诉人的情况，人民检察院可以调整量刑建议；如果发现存在量刑畸轻的情况，则应当推定为被追诉人的认罪认罚意愿遭到不合理压制，继而通过否定其认罪自愿性，对适用认罪认罚从宽制度的法律基础作出否定性评价，此时案件就不能简单通过调整量刑建议的方式继续推进。

那么，量刑减让的幅度达到何种程度时才会触及“不可拒绝标准”？换言之，认罪认罚从宽制度中的最高量刑减让幅度应被限定在什么范围内，否则就会被认为是明显畸轻的“量刑不当”？《认罪认罚从宽指导意见》并未就认罪认罚案件量刑减让的最高幅度给出具体标准，而是概括性地对从宽幅度提出了总体要求：主动认罪优于被动认罪，早认罪优于晚认罪，彻底认罪优于不彻底认罪，稳定认罪优于不稳定认罪。同时针对从宽情节之间的谱系关系进行排序，认罪认罚的从宽幅度应当大于仅有坦白，或者虽认罪但不认罚的情况；被追诉人认罪认罚，同时具有自首、坦白等情节的，应当在法定刑幅度内给予更大的从宽幅度，但是认罪认罚与自首、坦白等不做重复评价。回溯到认罪认罚从宽制度试点阶段，实践中普遍形成了随认罪阶段后移而量刑幅度递减的“3-2-1”模式，即在侦查阶段认罪认罚的，量刑减让的最高幅度为法定刑的 30%、审查起诉阶段为 20%、审判阶段为 10%。2020 年浙江省高级人民法院、人民检察院、公安厅、司法厅联合印发的《浙江省刑事案件适用认罪认罚从宽制度实施细则》第 6 条第 1 项规定：“在侦查阶段认罪，表示愿意接受刑事处罚的，可以减少基准刑的 30%以下。”即将最高幅度限定为 30%。当然，该标准在各地区的适用并非一成不变的，如深圳市人民检察院出台的《认罪认

① 陈卫东：《认罪认罚案件量刑建议研究》，载《法学研究》2020 年第 5 期，第 163 页。

罚从宽制度实施细则（试行）》第 23 条规定："侦查阶段即认罪认罚，如实供述犯罪行为、积极退赃退赔，且在后续的审查批捕、审查起诉、审判阶段未发生转变并签署具结书的，可以在法定刑幅度内减少基准刑的 60%以下。"① 理论界针对量刑最高减让幅度问题亦展开了讨论，有观点认为"在确定适当的刑罚种类后，也可以在正常量刑幅度的基础上作出更为宽大的减轻，如将减刑的最高幅度增加到 50%"。② 还有的学者基于适用程序的不同认为"适用速裁程序审理的案件，可以减少基准刑 20%以下；对于适用简易程序审理的案件，可以减少基准刑 10%以下"。③ 有的学者参考国外的经验，认为"将最高量刑折扣设置为 1/3 比较妥当"。④ 也有学者认为"依据诉讼阶段划分不同的时间阶段，设计'40%-20%-10%'的'四二一方案'"。⑤ 还有的学者从实体法的角度出发，通过引入"犯罪常态化理论"对量刑从宽的最高幅度进行动态评估。⑥

本书认为，将量刑从宽的最高幅度限制在 1/3 之内是比较合理的，同时还应当设置一个适当的缓冲区间，量刑减让幅度在 1/3 至 2/5（40%）之间的，不能一概否定认罪自愿性，而应当着重审查该案件的认罪自愿性及事实基础真实性问题；减让的比例一旦超过 40%便应认为触及"不可拒绝标准"，从而判定被追诉人认罪认罚并非自由意志的选择。这种量刑减让最高幅度的选择，一方面结合了域外主要

---

① 周新：《论从宽的幅度》，载《法学杂志》2018 年第 1 期，第 93 页。

② 参见陈瑞华：《"认罪认罚从宽"改革的理论反思——基于刑事速裁程序运行经验的考察》，载《当代法学》2016 年第 4 期，第 8 页。

③ 参见白月涛、陈艳飞：《论程序性从宽处罚——论认罪认罚从宽处罚的第三条路径探索》，载《法律适用》2016 年第 11 期，第 27 页。

④ 参见杜磊：《论认罪认罚自愿性判断标准》，载《政治与法律》2020 年第 6 期，第 157 页。

⑤ 参见赵恒：《论量刑从宽——围绕认罪认罚从宽制度的分析》，载《中国刑事法杂志》2018 年第 4 期，第 74 页。

⑥ 参见刘茵琪：《论认罪认罚案件量刑建议中从宽的"最高限度"——基于 522 份故意伤害案件判决书的实证分析》，载《甘肃政法学院学报》2020 年第 3 期，第 145 页以下。

国家的经验，如德国和英国均将该比例设定为1/3。事实上，这些国家所制定的具体标准是民众接受、实务演变、立法承认等因素共同作用的结果，如在德国，量刑减让的最高比例是法官、检察官、律师与被追诉人在十年中摸索出来的做法①。另一方面，最高限度量刑减让的设定必须结合我国合作型司法模式推行的实际情况，特别是认罪认罚从宽制度的适用尚在运行初期，需要通过一定的激励机制保证制度的鲜活实践生命力。《认罪认罚从宽指导意见》在基本原则部分明确规定，适用认罪认罚从宽制度应当坚持罪责刑相适应原则，特别是在目前《刑法》并未就该制度作出协同性修正的情况下，设定一个最高减让幅度有利于准确裁量刑罚，确保罚当其罪，避免刑罚失衡，防止因为量刑畸轻而偏离一般的司法认知，同时也要保证实体法所确立的量刑体系不会受到不合理的冲击。

（二）非羁押之准用是否达到“不可拒绝”的程度

依据本书第三章的分类，在认罪认罚从宽制度中，广义上的程序简化可能产生肯定和否定两种法律上的后果：前者包括非羁押性强制措施等的适用；后者则是诉讼程序的省略，如适用简易程序、速裁程序等，这种简化必然伴随被追诉人相应诉讼权利的放弃，如对质权、辩护权等，所以并不能将其认为是“从宽”的一部分。实际上，被追诉人放弃诉讼权利是为了换取实体上的量刑从宽，而非诉讼程序的简化。《认罪认罚从宽指导意见》也规定对适用程序的选择不影响对认罪认罚的认定。而刑事强制措施体系呈现出层次性结构特征，对两种强制措施可以进行“宽严”之对比，“强制措施从宽”的说法在逻辑上是成立的。因此，以下所讨论的重点主要针对非羁押性强制措施这类肯定性程序法律后果，即“强制措施从宽”。

---

① 参见赵恒：《论量刑从宽——围绕认罪认罚从宽制度的分析》，载《中国刑事法杂志》2018年第4期，第67页。

按照《公民权利和政治权利国际公约》第9条的规定，被追诉人在羁押状态下等候庭审不应当作为一种规则，而应是一种例外。从属性上看，强制措施是国家公权力机关通过特定手段限制被追诉人人身自由和财产权利的强制手段，① 强制措施的适用不具有惩罚性，其目的在于确保诉讼程序的顺利进行，防止违法行为的进一步扩大。可以说，国家为了维护社会秩序，发现和惩罚犯罪，而需要对公民的人身自由进行必要的限制，对公民来说强制措施是一种“必要的恶”。这就要求强制措施体系内部存在“非羁押”与“羁押”的强度分类，应遵循比例原则要求，只有在“不得不”和“必要”的情况下方可羁押被追诉人。除此之外，即使出于保障诉讼进行之目的，也只能采取较为轻缓的非羁押性强制措施，以保障公民的基本权利。而羁押必要性的判断主要依据对于被追诉人“社会危险性”的审查。所谓社会危险性，是指非羁押情况下是否可能造成新的社会危害、是否会妨碍诉讼的顺利进行。按照《刑事诉讼法》第81条第2款的规定，对社会危险性的评价主要考虑“涉嫌犯罪的性质、情节，认罪认罚等情况”。《认罪认罚从宽指导意见》第19条进一步明确，司法机关应当将犯罪嫌疑人、被告人认罪认罚作为其是否具有社会危险性的重要考虑因素。当然，认罪认罚可能带来的“强制措施从宽”具有或然性，并非被追诉人认罪认罚后一律不予逮捕，而是应当将认罪认罚作为社会危险性降低的重要表征指标，同时综合考虑多种情况下作出决定。但从总体上看，因认罪认罚从宽制度的适用，理论上逮捕率应当协同出现降低。

除作为社会危险性降低的表征，被告人认罪认罚还可能影响逮捕条件所要求的“刑罚”要素，进而导致非羁押性强制措施的适用。《刑事诉讼法》第81条第1款规定，决定逮捕时需要考虑“罪行”

---

① 党的二十届三中全会指出“完善涉及公民人身权利强制措施以及查封、扣押、冻结等强制措施的制度”，其中后者涉及对财产权利的处分，即“对物强制措施”。

"刑罚""社会危险性"三方面内容，其中"刑罚"方面要求达到可能判处有期徒刑以上的刑罚。适用认罪认罚从宽制度后，将可能发生这样的变化：原本对抗型司法模式中需要判处有期徒刑以上刑罚的案件，因被追诉人认罪认罚而获得实体上的从宽，刑罚由有期徒刑减为拘役等，此时再对被追诉人进行羁押必要性审查时，就需要考虑认罪认罚对"刑罚"要件带来的影响，便可能产生不需要羁押的效果。综上所述，认罪认罚将从"刑罚"和"社会危险性"两方面影响审前羁押的必要性，进而使被追诉人获得非羁押性强制措施的适用。需要说明的是，通过以上论证可知，认罪认罚并不具有不捕或者变更强制措施的当然效力：认罪不代表一律不捕，不认罪更不代表一律逮捕。

正是因为认罪认罚会对羁押与否产生影响，被追诉人在审前阶段的认罪认罚才会出现非自愿的风险。我国实践中羁押措施的适用存在功能异化现象，审前羁押承担着刑罚预支、惩治教育、证据发现（尤其是获取犯罪嫌疑人口供）等不正当功能。[①] 有实证研究表明，近年来我国审前羁押率为60%左右，与域外主流法治国家相比，这一比例过高。[②] 高比例的审前羁押为办案人员侦办案件提供了程序保障和证据发现的便利，但这违反制度本义的实践做法引发了理论上的批评和质疑。宽严相济刑事政策的实施正是对高比例审前羁押的实践现象进行矫正的反映。最高人民法院和最高人民检察院均将非羁押性强制措施的适用作为"从宽"政策的体现，如最高人民法院《关于贯彻宽严相济刑事政策的若干意见》第24条规定："对于刑事被告人，如果采取取保候审、监视居住等非羁押性强制措施足以防止发生社会危险性，且不影响刑事诉讼正常进行的，一般可不采取羁押措施。对人民检察院提起公诉而被告人未被采取逮捕措施的，除存在被告人逃跑、

---

① 参见郑英龙：《认罪认罚"程序从宽"的理论反思》，载《政法论坛》2024年第4期，第42页。

② 参见林喜芬：《解读中国刑事审前羁押实践——一个比较法实证的分析》，载《武汉大学学报》（哲学社会科学版）2017年第6期，第86页以下。

串供、重新犯罪等具有人身危险性或者可能影响刑事诉讼正常进行的情形外，人民法院一般可不决定逮捕被告人。”审前羁押率的下降似乎变相为办案人员追诉犯罪、获取证据增加了难度，而认罪认罚从宽制度的入法，让办案人员找到替代通过羁押措施侦破案件的方式。对追诉机关人员来说，由于认罪认罚构成非羁押性强制措施适用的考虑因子，其往往利用控辩双方的权利不平衡向不认罪认罚的犯罪嫌疑人施压，从而导致认罪认罚“羁押筹码化”的现象不断加剧。对被追诉人来说，由于审前羁押会带来一种巨大的精神压力，通过认罪认罚来换取轻缓的非羁押性强制措施适用就显得极其“诱人”。在这种情况下，被追诉人处于“认罪认罚”和“失去自由”的两难困境，认罪认罚似乎成了被追诉人的必然选择。于是被追诉人认罪认罚的“强制措施从宽”就产生了“筹码化”的负面效果，也即干扰认罪认罚自愿性的胁迫效应。① 有学者发现，在认罪认罚从宽制度试点之前，被追诉人翻供以及口供反复的比例占两个地区所有刑事案件的70%以上，试点之后仅占20%-30%。②

美国的相关案例表明，对于那些不能采取保释措施的被追诉人，只能等到认罪答辩或法院作出判决才能摆脱羁押，但这里的羁押并不构成对认罪答辩的强迫。③ 实际上，这一结论的得出有其鲜明的前提——绝大多数羁押的适用是正当的，同时羁押率往往也是较低的。数据显示，占据美国刑事案件99.45%的州司法系统中，被追诉人被羁押的比例不足40%。④ 从学理上看，在“以保释为原则、以羁押为

---

① 参见陈卫东：《认罪认罚从宽制度与企业合规改革视角下逮捕筹码化的警惕与防范》，载《政法论坛》2022年第6期，第84页。

② 参见周新：《认罪认罚从宽制度立法化的重点问题研究》，载《中国法学》2018年第6期，第181页。

③ See James E. Bond, Plea Bargaining & Guilty Pleas (Second Edition), Clark Boardman Company, Ltd. New York, 1982, pp. 3-76.

④ 参见施鹏鹏：《司法改革热点问题研究：中国与域外（3）》，黑龙江教育出版社2019年版，第1217页。

例外”的审前强制措施适用理念影响下，如果绝大多数被追诉人审前都处于相对自由的状态，那么认罪将成为一种在比较宽松而非压迫环境下的选择，因此被追诉人的认罪自愿性便更能得到保障。反之，如果审前羁押率长期偏高，甚至形成“以捕代侦”等不利局面，那么被追诉人选择认罪与否时的自愿性就会受到减损。按照现有认罪认罚从宽制度的设计，只有被追诉人认罪认罚之后才会结合此因素对其社会危险性进行评价。但是，从保障认罪认罚自愿性的角度来看，对非羁押性强制措施的讨论应重点关注被追诉人进行认罪认罚选择之时。对非羁押性强制措施的准用达到“不可拒绝”程度的界定，正是在上述高羁押率的现实背景下，认为认罪才可不捕，不认罪必须一律逮捕。具体而言，如果案件本不需要羁押，但司法机关却对被追诉人采取了羁押措施，由此造成的认罪认罚应被认为违反被追诉人的自愿性。这样的规定，一方面可以倒逼司法机关规范审前羁押性强制措施的适用，形成“非羁押为常态，羁押为例外”的运行模式；另一方面，可以缓解被追诉人在选择诉讼策略时受到不当的心理压迫，形成“羁押—认罪—非羁押”的“不可拒绝”诱惑。如果这里出现的第一个羁押措施适用本身就是不合法的，那么由此否定接下来的认罪行为自愿性便也是合乎逻辑的。

第二节　强化认罪认罚自愿性的审前保障机制

在本章第一节，笔者尝试对认罪认罚自愿性的概念予以界定，并通过将自愿性这一主观层面的概念客观化，提出“不可拒绝标准”作为判断认罪认罚自愿性的方法，其中对实体层面从宽幅度进行量化的限制，又使客观化的标准更加具有现实操作性。诚然，对认罪自愿性的研究，其目的并不在于通过否定非自愿认罪认罚来排除制度的适用，而是希望借此防范认罪认罚错案的发生。正如非法证据排除规则的应用并非为了排除证据，而在于遏制非法取证行为。况且一旦缺乏有效的自愿性保障机制严把入口关，无论事后的审查运行多么良好，也终会因为程序的转换而使诉讼效率降低、诉讼成本增加，这与认罪认罚从宽制度的价值初衷相违背。基于此，面向全流程的自愿性程序保障机制更有利于避免屈从认罪情况发生，使认罪认罚从宽制度在确保公正的前提下行稳致远。

一、落实“不得强迫自证其罪”的规定

《刑事诉讼法》第120条第1款规定，侦查人员在讯问犯罪嫌疑人的时候，应当首先讯问犯罪嫌疑人是否有犯罪行为，让其陈述有罪的情节或者无罪的辩解，然后向其提出问题。犯罪嫌疑人对侦查人员的提问应当如实回答，但是对与本案无关的问题有拒绝回答的权利。从语义分析的角度来看，所谓如实回答，是指“既不能夸大，也不能缩小；既不能隐瞒，也不能无中生有，或者避重就轻”。① 法律并未对侦查人员的提问范围进行限制，除了“与本案无关的问题”外均可提出。那么，应当如何理解针对侦查人员提问的“如实回答”与作为“认罪”构成的“如实供述”之间的关系呢？

实际上，作为侦查阶段一项统摄全部刑事案件的规定，域外国家一般并未对被追诉人科以“如实回答”的义务，而是从反面规定被追诉人享有“不得强迫自证其罪”的权利。“不得强迫自证其罪”源于英国古老的格言——“任何人无义务控告自己”。它的发展并非一蹴而就，而是经历了数百年的斗争才成为“人人完全平等地有资格享有的最低限度的保证”，并成为现代法治国家的一项刑事诉讼基本原则。② 例如，联合国《公民权利和政治权利国际公约》第14条规定

---

① 王爱立主编：《中华人民共和国刑事诉讼法释义》，法律出版社2018年版，第267页。

② 参见陈光中、魏家淦：《完善刑事证据制度若干重要问题探讨》，载《清华法学》2024年第4期，第49页。

“不得强迫被追诉人作不利于自己的证言或强迫承认犯罪”；美国《宪法第五修正案》规定“在任何刑事案件中，任何人不得被强迫做不利于他自己的证人”；《美洲人权公约》第 8 条规定“只有在未受任何强制情况下的被告有罪供述方可有效”；《日本宪法》第 38 条第 1 款规定“任何人都不受强迫作不利于自己的供述”；等等。我国在 2012 年《刑事诉讼法》修改时也增加了“不得强迫自证其罪”条款，即不得强迫任何人证实自己有罪。尽管如此，与世界其他法治国家的规定相比，我国“不得强迫自证其罪”的规定仍存在些许差异。一是我国在赋予被追诉人“不得强迫自证其罪”的诉讼权利的同时也在《刑事诉讼法》第 120 条规定了“犯罪嫌疑人对侦查人员的提问，应当如实回答”。虽然“不得强迫自证其罪”滥觞于对抗型司法模式，意在赋予被追诉人消极防御的权利，但是在认罪认罚从宽制度中，该原则亦体现出重要的价值。如前所述，我国的合作型司法模式是在对抗型司法模式发展尚不成熟的情况下建立的，其中重要的原因之一就是《刑事诉讼法》未能理顺“如实回答”与“不得强迫自证其罪”之间的关系。《刑事诉讼法》第 52 条规定，严禁刑讯逼供和以威胁、引诱、欺骗以及其他非法方法收集证据，不得强迫任何人证实自己有罪。但是有学者认为，该条款“从未发挥任何效力”,① 进而在合作型司法模式中产生逻辑悖论：既然如实供述已是义务，又如何成为“认罪”的构成要素继而获得“从宽”的对价呢？易言之，“如实供述”条款构成了被追诉人自愿认罪认罚获得实体量刑减让和强制措施适用从宽的障碍。二是我国采用的立法语言是“证实自己有罪”，而域外多数国家采用的是“作证”或“供述”。前者倾向于表示证的结果，后者则更多地强调证的过程。② 在认罪认罚案件中，控诉机关利

① 参见侣化强：《审判中心主义与认罪认罚程序的“双重陷阱”》，载《苏州大学学报》（哲学社会科学版）2020 年第 5 期，第 34 页。

② 参见陈光中、魏家淦：《完善刑事证据制度若干重要问题探讨》，载《清华法学》2024 年第 4 期，第 49 页。

用制度的“从宽”利益和控辩的不平等地位给予被追诉人心理上的压力，压缩其自由意思表示的空间，强迫性地使其作出表面自愿的认罪认罚供述。但由于“证实”的立法规定，追诉机关的这种胁迫被追诉者作出认罪认罚供述的行为并未违反“不得强迫自证其罪”规定，因为认罪认罚供述并未被“证实”。换言之，“证实”的立法语言进一步导致“不得强迫自证其罪”规则应用空间的窄化。[①]

为了解决上述困境，应当在我国《刑事诉讼法》中进一步落实“不得强迫自证其罪”的规定，取消被追诉人需“如实回答”的义务，并将“不得强迫任何人证实自己有罪”修改为“不得强迫任何人证明自己有罪或作出不利于自己的其他供述”。从理论上讲，“不得强迫自证其罪”是“无罪推定”原则的应有之义，如纽约检察官班顿（Banton）所言，其目的是庇护有罪者而非保护无辜者，[②] 借此要求司法机关不能将案件的侦查与审理全部寄托在被追诉人供述上，继而发生可能的刑讯逼供等风险，而是要竭尽全力收集能够证明被追诉人有罪的其他证据，以至形成符合证据裁判原则要求的实质化庭审程序。唯有在对抗型司法模式中真正落实“不得强迫自证其罪”，使得“如实供述”具有特别的意义，令“不得强迫任何人证明自己有罪”条款成为悬置在胁迫被追诉人认罪认罚的办案机关人员头顶上的“达摩克利斯之剑”，方能保障被追诉人放弃该权利选择认罪的自愿性；唯有“可选择”才会涉及“选择的自愿”问题，“不得强迫自证其罪”将在很大程度上促进控辩双方平等地位的形成，使被追诉人得以在进退之间自由选择。另外，立法者保留“如实供述”的规定是担心“不得强迫自证其罪”条款会带给侦查机关收集证据、侦破案件上的不便。取消被追诉人“如实回答”义务将增加控诉机关收集犯罪证据的难

① 参见张建伟：《认罪认罚从宽处理：内涵解读与技术分析》，载《法律适用》2016年第11期，第5页。

② See Joab H. Banton, The Third Degree, St. John's Law Review, 1932, (7), p. 298.

度，被追诉人放弃在普通程序中贯彻的“不得强迫自证其罪”原则，将更好地激励司法机关因证据收集难度的降低而给予被追诉人更大的从宽优惠，增加被追诉方据以展开协商的“筹码”，使得被追诉人成为平等的合意一方当事人，而非格式条款的相对方。

二、建立协商阶段同步录音录像制度

《刑事诉讼法》第 123 条规定，侦查人员在讯问犯罪嫌疑人的时候，可以对讯问过程进行录音或者录像；对于可能判处无期徒刑、死刑的案件或者其他重大犯罪案件，应当对讯问过程进行录音或者录像。作为 2012 年《刑事诉讼法》修改时的新增内容，该条旨在通过引入录音录像制度规范侦查人员的行为，使讯问活动依法进行。对于一般的刑事案件，侦查机关可以选择是否对侦查活动同步录音录像。这主要是考虑到修法时各个地区的经济水平并不相同，由于相关设备的采购等因素需要制度缓步渐进推动，因此需要优先对重大犯罪案件适用，避免发生刑讯逼供等行为，进而配合非法证据排除规则的实践落地。检察机关在办理刑事案件时也需进行同步录音录像。例如，《人民检察院刑事诉讼规则》第 190 条规定，人民检察院办理直接受理侦查的案件，应当在每次讯问犯罪嫌疑人时，对讯问过程实行全程录音、录像，并在讯问笔录中注明。只不过检察机关录音录像制度局限于自侦案件，并未扩展至其他情形。

为了确保被追诉人认罪认罚的自愿性，有必要探索建立认罪认罚案件同步录音录像制度。如前所述，认罪认罚从宽制度的引进使刑事诉讼发生了由对抗到合作的根本性转变，认罪认罚案件独有的特性使录音录像规定的阶段和范围发生了一定变化：第一，认罪认罚案件的重心由侦查讯问阶段转向控辩协商阶段；第二，适用的案件类型往往是一些可能判处 3 年有期徒刑以下刑罚的轻罪案件。是故，认罪认罚案件中的同步录音录像应当延伸到控辩协商阶段，同时应将必须适用的案件范围扩大到全部刑事案件。从功能角度而言，控辩协商阶段同步录音录像至少有三个方面的积极意义：一是有利于进一步规范检察人员对控辩协商程序的主导。全国人大常委会在《中华人民共和国刑事诉讼法修正案（草案）说明》（2012 年）中提及“为从制度上防止刑讯逼供行为的发生，修正案草案增加规定了拘留、逮捕后及时送看守所羁押，在看守所内进行讯问和讯问过程的录音录像制度”。可见，根据官方表述，同步录音录像制度的创设目的在于防止刑讯逼供。因此，该制度旨在规范侦查阶段讯问活动的合法性问题，不涉及案件事实真实性的判断，“……用于证明讯问合法性的录音录像不作为证明案件实体事实的证据，也就不必要每个案件都随案移送”。[①] 但在认罪认罚案件中，错案风险的来源从刑讯逼供变为控辩合意，没有刑讯逼供的被追诉人认罪认罚不代表满足“自愿性”要件。在刑讯逼供与自愿认罪认罚之间还存在大量模糊地带，检察机关往往利用自身优势，通过诸如利诱、欺骗等不正当手段获取被追诉人的认罪认罚供述。这样的供述虽然具有合法性表象，但不具有实质自愿性。[②] 认罪认罚并非只是流于书面等形式的文书，字面上的具结背后还包含权利义务的告知、法律后果的介绍、量刑建议的计算等诸多切实影响被追诉人权利的事项，在这些过程中是否存在不当引诱、非法承诺、威胁逼迫等现象，仅仅通过阅卷有时很难真正探知其实际情况。有实证研究者通过对认罪认罚案件全过程录音录像试点地区进行调研发现，录音录像在认罪认罚案件中不仅承担着连接公安机关、检察院和法院的材料，而且成为推进认罪认罚从宽制度进程、保障被追诉人认罪自愿性的重

---

① 王尚新主编：《最高人民法院、最高人民检察院、公安部、国家安全部、司法部、全国人大常委会法制工作委员会〈关于实施刑事诉讼法若干问题的规定〉解读》，中国法制出版社 2013 年版，第 99 页。

② 参见魏晓娜：《结构视角下的认罪认罚从宽制度》，载《法学家》2019 年第 2 期，第 120 页。

要证明材料。[①] 通过同步录音录像，司法人员的上述履职行为能够得到清楚记录，有利于其进一步提高履职能力，促进控辩协商阶段各类程序性事项得以完善，也可以加强审判阶段法官对被追诉人认罪认罚自愿性的实质审查，切实保障被追诉人认罪认罚的自愿性、真实性。二是有利于进一步保障被追诉人认罪认罚的稳定性。对控辩协商全程录音录像，可以防止被追诉人出于各种目的无正当理由否认先前的认罪自愿性，特别是可以有效地遏制自愿认罪认罚被追诉人在一审作出判决后无理由地私自撕毁“认罪认罚协议”，向二审法院提起上诉的现象，避免造成诉讼程序的转换、诉讼效率的降低、司法资源的浪费。2020 年 4 月 20 日，苏州市人民检察院出台《关于保障认罪认罚具结自愿性实施意见（试行）》，在全市检察机关推行控辩协商阶段同步录音录像做法。数据显示，制度推行以来苏州各级检察机关共对 8000 多名犯罪嫌疑人具结过程同步录音录像，尚未出现被追诉人以“具结过程不自愿”为由在一审作出判决后提出上诉的情况。[②] 三是有利于进一步提高认罪认罚从宽制度的公信力。针对控辩协商阶段的录音录像，提高了协议达成前和达成时的透明度，凸显出认罪认罚从宽制度下的协商并非“暗箱操作”或“私下交易”，提高了社会公众对该制度的接受度，增强了诉讼内参与者和诉讼外普通民众对刑事公正程序的主观感受。

从制度的可行性层面来看，一方面，与侦查讯问阶段可能表现出的暴力性特点不同，控辩协商阶段表现出一种合作、交涉的特征。检察人员不再需要采用各种讯问技巧与被追诉人斗智斗勇，进而突破其心理防线获得供述，这使得检察人员对该阶段使用录音录像设备的防

---

① 参见周新：《认罪认罚被追诉人权利保障问题实证研究》，载《法商研究》2020 年第 1 期，第 33 页以下。

② 参见《如何让嫌疑人在证据面前自愿认罪认罪？苏州检察机关这样做》，https://mp.weixin.qq.com/s/oQln0DZgbh6qxszsEl6OSA，访问日期：2024 年 12 月 10 日。

备顾虑心态大为减弱。另一方面，自 2012 年《刑事诉讼法》修改至今，全国各地的司法智能辅助设备配置情况得到了较大幅度提升。2013 年《人民检察院刑事诉讼规则（试行）》第 201 条明确规定，人民检察院立案侦查职务犯罪案件，在每次讯问犯罪嫌疑人的时候，应当对讯问过程实行全程录音、录像，并在询问笔录中注明。换言之，可以期待按照原有规定，检察机关具有建立录音录像制度的设备条件。就具体的实施方法而言，实践中已经存在一些有益的探索。例如，泰兴检察机关刑检部门在开展控辩协商前，需在智能辅助系统中制作《同步录音录像通知单（认罪认罚）》，并将该文书移送本院技术部门，提出进行同步摄录的申请。自双方落座后，即启动录制，在被追诉人签署具结书、控辩协商过程完结前，技术部门将形成两张记载协商过程的 CD 光盘，经由被追诉人、值班律师签字封存后，一份留院存档，一份随卷移送并成为后续环节对自愿性进行审查的重要依据。

三、探索多层次的审前羁押替代措施

作为刑事诉讼中的一项强制措施，实施羁押行为的目的在于保证诉讼活动的正常、有序推进。按照诉讼阶段划分，羁押可分为审前羁押及审后羁押两类。审后羁押往往是对已发生法律效力的判决之执行，因此其正当性通常并无疑问；而审前羁押则是在判决作出前，通过限制被追诉人人身自由的方式，将其拘禁在特定场所的强制措施。从目的上看，审前羁押主要有以下三个方面的作用：第一，防止诉讼拖延。审前羁押可以保障被追诉人及时出庭受审，避免因各种客观因素阻碍其到庭。第二，有利于获取及保全证据。通过羁押的方式，将候审被追诉人与外部隔离，能够最大限度地防止其毁灭、伪造证据，这既包括使证据在物理上消失、改变，也包括妨碍证人出庭作证等。此外，羁押状态更能促使被追诉人基于心理压力而供述罪行，使得言

词证据的获取更为快速便宜。第三，有利于防止再犯。审前羁押通过限制被追诉人人身自由的形式切断了其与外界接触的可能，限制了其再次或继续实施犯罪行为的能力，特别是对于防止暴力型犯罪被追诉人再犯具有重要意义。根据上述功能的不同，我国台湾地区“刑事诉讼法”对羁押作出“一般性”与“预防性”的界分，其中“一般性羁押”主要是为服务于第一、第二两个方面的目的，即“确保被告于侦查及审判中出庭、确保判决确定后接受执行、确保其不会串证或湮灭证据”；[①] 而“预防性羁押”则是为了防止再犯。“在确保诉讼程序的措施中，羁押是对个人自由影响最严重、最深远的侵害。另外，羁押对有效的刑事司法而言，在许多情况下是不可缺少的。”[②] 囿于无罪推定原则，审前羁押的范围和限度必须有所抑制，通过恪守“比例原则”实现国家权力与个人权利之间的平衡。从总体上看，依据时间上的先后，可以通过羁押必要性审查、认罪认罚后强制措施变更、羁押替代措施适用等方式实现羁押制度适用的谦抑性。

首先，应当力促司法实践中逮捕等羁押性强制措施的适用回归立法本意。无论被追诉人选择采用对抗型抑或是合作型司法模式，都应当无差别地适用《刑事诉讼法》第 81 条对是否应当逮捕进行审查，摒弃既有“构罪即捕”的思维定式。只要不存在影响刑事诉讼进程的风险，就不应当对被追诉人采取强制措施，避免在对抗型司法模式下将羁押措施的适用异化为“强制供述”，在合作型司法模式下异化为“强制认罪认罚”。在决定是否适用羁押性强制措施的问题上，应从“羁押与妨害诉讼之间的关系”这一角度考虑。[③] 同时，要避免将羁押与认罪认罚简单捆绑，将不认罪的被追诉人一律羁押，这无疑将对

---

① 王兆鹏：《刑事诉讼讲义》，元照出版公司 2009 年版，第 281 页。

② ［德］克劳思·罗科信：《刑事诉讼法》，吴丽琪译，法律出版社 2003 年版，第 281 页。

③ 参见张栋：《我国拘留和批捕的定位与完善》，载《政法论坛》2020 年第 6 期，第 135 页。

其产生极大的心理压迫。特别是对于那些本不该被羁押的被追诉人而言，如果其行为触犯轻罪，而认罪后即可能获得自由的状态，那将会因为触及“不可拒绝标准”而使其认罪认罚自愿性遭受否定性评价。当然，由于认罪认罚错案合意的形成节点转向审查起诉阶段，检察机关不仅是审前羁押的决定者、审查者，而且也是控辩协商场景下的主导者。因此，为防范检察权的过度扩张，规范检察机关在羁押措施适用上的优势裁量权，需要通过制度设计予以约束。

其次，在“以非羁押为常态，羁押为例外”的总体要求下，若羁押被追诉人自愿作出认罪认罚的选择，应当及时考虑变更强制措施。《认罪认罚从宽指导意见》第 7 条规定，对于“认罚”的把握应当重点考察被追诉人的悔罪态度和悔罪表现，具体包括退赃退赔、赔偿损失、赔礼道歉等形式，一经认为其存在暗中串供，干扰证人作证，毁灭、伪造证据或者隐匿、转移财产等行为，便不能适用认罪认罚从宽制度。换言之，适用该制度的被追诉人的社会危险性已经大为降低，无论从“一般性”目的还是从“预防性”目的角度出发，其羁押必要性已经大为降低，因此需要及时对业已采取的强制措施进行变更。从逻辑上看，并非“认罪认罚”的表示本身带来了强制措施的从宽，而是基于认罪认罚的客观行为使强制措施没有必要继续。

最后，应当探索建立智能化羁押替代措施。《联合国非拘禁措施最低限度标准规制》（《东京规则》）第 1 条第 5 款规定：“会员国应在其本国法律制度内采用非拘禁措施，从而减少使用监禁办法的程度，并使刑事司法政策合理化，同时考虑到遵守人权的义务、社会正义的需求以及改造罪犯方面的需要。”该款强调了对被追诉人应当尽量减少羁押措施的适用。[①] 如前所述，实践中的认罪认罚从宽制度主要适用于轻罪案件中，特别是采用速裁程序审理的案件。这些案件大

---

① 张栋、金玲楠：《逮捕社会危险性条件量化问题探析》，载《时代法学》2024 年第 4 期，第 9 页。

部分与行为人实施危险驾驶、交通肇事、寻衅滋事等行为相关，具有行为人确定、行为明了、时空衔接等特征，很多行为人属于现行犯，因而构成《刑事诉讼法》第 82 条“可以拘留”的对象。对于这类羁押可能较高而罪行又较轻的被追诉人，应当探索适用数字化、智能化的非羁押性强制措施。例如，可以采用集 GPS 定位、电子栅栏、及时报警等功能于一身的电子手铐，实现远程监控下的人机分离报警、破坏报警、越界报警、特殊场所报警、自动巡检、轨迹查询等多种功能。[①] 此外，自 2020 年 3 月以来，杭州市开始推行“非羁码”，对取保候审等未适用羁押性强制措施的被追诉人实行“数字管控”。杭州市司法机关联合会签《对刑事诉讼非羁押人员开展数字监控的规定》，司法机关可以根据外出提醒、违规预警、定时打卡和不定时抽检等方式，使被追诉人在接受必要管控的情况下回归社会、获得自由。“非羁码”以 App 为载体，进一步解决了电子手铐的高成本、羞辱性、不便性等缺陷，使被追诉人免于错误逮捕、长期羁押、被迫认罪等风险。数据显示，自智能化非羁押性强制措施适用以来，杭州市有效监管非羁押人员 1607 人，无一人脱管失控。[②] 总体而言，无论上述羁押的克制、羁押的变更还是羁押的替代，其目的都是最大限度地保障被追诉人作出认罪认罚决定时的人身自由，进而保障其认罪认罚自愿性，实现自由与管控、人权与效率的多重平衡。

---

① 参见徐全勇、陈星亮：《构建非羁押诉讼的智能支持体系》，载《人民检察》2016 年第 23 期，第 75 页；高一飞、刘博楠：《限制自由强制措施中的电子监控》，载《南通大学学报》（社会科学版）2014 年第 1 期，第 41 页以下。

② 参见许梅：《受“健康码”启发“非羁码”落地推广 杭州对非羁押人员开展数字监控》，https：//zj. zjol. com. cn/news/1553964. html，访问日期：2024 年 11 月 15 日。

第三节 落实认罪认罚自愿性的庭审审查机制

一、建立相对独立的认罪自愿性审查程序

为了进一步确保被追诉人认罪认罚的自愿性，域外国家大都设置了相应的庭前审查程序。例如在美国，为使被追诉人就起诉书所指控的犯罪进行答辩，专门设置了审前聆讯程序。在该程序中，法官通过审查被追诉人认罪前知悉权的保障情况、案件事实基础情况等来判断其认罪答辩的效力。一旦经过综合判断后，法官认为被追诉人的认罪答辩不具备自愿性，将建议并允许被追诉人撤回认罪答辩，如果此时被追诉人仍然坚持做认罪答辩，则需告知其“案件的处理结果情况可能会比答辩协议中期望的处置更为不利”；[①] 而如果经审查后，预审法官认定其认罪答辩符合自愿性方面的要求，那么案件将径行进入量刑程序。有学者指出，从功能上看，美国的聆讯程序“实际上是一种预先审查被告认罪认罚自愿性的程序”。[②] 与此相类似，法国刑事司法中也建立了相对独立于庭审程序的“庭前认罪程序”，经此程序可以对被追诉人是否承认指控的罪行、是否认可量刑建议两方面进行审查。就适用范围而言，依据《法国刑事诉讼法典》第495-7条的规定，对于主刑科处罚金或者科处5年及以下监禁刑的轻罪案件，可以适用庭前认罪程序。当被追诉人接受检察官提出的量刑建议后，法官即需要对相应事项进行审查，其中包括律师是否依法履行提供法律帮助的义务、被追诉人是否得到10天的考虑期、检察官是否履行告知的义务等程序性事项，用以对被追诉人认罪答辩的自愿性进行审查判断。如

---

① 孙谦、卞建林、陈卫东主编：《世界各国刑事诉讼法（美洲卷）》，中国检察出版社2016年版，第600页。

② 参见孔令勇：《被告人认罪认罚自愿性的界定及保障——基于“被告人同意理论”的分析》，载《法商研究》2019年第3期，第71页。

果上述行为均符合刑事法律的规定，法官即可遵循量刑建议对案件作出裁决。与上述两种相对独立于庭审程序的预审机制不同，日本将有关被追诉人认罪情况的审查安排在开庭程序之中，称为“罪状承认否认程序”。[①] 当完成身份核实、宣读起诉书、告知权利义务程序后，开庭程序旋即进入罪状承认或否认阶段，被追诉方主要围绕案件实体方面进行陈述，内容既包括有利于自己的事实，也包括不利于自己的事实。如果此时被追诉人对被指控的事实作出有罪供述，法院即可据此适用即决裁判程序或者简易审理程序对案件作出裁决。

在认罪认罚从宽制度下，我国刑事案件主要适用简易程序或速裁程序进行审理。基于合作型司法模式对诉讼效率的推崇，这两类审理程序简化了诸多庭审环节，使得庭上对被追诉人认罪自愿性的审查时间极为有限。从司法实践的角度来看，我国《刑事诉讼法》规定了全案卷宗移送制度。在此基础上，被追诉人认罪认罚的案件还需要随卷移送认罪认罚具结书等材料，并将认罪认罚情况和量刑建议纳入起诉书中。出于对法官职业伦理和司法责任制下法官从业态度的考虑，我们有理由相信法官在开庭前会通过阅卷的方式，结合案卷材料和认罪认罚具结书对被追诉人的认罪自愿性进行确认。但事实上，“与当庭展现的信息相比，以书面形式呈现的被告人认罪信息在全面性方面自然有所欠缺。如此一来，原本作为保障认罪认罚自愿性的预先审查程序就变成人民法院对于适用简易、速裁程序进行庭审是否符合条件的确认程序”，[②] 造成了程序上的混同，法官无法相对独立地预先审查被追诉人认罪认罚自愿性。通过阅卷和具结书对认罪自愿性的审查，极易与审查具结书的真实性、合法性相混同，被追诉人很可能是在受欺骗、蒙蔽的状态下签署了具结书，造成权利受损而尚不自知的情况。

---

① ［日］田口守一：《刑事诉讼法（第七版）》，张凌、于秀峰译，法律出版社 2019 年版，第 374 页。

② 孔令勇：《被告人认罪认罚自愿性的界定及保障——基于“被告人同意理论”的分析》，载《法商研究》2019 年第 3 期，第 72 页。

在私法领域，国家本不应插手私主体之间的法律行为，但为给予部分主体特殊保护和避免社会公共利益受到损害，法律适度对某些行为进行规制。例如，在民事行为中有无效法律行为、可撤销法律行为等效力评价，前者包括行为能力欠缺、双方虚假意思表示、法秩序的否定性评价和恶意串通；后者包括重大误解、因受欺诈而作出不真实的意思表示、受胁迫作出虚假意思表示，因危难被乘或缺乏判断能力导致显失公平。在这些情况下，行为人可以主张法律行为自始没有约束力和通过诉讼程序的方式行使撤销权。与私主体相比，国家权力的扩张往往更加危险，侵害公民权利的方式也更加隐蔽。在认罪认罚案件中，被追诉者经常会受到公权力的压迫、欺诈而作出非自愿的认罪表示，此时法律更应设置必要的审查和救济程序来保障被追诉人的合法权益，防止国家权力通过形式合法的方式掩盖对公民的实质权利侵害。最后，这种通过书面形式对被追诉人认罪自愿性的审查也不符合诉讼经济的要求，与认罪认罚从宽制度的立法初衷相违背。诉讼效率是指诉讼司法投入与产出的比例。美国学者波斯纳（Posner）将刑事诉讼的司法投入分为三部分：公共投入、私人投入与错案成本。公共投入包括法院的人、财、物投入等；私人投入包括聘请的律师费用等；而错案成本是纠错的成本和对司法权威的损害。诉讼效率与司法投入的关系是司法投入越高，刑事诉讼效率越低。在认罪认罚案件中，检察机关利用强势的不平等地位与被追诉人达成非自愿的认罪合意，而法院对认罪自愿性的书面审查又无法及时发现错误合意的存在，导致认罪认罚错案的发生，进而使司法投入中的错案成本提高。因此，为避免自愿性审查判断与简易程序选择程序相混淆，避免合法的控辩合意掩饰非自愿认罪认罚，避免书面审查程序损害刑事诉讼的效益价值，使预审机制的功能回归至确保案件审理的准确性、防止认罪认罚错案发生，有必要于庭前阅卷之外，在庭审程序中建立一道相对独立的自愿性审查机制。

本书所主张设立的认罪自愿性审查程序并非独立于既有的庭审程序，而更类似于日本的“罪状承认否认程序”。尽管《刑事诉讼法》第 187 条规定了庭前会议制度，但不宜运用该程序来解决认罪自愿性的审查问题。具体原因如下：首先，最高人民法院《关于适用〈中华人民共和国刑事诉讼法〉的解释》第 226 条规定：“案件具有下列情形之一的，人民法院可以决定召开庭前会议：（一）证据材料较多、案情重大复杂的；（二）控辩双方对事实、证据存在较大争议的；（三）社会影响重大的；（四）需要召开庭前会议的其他情形。”根据此规定，法院对是否召开庭前会议享有自由裁量权。实践中并非所有案件都需召开庭前会议，如果在庭前会议中建构相对独立的自愿性审查机制，无疑只能解决部分案件的问题。其次，从功能角度来看，庭前会议意在集中解决一些程序性问题，同时整理总结控辩双方的争议焦点，以便实现后续庭审程序的实质化。换言之，庭前会议使得后续的正式法庭庭审投入更多的时间和精力聚焦于控辩双方的实质争议问题，以保障控辩双方的程序性权利的有效行使，实现诉讼程序的公正与裁判结果的正义。如果要求认罪认罚案件全部召开庭前会议，将与合作型司法模式对诉讼效率的价值追求产生抵牾。

本书所主张的这种设置于开庭程序中的自愿性审查环节表现出如下几方面特征：第一，审查性质为实质自愿性审查，而非形式审查，即法院通过向被追诉人发问等具有亲历性的方式，尤其是运用前述量刑减让的幅度是否达到“不可拒绝”程度和非羁押性强制措施准用是否达到“不可拒绝”程度的认罪认罚自愿性判断标准，来审查被追诉人是否是在自愿情况下作出的认罪认罚表示，而非仅通过阅卷或查看具结书等书面程序进行审查。第二，具有独立的审理对象。该程序仅围绕被追诉人的认罪自愿性进行审查，使之独立于嗣后对事实基础的审查，通过“先程序后实体”的顺序将针对上述二者的审查相对剥离开来。当然，自愿性审查对象还包括被追诉人是否明知、明智，这是因为被追诉人认罪认罚自愿性以“明知”“明智”要素为基础。一方面，自愿性中的首要要素就是“明知”，即要求被追诉人在决定认罪认罚之前，应当就自己被指控的犯罪性质、量刑幅度以及认罪认罚的诸多法律后果明确知晓。另一方面，在全面了解自己认罪认罚的诸多后果后，被追诉人应当基于自己的认知、经历和利益需求，在权衡利弊后作出是否认罪认罚的表示。[①] 没有在明知、明智基础上的自愿认罪认罚并不具有正当性基础，因为这样的“自愿”也可能是基于“无知”，进而导致错案情况的发生。[②] 第三，具有独立的审理方式。庭审开始后应首先宣读起诉书，旋即由法官围绕“是否自愿签署认罪认罚具结书”“是否明知认罪认罚的法律后果”“是否有律师见证具结书签署”等问题向被追诉人发问。第四，具有独立的审查后处理方式。在对被追诉人发问后，被追诉人仍然具有认罪与否的选择权。若被追诉人仍然作出系自愿认罪的答辩，法官便需结合其接受询问情况并综合量刑建议的幅度、审前非羁押性强制措施适用等因素，对其认罪自愿性作出审查。如果认为被追诉人认罪答辩是自由意志的产物，便可确认其认罪认罚行为自愿有效，继而进入对案件事实和量刑建议的审查判断阶段，并最终依法作出判决；如果法官认为被追诉人的认罪认罚并非自由意志的产物，存在认罪自愿性方面的瑕疵，或者被追诉人本人否认自愿认罪，那么就应当停止认罪认罚从宽制度的适用，将案件转到普通程序进行审理。

二、激活被告人最后陈述环节的实质功能

如前所述，对于认罪认罚案件，应在庭审阶段设立相对独立的认罪自愿性审查环节，但在庭审的任一环节，如发现被追诉人的表述前

---

① 参见杨晓静：《法官保障认罪认罚自愿性丨被告人反悔权是自然权利》，载郭烁主编：《刑事诉讼法案例进阶》，法律出版社2023年版，第296页。

② 参见卢君、谭中平：《论审判环节被告人认罪认罚“自愿性”审查机制的构建》，载《法律适用》2017年第5期，第105页。

后矛盾等可能影响认罪自愿性的情形，法官都需要重新对认罪认罚的自愿性进行审查，即对被追诉人认罪自愿性的审查应当贯穿刑事案件庭审的全过程。根据《刑事诉讼法》的规定，尽管认罪认罚案件的审理程序可适当简化若干庭审环节，但无论简易程序还是速裁程序，均保留了被告人最后陈述环节，其中适用速裁程序审理的案件，在当庭宣判前还应当听取辩护人的意见。从制度的发展视角来看，无论是最高人民法院、最高人民检察院、公安部、司法部《关于在部分地区开展刑事案件速裁程序试点工作的办法》还是《认罪认罚试点办法》，都规定了应当听取被告人的最后陈述，并最终在《刑事诉讼法》中得以保留（见表10）。那么，在认罪认罚案件审理程序极度简化的同时，法律为何专门保留了被告人最后陈述环节？这需要从其功能和特征角度加以分析。

表10 简易程序与速裁程序中关于被告人最后陈述的规定

适用程序	法律规定
简易程序	判决宣告前应当听取被告人的最后陈述意见
速裁程序	判决宣告前应当听取辩护人的意见和被告人的最后陈述意见

从理论上而言，被告人的最后陈述表现出以下几方面的特征：第一，内容上的自由性。只要被告人的陈述并非与本案毫无关系，法庭就应当充分保障其陈述的权利。第二，时长上的宽容性。被告人的最后陈述介于法庭调查辩论结束后、判决宣告前，其陈述的时间长短一般不受限制。第三，程序上的法定性。作为一项诉讼权利，被告人的最后陈述环节经法律得以确定，除非其本人在符合相应条件的情况下明确表示放弃，否则法庭不得基于诉讼效率等任何目的省略或者克减这一程序。从功能的角度来看，认罪认罚案件中被告人的最后陈述可以起到以下几方面的作用：第一，保障被告人的辩护权。在认罪认罚案件中，通常情况下被告人对实体方面并无过多异议，因而很少就此

展开防御性的辩护行为。然而，被告人仍有可能在最后陈述阶段就量刑问题进行阐述，特别是在幅度刑量刑建议的案件中仍然具备一定的辩护必要和辩护空间，“无法排除一种情况，即被告人最后一次的出庭（陈述）至少仍有可能影响到刑度的高低”，[①] 而并非如有观点所言“被告人一方业已‘辩无可辩’”。[②] 第二，为法官最后审查被告人认罪情况提供依据。通过聆听被告人的最后陈述，观察其陈述时的庭上状态，法官可以进一步强化对其认罪认罚自愿性、真诚性的判断，进而综合其认罪情况、悔罪情况等作出最终裁决。这亦符合前述对认罪自愿性的审查贯穿庭审全程的观点。

然而在实践中，认罪认罚案件被告人的最后陈述呈现出形式化、走过场的特征，并未发挥确保案件程序和实体公正的实质作用。笔者登录中国庭审公开网，以“速裁”为关键词检索刑事案件的庭审录像。经过数据整理和甄别，笔者按照时间顺序选取了前 50 场符合条件的录像进行观看，并就相关信息得出以下表格（见表 11）。[③]

表 11　30 场庭审录像中的被告人最后陈述情况

序号	庭审时长（分钟）	是否做最后陈述	陈述时长（分钟）	有无书面材料
1	3	否	—	—
2	6	否	—	—
3	11	是	2	无
4	3	否	—	—

① ［德］克劳思·罗科信：《刑事诉讼法》，吴丽琪译，法律出版社 2003 年版，第 292 页。

② 胡熙曈：《对刑事速裁程序保留被告人最后陈述的反思》，载《法学杂志》2017 年第 7 期，第 135 页。

③ 本表格以“场次”为单位对庭审情况进行记录，其中个别场次涉及的案件数量并不唯一。所采用的时间单位为分钟，“书面材料”是指通过庭审录像能否观察到被告人做最后陈述时持有手稿。检索日期：2025 年 1 月 7 日。

续表

序号	庭审时长（分钟）	是否做最后陈述	陈述时长（分钟）	有无书面材料
5	5	否	—	—
6	9	是	1	无
7	4	否	—	—
8	15	否	—	—
9	3	否	—	—
10	4	否	—	—
11	9	是	3	无
12	6	否	—	—
13	3	否	—	—
14	9	是	1	无
15	17	是	1	无
16	11	是	1	无
17	12	否	—	—
18	7	否	—	—
19	3	否	—	—
20	10	否	—	—
21	15	否	—	—
22	8	否	—	—
23	12	否	—	—
24	24	是	1	无
25	5	否	—	—
26	3	否	—	—
27	3	否	—	—

续表

序号	庭审时长（分钟）	是否做最后陈述	陈述时长（分钟）	有无书面材料
28	4	否	—	—
29	4	否	—	—
30	34	是	2	无
31	4	否	—	—
32	26	否	—	—
33	13	否	—	—
34	49	是	2	无
35	21	是	1	无
36	35	否	—	—
37	17	否	—	—
38	32	是	3	无
39	36	否	—	—
40	6	否	—	—
41	35	否	—	—
42	14	否	—	—
43	34	是	1	无
44	40	否	—	—
45	11	否	—	—
46	48	否	—	—
47	20	否	—	—
48	43	否	—	—
49	35	是	1	无
50	28	否	—	—

附图

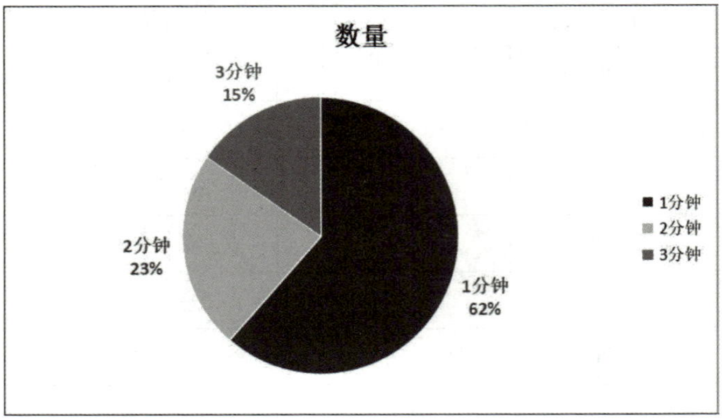
数量
3分钟
15%
2分钟
23%
1分钟
62%
1分钟
2分钟
3分钟

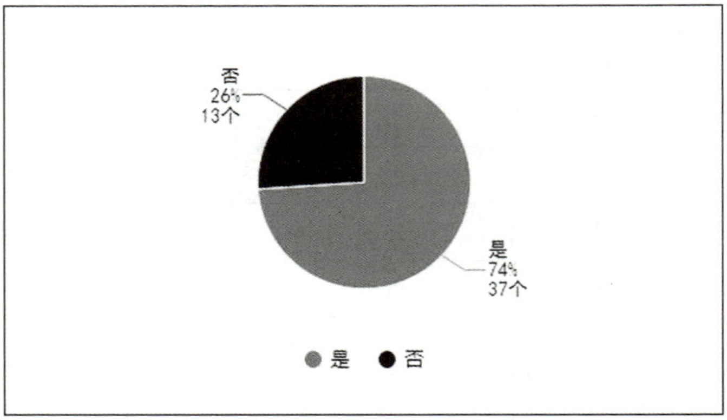
否
26%
13个
是
74%
37个
是
否

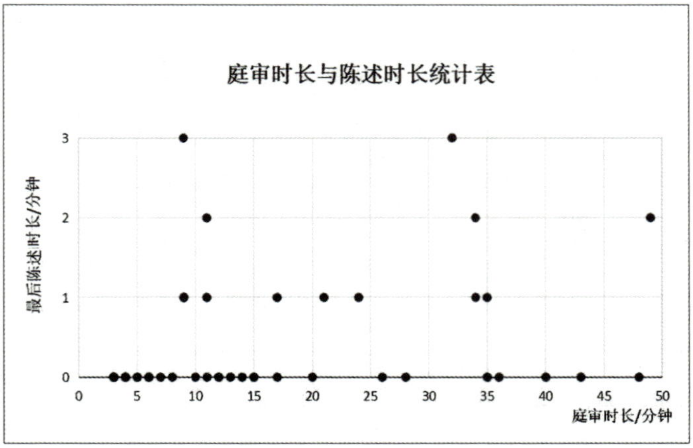
庭审时长与陈述时长统计表
最后陈述时长/分钟
0
1
2
3
0
5
10
15
20
25
30
35
40
45
50
庭审时长/分钟

通过上述表格可见，在笔者所统计的50场庭审中，共有13场的被告人选择做最后陈述，占庭审总数量的26%；被告人的平均陈述时间约为1.5分钟；13场被告人进行最后陈述的，无一人持有书面材料，基本都是口头、临场的发言。总体来看，速裁程序中被告人做最后陈述的案件比例偏低，尽管《刑事诉讼法》将这一环节规定为庭审的必需程序，但仍有近3/4的庭审没有实质展开此环节。究其原因，一方面在于被告人确实因认罪认罚的表示而无可争辩，尤其是对于检察机关提出确定刑量刑建议的情况，在定罪和量刑方面都已经达成了合意。另一方面，一些庭审录像显示法庭并没有尽职地就最后陈述权利进行说明，被告人可能并未意识到自己对这项权利的拥有或这项权利的重要性，从而消极地行使最后陈述权。

为更进一步探究被告人在最后陈述阶段所述内容，以及法官对该阶段的引导把握情况，本书选取了中国庭审公开网的3个速裁案件录像资料、哔哩哔哩网站的1个速裁案件庭审公开视频资料作为案例。表12中记录了每场庭审最后陈述的内容，4个案例均以对话的形式完成最后陈述环节。通过对庭审录像的观摩可以发现：虽然法官有一定的引导意识，但是被告人的最后陈述存在空白率高、实效性差的问题。案例1中两个被告人均持消极沉默的态度，导致审判员不得不再三发问，甚至用与案件事实、定罪量刑不相干的问题来填充最后陈述环节的空白。案例2和案例3是同一位审判员审理的案件，可以看出这位审判员为了避免最后陈述的发散，以询问被告人是否认罪作为引导，使其开始陈述。案例2、3、4的被告人均在最后陈述中表达了希望轻判的意思，但审判员未予回应。

表 12　4 场庭审录像中被告人最后陈述的具体内容

案例	案由	案号	最后陈述
案例 1①	危险驾驶罪	（2022）冀 1127 刑初 116 号	审判员（对被告人 1）：有什么陈述的？ 被告人 1：没有。 审判员：对这个事有什么认识？ 被告人 1：（沉默）。 审判员（对被告人 2）：没有？对这个事有认识吗？ 被告人 2：（沉默）。 审判员：你们两个罚金都交了吗？扫这个码了吗？ 被告人 1 和被告人 2：交了。
案例 2②	危险驾驶罪	（2022）内 0926 刑初 20 号	审判员：现在被告人做最后陈述。你最后还有什么要说的？这是法院赋予你的权利。你认不认罪？ 被告人：我认罪的，希望判轻点。 审判员：其他的有没有了？ 被告人：没有了。

① 参见中国庭审公开网，http：//tingshen. court. gov. cn/live/28936448，访问日期：2025 年 1 月 10 日。

② 参见中国庭审公开网，http：//tingshen. court. gov. cn/live/28813636，访问日期：2025 年 1 月 10 日。

续表

案例	案由	案号	最后陈述
案例3①	危险驾驶罪	(2022)内0926刑初19号	审判员：现在被告人做最后陈述。你最后还有什么要说的？这是法院赋予你的权利。你认不认罪？ 被告人：（大意）我想说我撞坏的都是自家的东西，不算什么大事。 审判员：希望判轻点，是这个意思吗？ 被告人：对，希望判轻点。
案例4②	危险驾驶罪	未公开	审判员：被告人有最后陈述的权利。还有什么要向本庭说的？(重复一遍) 被告人：没啥说的，我想减点刑，4个月有点太多了。 审判员：(提醒书记员记录)。

最后陈述的虚置已是不争的现实，导致出现这一现象的根源在于最后陈述的性质不明确，从而导致制度定位不够清晰。一种观点认为，最后陈述权属于辩护权，主张即使最后陈述的功能不限于辩护，也不能改变其辩护权的固有属性。③ 另一种观点认为，最后陈述的性质不能用辩护权来概括，④ 因为辩护权与最后陈述权在行使主体、诉讼阶段、内容、目的等方面存在明显差别。具体而言，上述两种观点的主要区别在于：即使最后供述的内容包含供述、翻供、检举揭发，

① 参见中国庭审公开网，http：//tingshen. court. gov. cn/live/28814314，访问日期：2025年1月10日。

② https：//www. bilibili. com/video/BV1ut4y1V7hN/？spm_ id_ from = 333. 337. search－card. all. click&vd，访问日期：2025年1月10日。

③ 参见朱耀：《被告人最后陈述权实证研究——以中国法院网直播的50个案件为素材》，载《湖南大学学报》(社会科学版) 2010年第24期，第132页。

④ 参见邓晓蕾、谭璇：《关于我国被告人最后陈述权的思考》，载《广西大学学报》(哲学社会科学版) 2009年第31期S2，第203页。

甚至情感宣泄，前者也认为最后陈述最应当实现的还是辩护功能，其对案件事实查明的作用和对定罪量刑的影响大于实现程序正义的作用；而后者则认为最后陈述包含的多种内容并重，都有重要价值。而上述两种观点的分歧在认罪认罚案件中就会寻得调和：一方面，如果在认罪认罚案件中，案件事实清楚，证据确实、充分，被告人认罪认罚，那么其往往会认可检察机关查明的案件事实及收集的证据，行使辩护权为自己争取无罪或罪轻的意愿大幅降低，导致最后陈述的辩护价值减弱，其他价值更为凸显。因此可以说在认罪认罚案件中，被告人的最后陈述性质是一项与辩护权功能重合的诉讼权利，其功能不限于辩护。另一方面，从时间节点来看，最后陈述被置于庭审的最后阶段，被告人更有可能对事实等产生全面的认识。从程序设计来看，最后陈述环节是被告人在庭上唯一主动且较为自由的发言机会，如果其基于全面认识产生了对认罪认罚的异议，在此环节提出的可能性最大也最为合理。

理论界有观点对保留被告人最后陈述权的看法较为悲观，认为被告人在速裁程序中的最后陈述显得消极和非实质性，对法官影响甚微，导致审判效果不佳，建议将被告人最后陈述制度改为“经当庭申请，被告人应被允许作出最后陈述”，以最大限度地兼顾审判效率和被告人权利。① 但实践证明，绝大多数认罪认罚被告人的最后陈述是简短的、回答式的，并不会占用太多时间，有关申请制的规定会导致在庭审前必须增加一项释明义务，这反而会在一定程度上降低审判效率。除此以外，这种观点的最大弊病在于忽视了速裁程序中一部分被告人是因为不知道自己拥有该程序权利而“被放弃”最后陈述，照此修改后即便其有表达异议的欲望，也很有可能因知悉权保障不足而无法正常主张和行使权力，最终造成既不能提高庭审效率，又有人权保

① 参见胡熙曈：《对刑事速裁程序保留被告人最后陈述的反思》，载《法学杂志》2017年第7期，第133-140页。

障不足之虞的尴尬境地。从本质上看，在我国刑事诉讼活动中，被告人处于弱势地位，最后陈述环节发挥着平衡诉讼结构的功能。但目前我国实践现状尚未切实彰显这一制度功能，最后陈述缺少实效性在制度设计上引起的反思不应该是取消最后陈述制度，而是通过强化对该制度的建构以达到诉讼结构的平衡。

具体而言，认罪认罚案件的庭审应当在保留最后陈述环节的基础上，尽力实现该环节的功能实质化。尽管以速裁程序为典型的简易程序体现出鲜明的效率偏好，实践中最后陈述的运行状况也不甚理想，但这均不是直接否定该环节正当性的理由。对认罪认罚案件最后陈述环节的改进，宜强化法官对权利的释明和陈述内容的引导。首先，当程序行至该环节时，法官除应主动向被告人介绍最后陈述环节，还应释明其享有最后陈述的权利并解释最后陈述的功能。即法官应以简明、通俗的语言释明此环节确认意思表示真实性的功能和权利保障的功能，以调动被告人陈述的主动性，进一步防范非自愿、非真实认罪带来的错案风险。其次，法官还应对陈述内容进行引导。建议和引导被告人着重对认罪认罚的自愿性、真实性进行阐述，具体问题至少可以包括表 13 中的内容。当然，前文已经述及被告人最后陈述的内容具有自由性，只要其内容和时长并无不当即可，因此法官的建议和引导并不具有强制性，而更多的是起到一种辅助和释明作用，防止被告人因畏惧等心理消极行使自己的权利。特别是对于那些假认罪、错认罪的被告人，可以利用这一环节，在刑事判决作出前的最后一刻争取避免遭到错误定罪的机会，也可使法官对自愿性的审查贯穿庭审始终。

表 13　被告人最后陈述阶段的建议和引导问题清单

问题	对应功能
被告人是否自愿认罪认罚？	确认自愿性
被告人是否同意本案适用速裁程序审理？	确认自愿性
被告人是否被告知认罪认罚的法律后果？	保障知悉权
被告人是否被告知适用速裁程序的法律后果？	保障知悉权
被告人签署认罪认罚具结书时是否有律师在场？	保障辩护权
关于本案的事实情节，被告人有什么要补充的吗？	保障辩护权
被告人是否还有想表达的？	保障宣泄权

综上，在认罪认罚案件中，最后陈述应成为法官了解被告人认罪认罚自愿性必不可少的环节。在理想情况下，被告人既可以通过法官的释明形成对最后陈述环节的正确认识，通过最后陈述来表达自己的诉求；同时通过发挥法官的引导作用，可以加强最后陈述权的实际效用，对被告人认罪认罚的自愿性、真实性进行全面的审查。

第五章　真实性：认罪认罚错案防范的底限

根据本书第二章对认罪认罚错案的概念界定与类型划分，三类认罪认罚错案均表现出对事实基础真实性的悖反，但在“认假罪”“错认罪”两种情况下不存在认罪自愿性方面的瑕疵，由此导致在经本书第四章讨论的认罪自愿性审查并得出肯定性结论后，刑事案件仍可能因在真实性上存在错误而使法官作出不公正的判决。例如，顶替认罪者虽然是自愿认罪，但却是基于虚假的事实基础。“确定事实是一个充满着可能出现许许多多错误的困难过程，错误的认定曾导致过许多错判。”① 需要明确的是，被追诉人“认罪”并不代表其必然“有罪”，无论这种认罪认罚的意思表示看起来有多么“发自内心”。甚至从某种程度上讲，实践中并不存在绝对自愿的认罪认罚，因为合作型司法模式本身即包含现实之下的利弊权衡——通过认罪认罚获得从宽对价。因此，在充分保障认罪自愿性并对此进行专门审查的基础上，还需要通过对认罪认罚案件事实基础的审查来降低错案发生的概率。当然，由于具有契约性质的控辩合意存在，对认罪认罚案件事实基础真实性的审查标准有必要进行适当修正，否则合作型司法模式所欲追求的效率价值便很难实现。但在中国语境下，这种对事实基础真实性判断标准的修正，以及对合意的依从、对错误的容忍，不能突破司法

① ［美］罗斯科·庞德：《通过法律的社会控制·法律的任务》，沈宗灵、董世忠译，商务印书馆1984年版，第29页。

公正的底限，在涉及“是否存在案件事实”“刑事案件由谁而为”这类基本事实问题时，仍需要进行严格的把握，以守住认罪认罚错案防范的底限。

第一节 域外合作型司法模式的事实基础及审查标准

一、“有限合意真实”：美国辩诉交易制度的事实基础及审查

辩诉交易制度的诉讼效率价值偏好集中表现为其对案件事实基础真实性的宽容。然而，国内部分学者在一定程度上扩大了这种宽容的阈值，认为事实基础这一原则一向不太受到强调，法官也往往不会独立适用之，仅在与自愿性原则有关时方强调事实基础，[①] 或是认为辩诉交易制度早已放弃对事实基础的审查，转而投向对“合意事实”的关注与确认。事实上，在 1966 年《美国联邦刑事证据规则》修订前，由于法律规定上的缺位，美国部分地方法院确实曾将对认罪认罚案件的审查限于知悉权和自愿性，而将事实基础排除在外，认为只要赋予被追诉人较为完备的程序性权利保障，就几乎可以在实体问题上彻底妥协，不再对此进行实质考察。但是这种“绝对合意事实”的观念和做法在 20 世纪 60 年代后期得以纠偏。

从规范层面看，《美国联邦刑事诉讼规则》第 11 条 f 项规定：“虽然接受有罪答辩，法庭不能未做调查查明答辩存在事实基础便单纯依据答辩作出判决。”针对该条规定，《美国联邦刑事诉讼规则》修改咨询委员会表示：“是为了保护虽然理智地认识到指控的性质并自愿作出有罪答辩，但却没有认识到他的行为实际上并不构成指控犯罪

① 祁建建：《美国辩诉交易研究》，北京大学出版社 2007 年版，第 55 页。

的被告。”[①] 可见，法律其实已对认罪答辩所依托的事实基础审查作出明确要求，辩诉交易的相关制度设计也已经考虑到自愿而非真实认罪的存在，继而要求对事实基础真实性进行审查，以构建在自愿性保障基础上防范错案的重要关卡。因此，在美国，法官接受有罪答辩的前提不仅在于有罪答辩的自愿性，还需要案件存在强有力的事实基础。[②] 就内容而言，法官需要审查的事实基础囊括指控内容的各项要件、量刑事实以及前科情况等，[③] 至于本书第一章曾提及的“阿尔弗德答辩”，尽管不要求被追诉人承认自己事实上有罪，但仍需立基于据以指控的犯罪行为存在事实基础这一前提下，法官必须认为理性被追诉人作出的认罪答辩是“合理的”。就方式而言，依据《美国联邦刑事诉讼规则》，法官对案件事实基础的审查主要通过三种途径实现：第一，讯问被追诉人。法官首先应当围绕被指控犯罪事实的构成要件向被追诉人发问，然后要求被追诉人用自己的语言在法庭上复述实际上到底发生了什么。[④] 第二，询问控方。法官应当要求控方提供证明犯罪行为实施基础存在的证据。第三，审阅案卷材料。根据相关判例来看，即便是在阿尔弗德这种辩诉交易的极端形态中，被追诉人认罪而不承认其行为构成犯罪，法官也可以依据上述途径中的后两种——询问控方或者审阅案卷材料，来认定其认罪答辩的事实基础是否存在。

作为合作型司法模式的典型代表，辩诉交易制度中的非对抗性同样体现在对案件事实基础真实性的审查上，有学者总结道：“虽然联邦法院和州法院在有罪答辩事实基础的具体审查程序上存在一定差

---

① See Advisory Committee Notes to the 1966 Amendment of Fed. R. Crim. P. 11.

② 参见［美］艾伦·豪切斯泰勒·斯黛丽、南希·弗兰克：《美国刑事法院诉讼程序》，陈卫东、徐美君译，中国人民大学出版社 2002 年版，第 450 页。

③ See David Rossman, Criminal Law Advocacy: Guilty Pleas, Volume 2, Lexis Nexis Press, 2013, p. 33.

④ See A. B. A. Standards for Criminal Justice, Receiving and Acting Upon a Plea, Section 14-1.6(b), pp. 14, 35.

异，但均采取非对抗的言词或书面审查方式。”① 在 1996 年美国诉米希尔（U. S. v. Mitchell）一案中，联邦第四巡回区上诉法院即表示：“依据《美国联邦刑事诉讼规则》第 11 条的规定，地区法院没有必要复制当事人所选择避免的审判程序。”② 进言之，辩诉交易制度对事实基础的宽容体现在同普通程序事实基础查明机制之间的对比中。例如，合作型司法模式将不再遵循直接言词原则，检察官在对指控的犯罪事实基础进行证明时，无须传唤证人出庭或者当庭展示实物证据，可仅以口头形式进行。例如，在爱荷华州诉科尼（State of Iowa v. Justin Keene）涉嫌淫秽物品犯罪案件中，在科尼认罪的基础上，法院认为法官不再需要通过查看光盘对其是否包括淫秽内容进行判断，而可以通过本案未成年人证言中有关光盘内容的描述而定案。③ 概括而言，辩诉交易制度并没有放弃对据以指控犯罪行为的事实基础之审查，只是相较于对抗型司法模式简化了审查的方式。

辩诉交易制度下的认罪答辩，唯有经过事实基础的审查，并辅之以知悉权、自愿性保障，才能被法院所接受，然后依据协商达成的量刑建议解决定罪后的量刑问题。一旦法院认为被追诉人的认罪答辩缺乏充分的事实基础，依据《美国联邦刑事诉讼规则》的规定，法院便会拒绝该认罪协议，并要求被告撤回答辩。当然，不可否认的是，由于事实基础审查机制规定上的模糊，导致实践中产生一些法官将“定罪事实”与“认罪事实”相混淆的情况，由此造成事实基础失察下的认罪认罚错案。回归到认罪认罚案件诉讼全流程，法官缺乏对事实基础审查状况的形成大体可以归咎为以下原因：第一，检察官在认罪认罚案件中的强势主导地位。区别于英国的有罪答辩制度和德国的认罪

---

① 史立梅：《美国有罪答辩的事实基础制度对我国的启示》，载《国家检察官学院学报》2017 年第 1 期，第 33 页。

② See U. S. v. Mitchell, 104 F. 3d649(4th Cir. 1996).

③ See State of Iowa v. Justin Keene. 630 N. W. zd 579(2001).

协商制度，辩诉交易制度中的法官不能直接参与控辩双方的交易过程，只能在协议达成后进行审查，而检察官则是认罪程序的最重要推动者和主导者，这与我国认罪认罚从宽制度的构造更为近似。在辩诉交易形塑出的新型控审关系下，检察权或者说公诉权得到较大程度扩张，并造成对审判权的一定挤压，法官对审前协商的内容高度依赖，致使其原本应当公正裁判的立场发生改变，由“居中者”向“合作方”倾斜。例如在美国，法官甚至可能通过“暗示”来助推辩诉交易的达成，成为辩诉交易制度的“忠诚合作伙伴”。[①] 立场的丧失无疑会导致法官对事实基础审查动力的殆尽。第二，辩诉交易制度表现出强大的纠纷解决目的。辩诉交易制度的诉讼效率偏好背后实际上是因深受实用主义诉讼观的影响，当审查事实基础的真实性和诉讼成本相抵牾时，法院不惜以对可能有误的合意事实施以“宽容”来求得纠纷的解决。这方面的典型例证是辩诉交易制度常被用来解决一些证据不足的案件，其交易的对象可以衍射到罪名、罪数等方面。在当事人主义模式的荫蔽下，控辩之间意思自治的范围和效力几乎对法官形成了不容挑战的拘束，使得其对事实基础的审查流于形式。

二、“强调实质真实”：德国认罪协商制度的事实基础及审查

与当事人主义同辩诉交易制度的高度契合不同，合作型司法模式在德国的发展遭到广泛的争议与批评，其中一个重要的原因便在于如何能够将带有合意因素的协商程序嵌入职权主义的诉讼构造中。以协商性逻辑为主的合作型司法模式，将通过理性对话与协商的方式解决纠纷视为核心价值，尽可能地减少控辩之间不必要的对抗以增加更多的对话与合作机会，[②] 对庭审程序的简化不可避免地会削弱对案件事

---

① 参见王迎龙：《认罪认罚从宽制度实行中法官角色的转变》，载《人民法院报》2020年4月24日第5版。

② 参见武晓慧：《论比较法视野下的刑事司法协商机制》，载《中国刑事法杂志》2013年第11期，第75页。

实的查明，表现出效率偏好，这与追求实质真实的职权主义存在天然抵牾。现代职权主义可以被定义为“以社会利益优先为导向、国家权力为主导、实质真实为目标，审前程序凸显侦检机关的优势侦查权，审判程序凸显法官主导控制权的正当程序模型”。[①] 据此，其与合作型司法模式之间的冲突主要集中在以下两方面：第一，审前程序与审判程序主导权的张力，即控辩之间在审前达成的协议究竟能够对法官产生多大的拘束力。第二，实质真实与合意真实的张力，即法官到底需要对认罪认罚案件的事实基础做何种程度的把关。

针对第一种冲突，德国法通过设立“拘束力消除”（Enffallen der Bindung）规则来调和职权主义与控辩协商之间的关系。通常合作型司法模式的运行必须在坚持职权调查的情况下经由合意程序解决，以实现二者的结合。但当二者冲突时则应当偏向于职权调查。《德国刑事诉讼法典》第257c条第4款规定，当法律上或事实上具有重要性之情事被忽略或发现有新情况时，或被追诉人在后续诉讼程序中的行为已经不再符合法院的预估时，法官将不受认罪协商所达成协议的约束。这一规定背后体现的是实质真实主义中的罪责原则，即罪责是实施刑罚的前提，刑罚应当与罪责相适应。当影响当事人罪责评价的证据事实、诉讼行为等情节就会发生变化，以致先前承诺的量刑幅度与其罪责不再相符时，法官形成内心确信的判决基础发生变化，此时便不再受先前达成的量刑协议的拘束。[②]出于人权保障要求，被追诉人在上述两种情形下作出的自白属于证据使用的禁止。这一观念在认罪协商的上诉审程序中同样有所体现，对于一审认罪协商结果是否当然地对二审法院具有约束力的问题，德国学界主流观点认为，二审法院原则上不受一审认罪协议的约束，需要进行实质审查。只有当二审自愿

---

① 施鹏鹏：《为职权主义辩护》，载《中国法学》2014年第2期，第287页。

② 参见王瑞剑：《认罪协商的规范控制路径：德国经验的启示》，载《中德法学论坛》2020年第1期，第57页。

接受一审程序中认罪协商的条件时，被追诉人的自白才可以在二审中作为证据使用，这一观点被称为“自我拘束观点”。虽然“自我拘束观点”并未得到法律规范的明确认可，但德国法院已经在一系列判决中表达了这一观点，一审程序达成的认罪协议并不当然地对二审法院具有延续性的法律效力。[①] 可见，相较于辩诉交易制度，德国认罪协商制度对法官主导权和能动性的要求更为严格，对控辩协议准确与否的容忍程度相对更低。对此有观点认为，在德国的认罪协商制度中，检察官的参与更多以监督为主，整体诉讼构造呈现出法官主导下的弱三角结构，相对于协商机制更像是一种法官简化诉讼程序的手段。[②]

针对第二种冲突，德国法仍对经由刑事认罪协商程序诉至法院的案件提出了发现实质真实的要求，《德国刑事诉讼法典》第 257c 条第 1 款规定，刑事协商不能违背本法第 244 条第 2 款规定的职权调查义务。因此，认罪协议本身并不能构成判决的依据，其只能在法官审查在案证据、查明案件事实，形成心证的过程中起到一定的作用，法官仍必须依职权就所有可能对裁判结果产生影响的事实和证据进行审查，并不因被追诉人放弃对抗而有所松动。这一义务在德国联邦宪法法院 2013 年通过的一项判决中得到了重申，该判决在明确了刑事认罪协商程序合宪性地位的同时，强调无论普通程序还是协商程序，发现实质真实都是法官的一项宪法性义务，查明真相是个人罪责原则的前提。[③] 在协商案件中，法官必须在主审阶段对有罪供述进行实质审查，以保证其真实性。从证据种类上看，被追诉人认罪属于一种供述或自白，不论主观上是否出于故意，这类言词证据在自愿性和真实性

---

① 参见李倩：《德国认罪协商制度的历史嬗变和当代发展》，载《比较法研究》2020 年第 2 期，第 101 页。

② 参见王瑞剑：《实质真实主义的妥协——德国刑事协商制度的理论考察》，载《兰州大学学报》（哲学社会科学版）2020 年第 3 期，第 62 页。

③ 参见高通：《德国刑事协商制度的新发展及其启示》，载《环球法律评论》2017 年第 3 期，第 152 页以下。

上都可能存在很大的虚假风险，法官的职权调查义务不因认罪表示而免除，仍需要对事实基础进行实质化审查。当然，控辩双方可以通过协议对是否进行举证达成合意，但即便如此法官的职权调查义务仍不可放弃，仅靠将认罪协商后的有罪供述与法庭记录进行形式对比的调查方式不足以认定法官尽到了审查义务。[①] 从总体上看，德国合作型司法模式对实质真实的追求虽有一定妥协，但这种妥协更多体现在处刑命令和程序停止中，认罪协商中法官仍占据绝对的控制地位，使其对事实基础的审查继续沿袭职权主义的方式。这与英美法系中刑事认罪协商程序作为“合意原则”下的产物具有根本不同，德国将刑事协商制度合法化，并非在传统诉讼模式外建立了一个全新的合意型诉讼模式，而是在以不损害法官查明案件事实和形成心证原则的要求下，将协商性因素以符合宪法要求的形式引入刑事诉讼程序中，其中心任务仍然是发现实质真实。这源于德国宪法对罪责原则和人权保障的追求。[②]

三、在“合意真实”和“实质真实”之间

可以说，无论是当事人主义模式下的美国辩诉交易制度，还是职权主义模式下的德国认罪协商制度，都对案件事实基础的审查作出了明确要求。美国辩诉交易从“绝对合意真实”转向“有限合意真实”的观念，表明其对合作型司法案件中事实基础真实性的态度是“宽容”而非“放弃”；德国认罪协商与职权主义构造存在内生性冲突，为消弭此种困境，德国仍以“实质真实”作为法院裁判的核心任务，通过对案件事实真实性的查明来消除审前程序与审判程序主导权、合意真实与实质真实的冲突关系。只不过由于两大法系的不同，美国辩

---

① 参见王瑞剑：《实质真实主义的妥协——德国刑事协商制度的理论考察》，载《苏州大学学报》（哲学社会科学版）2020 年第 3 期，第 56 页以下。

② 参见李章仙：《告别实质真实？——对德国刑事协商的制度考察》，载《新疆大学学报》（哲学社会科学版）2022 年第 5 期，第 27 页。

诉交易制度和德国认罪协商制度之间存在一定程度的差异：一是对案件事实真实性的审查标准不同。在德国，就联邦宪法法院所强调的程序规则而言，刑事判决必须以案件事实真相的查明为前提。根据《德国刑事诉讼法典》第257c条第4款第1句和第2句，法院在合作型司法案件中将认真核实每一个细节，即使有细微的错误，也会导致认罪协商的终止适用。[①] 而美国虽然也强调法官在辩诉交易中需对案件事实基础进行审查，但这种真实性标准远达不到对抗性司法中排除合理怀疑的程度。根据美国律师协会的《有罪答辩标准》规定，法官只需查明关于被告有罪的有力证据，而此种有力的有罪证据究竟要达到多大的可能性，在很大程度上是由法官行使自由裁量权，根据全案情况作出判断。[②] 在戈德文诉美国（Godwin v. United State）案中，巡回法官纽曼（Newman）在意见中写道："虽然考虑认罪答辩的法院没有义务从表面上接受被告提出的每一项主张，但对案件'事实基础'的审查要求至少意味着，当一个犯罪基本要素在事实上存在争议时，必须有一些情况出现在法院记录中，以保证得出被告的无罪辩解不值得采信的结论。"[③] 二是对案件事实真实性的审查方式不同。虽然德国联邦宪法法院认为在认罪协商案件中，法院可以通过自读程序或质询程序来简化事实基础的审查方法，但明确指出仅靠将认罪协商后的有罪供述与法庭记录进行形式对比的调查方式不足以认定法官尽到了审查义务，《德国刑事诉讼法典》第257c条第1款和第244条第2款明确了在认罪协商案件中法院应承担职权调查义务。而美国辩诉交易与传统对抗性程序相比，更简化了法院的审查方法，法院可以放弃直接言词原则，通过口头形式即可对事实基础的真实性进行审查。三是法官在

① 参见［德］贝恩德·许乃曼：《德国刑事认罪协商制度的新进发展及评析》，黄河译，载《法治社会》2023年第1期，第124页。

② 参见祁建建：《美国律协〈刑事司法标准〉之〈有罪答辩标准〉评析》，载《中国刑事法杂志》2016年第5期，第135页以下。

③ See Godwin v. United States, 687 F. 2d 585(2d Cir. 1982).

事实基础审查中的地位不同。从控审关系上看，在德国认罪协商中，法院仍保持着绝对主导地位，审判阶段的认罪协商完全处于法官的控制之下；而在辩诉交易中，由于法官并不参与控辩协商过程，只能在协议达成后进行审查，检察官占据着辩诉交易的主导地位，并对审判权造成了一定程度的挤压。

尽管两种具有代表性的合作型司法模式在事实基础的审查上呈现不同特征，但二者都或多或少地强调刑事诉讼“第四范式”下事实基础真实性审查的重要性。在美国，法院对辩诉交易案件保持“有限合意真实”的审查，可以防范因审前检察权强势而导致的错案“魔鬼交易”。在德国，由于职权主义模式向来追求诉讼的“实质真实”，以效率为导向的认罪协商制度的嵌入，可能因控辩力量失衡、程序简化等因素增加“虚假合意”风险，法院对认罪协商案件保持“实质真实”的审查，可以防范“合意遮掩实质真相”现象的发生。

一方面，从控审关系上看，肯定法院对认罪认罚案件事实基础的审查符合“以审判为中心”的诉讼构造要求。“以审判为中心”在绝大多数法治国家和地区早已内化为日积月累的诉讼实践，但在我国，“以审判为中心”不管在宏观诉讼构造层面，还是在微观制度设计层面都未完全形成。① 我国认罪认罚从宽在比较法上属于“检察官主导”模式，控辩合意的形成通常在审查起诉阶段，法院对在检察机关主导下作出的认罪合意一般不予否定。根据最高人民检察院披露的数据来看，在2024年的认罪认罚案件中，法院采纳检察机关量刑建议的比例高达96.6%。② 当然，“检察主导”并不意味着挤压“审判中心”的生存空间，继而使得法庭庭审无法实质化。肯定法院对认罪认罚案件事实基础的审查，履行“最终守门人”职责，通过庭前或庭审

① 参见魏晓娜：《以审判为中心的刑事诉讼制度改革》，载《法学研究》2015年第4期，第87页。

② 参见《刑事检察工作白皮书（2024）》，https://www.spp.gov.cn/xwfbh/wsfbh/202503/t20250309_688590.shtml，访问日期：2025年2月15日。

的事实审查方式验证案件事实真实性，可以有效识别“认假罪”和“错认罪”。同时，法院对事实基础的审查也可以倒逼检察机关在审前阶段全面收集案件证据，遏制检察机关因认罪合意而放弃证据收集、降低取证标准的行为倾向。

另一方面，从制度价值上看，肯定法院对认罪认罚案件事实基础的审查，实现了效率与公正的动态价值平衡。就价值层面而言，认罪认罚从宽制度是典型的以效率为导向的诉讼制度，通过被追诉人的审前认罪来简化诉讼程序，以缓解诉讼爆炸的现实压力。但与域外不同，我国认罪认罚从宽制度是在刑事诉讼“第三范式”发育尚不充分的情况下迈向刑事诉讼“第四范式”，导致现代性问题与后现代性问题相叠加，由此可能带来更大的背离公正原则的风险。[①] 肯定法院对认罪认罚案件事实基础的审查，既维系了合作型司法的效率优势，如即使是在强调“实质真实”的德国，认罪协商制度也能成为法官简化诉讼程序、提高诉讼效率的手段，又可以避免丧失认罪认罚案件中事实真相的底限，防止认罪认罚错案风险由审前阶段传导至审判阶段，实现“合意不失真”的诉讼追求。

第二节　认罪认罚案件中的事实审查与证明标准

与德国相类似，我国的认罪认罚从宽制度表现出将合作型司法模式嵌入职权主义诉讼形态的特征。但与之相区别的是，我国法官介入审前程序的强度不及认罪协商制度，公诉人与裁判者之间的关系更像是辩诉交易制度中的设计。由此，德国认罪协商制度面临的控审关系、事实基础两方面问题在认罪认罚从宽制度中亦有体现。

---

① 熊秋红：《比较法视野下的认罪认罚从宽制度——兼论刑事诉讼“第四范式”》，载《比较法研究》2019年第5期，第100页。

一、建构以审前阅卷为主、庭审询问为辅的事实审查方式

在美国，法官对有罪答辩事实基础的司法审查过于宽松，审查标准不够明确，加之各种其他因素，导致不少没有实施犯罪的被告受到有罪判决。① 导致这一问题的重要原因在于控审关系的严重失衡，辩诉交易中检察权造成了对审判权的严重侵蚀，法官对控辩协议的审查往往流于形式。当前，我国认罪认罚从宽制度的自愿性保障机制尚未充分建立，因此防范认罪认罚错案的一个重要路径就是阻断错误的事实合意对裁判结果的影响，不能用控辩合意取代法官对事实基础的审查。

《刑事诉讼法》第 201 条第 1 款规定："对于认罪认罚案件，人民法院依法作出判决时，一般应当采纳人民检察院指控的罪名和量刑建议，但有下列情形的除外：（一）被告人的行为不构成犯罪或者不应当追究其刑事责任的；（二）被告人违背意愿认罪认罚的；（三）被告人否认指控的犯罪事实的；（四）起诉指控的罪名与审理认定的罪名不一致的；（五）其他可能影响公正审判的情形。"该条款意在规定诉讼合意的效力及其在合作型司法模式下对人民法院审判权的影响。对此问题，理论上有两种不同的观点：一是形式审查说，即认为在认罪认罚案件中，法院只需根据《刑事诉讼法》第 190 条第 2 款规定，审查认罪认罚的自愿性和认罪认罚具结书内容的真实性、合法性，而对案件事实基础进行实体审理，在认罪认罚轻刑案件中既无必要性，也缺乏现实条件，即认罪认罚案件的实体审理缺乏争议基础、程序支撑和对抗因素。② 还有论者认为将定罪量刑权全部归于法官会导致检察机关所做的任何决定仅能被视为"取效行为"，使合作型司法模式

---

① 参见孙长永：《认罪认罚案件的证明标准》，载《法学研究》2018 年第 1 期，第 167 页以下。

② 参见卞建林、李艳玲：《认罪认罚从宽制度适用中的若干问题》，载《法治研究》2021 年第 2 期，第 28 页。

下控辩双方的合意无法实质取代法院所代表的单方面国家意志。[①] 二是实质审查说，即认为虽然在认罪认罚案件中法院一般应当接受检察院指控的罪名和量刑建议，但如果存在被告人行为不构成犯罪或者不应当被追究刑事责任、被告人违背意愿认罪认罚或否认指控的犯罪事实、被指控的罪名与审理认定的罪名不一致，以及量刑建议明显不当而检察机关不调整量刑建议等情形的，法院可以不予接受。这说明法院并非形式化地一味接受认罪认罚具结书的内容，而是要对案件的事实、证据以及被追诉人认罪认罚的自愿性等进行实质性审查，而非仅进行所谓的“确认式庭审”。[②] 法院在面对检察机关指控的罪名和量刑建议是否采纳的问题上仍须遵循司法保留原则。[③]

从理论上看，审判权由定罪权和量刑权两部分组成。世界范围内合作型司法模式造成的检察权扩张均主要指向量刑权，即检察官通过量刑合意影响甚至决定法官在量刑方面的最终裁判结果。但诉讼合意的影响作用极少扩张至定罪权，至多是激活审前不起诉制度的适用等。即便在高度尊重诉讼合意的美国，法官接受有罪答辩的前提也不仅是有罪答辩的自愿性，还需要对案件是否存在强有力的事实基础进行审查。伴随着认罪认罚从宽制度的不断发展，可以考虑逐步强化诉讼合意在案件量刑方面的主导作用，如检察机关提出精准刑量刑建议等，使制度顺应拘束甚至代替审判权的发展趋势，确保控辩协商的可预期性、被追诉人选择适用认罪认罚从宽制度的积极性和稳定性，避免产生过多针对量刑的上诉案件，从而造成诉讼效率价值的减损。但就定罪权而言，仍需明确由人民法院独享，在合作型司法模式中亦概

---

① 参见陈卫东：《认罪认罚案件量刑建议研究》，载《法学研究》2020 年第 5 期，第 174 页。

② 参见陈瑞华：《论量刑协商的性质和效力》，载《中外法学》2020 年第 5 期，第 1139 页。

③ 汪海燕：《认罪认罚从宽制度视野下的“以审判为中心”》，载《中国法学》2023 年第 6 期，第 69 页。

莫能外，这是与《刑事诉讼法》的基本原则，即“未经人民法院依法判决，对任何人都不得确定有罪”相契合的。尽管在合作型司法程序中，庭审程序进一步简化，控辩双方的对抗持续减弱，但不能否认认罪认罚案件中庭审的公正价值，在认罪认罚案件的最后一道关卡，仍需遵守最低限度的公正审判的要求。因此，应当坚持认罪认罚案件中法院对事实基础的实质审查角色，将定罪权的行使建立在法官对案件事实基础的审查上，这既是防止事实合意有错的案件被法庭所确认，造成认罪认罚错案发生的要求，也是“以审判为中心”和庭审实质化改革所要求的必然选择。

需要注意的是，合作型司法模式下法院对事实基础的审查与传统对抗性司法不同，控辩双方关于事实达成的合意，以及后续庭审程序的相应简化或省略，会在一定程度上对案件事实真实性的审查产生影响，主要表现为审查阶段的重心由庭审转移至庭前。在传统对抗型司法模式下，刑事司法改革的要义在于消除法官庭前阅卷对案件处理结果所产生的预断，将对案件事实的审查置于庭上，通过推动“庭审实质化”加强控辩双方的对抗性。例如，从相关改革文件的规定来看，庭审实质化改革主要包括完善庭前会议程序、完善排除非法证据、规范法庭调查程序、完善法庭辩论程序等内容，无一不是为了保障和加强控辩双方在庭审阶段的相互对抗，以防范冤假错案和维护独立公正审判。而对于认罪认罚案件的审理，由于庭审已经简化或省略了法庭调查、法庭辩论环节，不再受限于“直接言词原则”，因而绝大多数案件不需要在法庭上进行质证。例如，《刑事诉讼法》第 219 条规定，适用简易程序审理案件，不受本章第一节关于送达期限，讯问被告人，询问证人、鉴定人，出示证据，法庭辩论程序规定的限制。再如，《刑事诉讼法》第 224 条规定，适用速裁程序审理案件，不受本章第一节规定的送达期限的限制，一般不进行法庭调查、法庭辩论。因此，必须强调法官在庭前阅卷的重要作用。法官需要借助案卷材料，判断案件证据之间是否能够互相印证、是否存在矛盾之处，并将通过阅卷所产生的疑问在庭上集中向被追诉人发问，以契合合作型司法模式下的诉讼效率追求，在短时间内完成对案件事实真实性的判断。法官的庭前阅卷主要采用以下两种方式进行：第一，对于存在客观证据的案件，应当首先通过客观证据构筑案件事实的大体面貌，然后判断其是否能够与关于犯罪构成要件事实的被告人供述形成基本印证。第二，对于主要依靠口供定案的案件，如贪污贿赂案件等，应注重审查被告人供述的稳定性，以及供述与其他言词证据之间是否互相矛盾。在通过庭前阅卷审查后，法官应将阅卷所产生的疑问通过询问被追诉人的方式在庭审中寻求答案。若发问后没有疑问，则可以确认案件事实基础和被追诉人签署认罪认罚具结书的真实性；若发问后仍有疑问，则需通过其他事实查明方式进一步确认案件事实与被追诉人认罪认罚的自愿性、真实性。

二、认罪认罚案件的证明标准需要守住底限真实

在明确事实合意不能取代法官对事实基础进行审查这一前提后，下一个需要考虑的问题便是法官对事实基础的审查需要达到何种程度才能裁定被追诉人有罪，即认罪认罚案件应当设置怎样的证明标准。针对这一问题，理论与实践中表现出“坚持说”与“降低说”两类观点。本书认为，认罪认罚案件中的证明标准已经实然在理论和实践两方面有所降低，这是合作型司法模式下诉讼程序简化、效率价值追求的必然结果。但是，必须对认罪认罚案件中证明标准的降低加以限定，对于“是否存在案件事实”“犯罪行为是否为被追诉人所为”两类基本事实的证明，必须达到“确实、充分”的程度，以守住认罪认罚案件在真实性方面的底限。

（一）证明标准坚持说

就事实基础而言，现行认罪认罚从宽制度仍然延续带有强职权主

义色彩的实质真实观。长期以来，受唯物主义认识论和“实事求是”政治观的影响，加之法官责任制、判决社会效果等多方面综合因素，法官始终将对案件事实真相的探求视为要义。早在认罪认罚从宽制度的试点阶段，最高人民检察院就强调：“办理认罪认罚案件，仍须按照法定证明标准，依法全面收集固定证据、全面审查案件……”① 《认罪认罚从宽指导意见》明确要求：“办理认罪认罚案件，应当以事实为根据，以法律为准绳，严格按照证据裁判要求，全部收集、固定、审查和认定证据；坚持法定证明标准，侦查终结、提起公诉、作出有罪裁判应当做到犯罪事实清楚，证据确实充分。”从既有法律规定来看，合作型司法模式并没有触及证明标准的变化，《刑事诉讼法》《人民检察院刑事诉讼规则》及《认罪认罚从宽指导意见》等均要求认罪认罚案件也需要达到“事实清楚，证据确实、充分”的程度。同时，最高司法机关有关人员一再撰文对此加以强调，如认为：“坚持证据裁判原则和证明标准不降低”；② “……法定证明标准适用于所有刑事案件，包括认罪认罚案件”；③ “对犯罪嫌疑人或被告人认罪认罚的案件……审判机关也必须按照法定标准，全面审查案件，若认为‘事实不清、证据不足’的，应当坚持‘疑罪从无’原则，依法作出不起诉或者判决无罪。”④ 并对实践中存在的“因犯罪嫌疑人认罪认罚而忽视法定证明标准”的现象提出了明确的反对意见。⑤ 有实务观

---

① 参见最高人民检察院副检察长孙谦 2016 年 11 月在“检察机关刑事案件认罪认罚从宽试点工作部署会议”上的讲话，https://china.huanqiu.com/article/9CaKrnK0k8M，访问日期：2025 年 2 月 15 日。

② 杨立新：《认罪认罚从宽制度理解与适用》，载《国家检察官学院学报》2019 年第 1 期，第 62 页。

③ 苗生明、周颖：《认罪认罚从宽制度适用的基本问题——〈关于适用认罪认罚从宽制度的指导意见〉的理解和适用》，载《中国刑事法杂志》2019 年第 6 期，第 5 页。

④ 陈国庆：《刑事诉讼法修改与刑事检察工作的新发展》，载《国家检察官学院学报》2019 年第 1 期，第 29 页。

⑤ 参见陈国庆：《中国式刑事检察现代化的若干问题》，载《国家检察官学报》2023 年第 1 期，第 7 页。

点认为："检察机关在刑事诉讼中承前启后，积极履行主导责任……二是规范适用，如全面审查案件事实、证据，不因认罪而降低证明标准……"[①] 还有观点认为："坚持法定证明标准。犯罪嫌疑人、被告人在认罪认罚案件中对犯罪事实供认不讳，在一定程度上降低了证明难度，简化了证明程序，但办案不能因为经过控辩协商而放弃客观真实的底限。"[②] 最高人民法院咨询委员会第八调研组在调研报告中再次明确表示："虽然被告人认罪认罚案件程序从简，但绝不能降低证据要求和证明标准。办理认罪认罚案件，均应当全过程坚持证据裁判、非法证据排除、疑罪从无和程序公正原则……决不能出现因犯罪嫌疑人、被告人认罪认罚，就放松对事实证据、定罪量刑的审查把关，甚至降低证据要求和证明标准，对疑罪降格认定处理。"[③] 等等。综上所述，实务界对认罪认罚案件应当适用何种证明标准问题的态度一以贯之：在立法者和最高司法机关看来，认罪认罚从宽制度没有也不能引发控审关系的变化及证明标准的松动，[④] 这是落实"以审判为中心"的诉讼制度改革要求，实现刑事司法现代化的应有之义。

（二）证明标准降低说

与立法和司法部门相对统一的"证明标准坚持说"不同，理论界关于认罪认罚案件证明标准问题展开了激烈争论，并有不少学者认为认罪认罚案件的证明标准应当或已经降低。持"证明标准降低说"的学者从不同角度对此观点加以论证。例如，有观点认为，依据《刑事

---

① 万春：《宽严相济刑事政策创新发展的检察实践》，载《中国刑事法杂志》2022年第4期，第7页。

② 于同志：《深化以审判为中心的刑事诉讼制度改革》，载《中国应用法学》2023年第3期，第145页。

③ 最高人民法院咨询委员会第八调研组：《完善认罪认罚从宽制度研究的调研报告》，载《中国应用法学》2024年第2期，第114页。

④ 参见闵春雷：《认罪认罚从宽制度中的程序简化》，载《苏州大学学报》（哲学社会科学版）2017年第2期，第48-56页。

诉讼法》第55条第2款，“证据确实、充分”需满足三个条件：定罪量刑的事实都有证据证明、据以定案的证据均经法定程序查证属实、综合全案证据对所认定事实已排除合理怀疑，认罪认罚案件的庭审简化了相关诉讼程序，即获得心证的法定程序在严格性上有所降低，使经此程序达到的“证据确实、充分”较普通程序低。[①] 有观点认为，认罪认罚案件的证明标准可比照普通程序“适当降低”，“适当低于”的判断可以依据经验、常识、常理推断存在案件事实基础且该事实属被追诉人所为，而无须通过证明活动完全排除对被追诉人有罪事实的合理怀疑。[②] 有论者指出，无论将认罪认罚归为程序事实还是量刑事实，对于其证明标准的设定都可以考虑适当低于定罪事实的证明标准，并可以将一些事实的证明责任交由被追诉方承担。[③] 还有观点认为，适用认罪认罚从宽制度审理的案件，在一定程度上减少了控方在审前程序收集有罪证据的义务和控方在审判程序说服论证的义务，这两种情况下要求坚持法定证明标准已不再可期。[④] 有观点认为，合意性事实是一种实质上的共识，一般只需要法院重点审查确认其有效性，对事实基础的审查只需达到“清楚的有说服力的证明”即可。[⑤] 另有一些学者主张建立层次化的证明标准，降低认罪认罚案件中部分事实的证明标准。例如，有论者指出认为，应将我国证明标准的主线从客观方面转为主观方面，在坚持“排除合理怀疑”的主观确信不变的情况下，区分关键证据与其他证据、轻罪案件和重罪案件等因素，

---

① 参见孙远：《刑事证明标准层次性理论之适用问题研究——以〈刑事诉讼法〉第55条第2款之解释为视角》，载《法学家》2019年第5期，第68页以下。

② 参见谢登科：《论刑事简易程序中的证明标准》，载《当代法学》2015年第3期，第135页以下。

③ 参见左卫民：《认罪认罚何以从宽：误区与正解——反思效率优先的改革主张》，载《法学研究》2017年第3期，第173页以下。

④ 参见闵丰锦：《多维度与差异化：认罪认罚案件的证明标准探析》，载《证据科学》2017年第4期，第451页以下。

⑤ 参见杨波：《刑事诉讼事实形成机理探究》，载《中国法学》2022年第2期，第182页。

对“证据确实、充分”的客观证明标准作出适当调整，建立层次化的证明标准。[①] 有观点认为，认罪认罚案件的证明标准呈现一种双层样态，对于被追诉人认罪认罚的自愿性和明智性以及事实基础应当坚持“证据确实、充分”的证明标准，对于其他非关键性情节，如认罚的事实基础、有利于被追诉人的量刑情节等，可以适当降低证明标准。[②] 还有观点认为，应当在坚持“有足够支持的确信”证明标准的基础上，针对不同类型案件利害关涉对具体适用尺度进行多元化构造。因此，认罪认罚案件所适用的证明标准尺度取决于具体案件的利害关涉，而与诉讼程序的简易与否无关。[③]

（三）以守住底限正义为限设置适当的证明标准

由上可见，虽然在规范层面，立法并没有降低认罪认罚案件的证明标准，但理论上普遍认为认罪认罚案件中诉讼程序的简化势必导致证明标准的实际降低。这是因为证明标准与证明程序是息息相关的，严格的证明标准需要严格的证明程序加以保障，[④] 实践中认罪认罚案件的证明标准也出现“滑坡”现象。当事人主义模式下的美国辩诉交易制度，尽管法院审查事实真实性的标准也有所降低，但仍体现了最低限度的程序正义。鉴于此，本书认为关于认罪认罚案件中的证明标准问题，需要对其中的证明要素进行差异化讨论，对于“是否存在案件事实”“犯罪行为是否为被追诉人所为”两类基本事实的证明，必须达到“确实、充分”的程度，而对于其他事实基础的证明则可以适

① 参见秦宗文：《认罪案件证明标准层次化研究——基于证明标准结构理论的分析》，载《当代法学》2019 年第 4 期，第 104 页。

② 参见孔令勇：《被告人认罪认罚自愿性的界定及保障——基于“被告人同意理论”的分析》，载《法商研究》2019 年第 3 期，第 74 页。

③ 参见熊晓彪：《证明标准多维解构与体系重塑》，载《中国刑事法杂志》2023 年第 4 期，第 172 页。

④ 熊秋红：《比较法视野下的认罪认罚从宽制度——兼论刑事诉讼“第四范式”》，载《比较法研究》2019 年第 5 期，第 92 页。

当降低，以守住认罪认罚案件在真实性方面的底限。

第一，诉讼程序的简化使认罪认罚案件中的证明标准无法达至"事实清楚，证据确实、充分"的程度。在以往的研究中，已经有学者注意到认罪认罚案件中程序简化与证明活动之间存在一定联系，并据此提出"证明难度降低说"，认为认罪认罚案件中的证明标准并无变化，是被追诉人如实供述自己的罪行使证据收集难度降低，进而使得达至证明标准的难度降低，因此不再需要通过设计繁琐的诉讼程序来实现该标准，诉讼程序得以简化。[①] 客观来讲，首先，该观点忽略了诉讼行为的多方性，似乎证明活动仅是一个单方收集证据并据以认定事实的过程，导致在"证明难度"与"证据收集难度"两个概念之间发生混淆。其次，退一步而言，即便承认存在"证明难度降低"的情况，并由此推动了程序的简化，那么该简化了的程序会不会对证明所能达至的程度造成影响？换句话说，即便同意不是"证明标准的降低"导致"诉讼程序的简化"这一逻辑，那么"诉讼程序的简化"反过来会不会造成"证明标准的降低"呢？答案是肯定的。心证程度受程序的影响，如果我们认可不管经由完备或简化的程序都能达到同样的心证程度，实际上就否定了现代刑事诉讼为实现更高层次证明标准而对诉讼程序苛以的严格要求，动摇了庭审实质化和"以审判为中心"的意义。以速裁程序为例，动辄两三分钟的庭审时长根本无法承载对自愿性、真实性的充分审查，而更多依赖法官审前阅卷的方式，这种通过非正式程序完成的证据调查更是无法与正式庭审所能达到的心证程度相提并论。程序简化将引发证明标准联动变化的观点符合世界范围内合作型司法模式的发展规律，由于在大部分程序中取消了以直接言词原则为核心的证据调查，造成对实质真实原则的动摇，在追

---

① 参见谢澍：《认罪认罚从宽制度中的证明标准——推定程序简化之关键所在》，载《东方法学》2017年第5期，第131页以下。

求案件实质真实发现方面，“真实符合论”让位于“真实共识论”。[①] 在美国，无论是联邦还是州法院大多不要求法官在审理辩诉交易案件时达到“排除合理怀疑”的程度，即便有些法院仍在书面上表示遵循原有标准不变，但实际上“排除合理怀疑”只有通过当事人主义对抗制的庭审程序才能真正实现。这种“言实不符”的情况在我国认罪认罚从宽制度中亦有体现。[②] 在德国，尽管在认罪协商案件中奉行“坚持客观真实”的立场，但是就司法实际而言，如果严格按照联邦宪法法院的判决要求，认罪协商的适用将会举步维艰，不能再成为一条克服事实发现困难的途径，进而使其推动刑事诉讼转型的空间极为狭小。[③] 2012 年的一项针对德国 190 名刑事法官的调查显示，有 38.8% 的法官表示“经常”“有时”“很少”“从不”审查被告有罪供述的可信性，[④] 更遑论达到实现客观真实的证明标准。这一数据或许可以从侧面说明以实现“客观真实”为目标的最高证明标准在德国认罪协商案件中也已经出现“言实不符”的迹象。

第二，诉讼模式的转化使认罪认罚案件中的证明标准不必达至“事实清楚，证据确实、充分”的程度。据以主张应在认罪认罚案件中坚持法定证明标准的理由之一，在于较高的证明标准能够更好地防范错案发生：“法定证明标准几乎成为无罪的人不受错误刑事追究，

---

① 参见熊秋红：《比较法视野下的认罪认罚从宽制度——兼论刑事诉讼“第四范式”》，载《比较法研究》2019 年第 5 期，第 97 页。

② 例如，闵丰锦指出，即便官方认为认罪认罚从宽制度中的证明标准必须保持不变，但也是一种“表面坚持”，并通过归纳实务部门的观点指出司法实践中的证明标准已经“略有变通”。参见闵丰锦：《多维度与差异化：认罪认罚案件的证明标准探析》，载《证据科学》2017 年第 4 期，第 440 页以下。

③ See Stefan Konig & Stefan Harrendorf, Negotiated Agreements and Open Communication in Criminal Trials: The Viewpoint of the Defense, 15 German. L. J. 65, 72(2014), p. 97.

④ 参见孙长永：《认罪认罚案件的证明标准》，载《法学研究》2018 年第 1 期，第 175 页。

有罪的人受到公正惩罚的唯一有效保障”。[①] 诚然，从朴素的观点来看，高标准必然带来严要求，通过目标倒逼过程的准确性，但是简单地将证明标准的适度降低同错案风险提升联系起来，缺乏有说服力的论据支撑。首先，较高的证明标准也不能完全避免错案产生，最典型的例证是最终获得平反的“聂树斌案”。在对抗型司法模式下，该案的原审判决均表示已经达到“证据确实、充分”的证明标准，据此认定聂树斌有罪并判处死刑的刑罚。可见，如果不能正视证明标准的适度性而一味拔高，司法机关仍可能基于各种因素在“符合”标准的情况下作出错误判决。其次，对证明标准的适度降低不是否定证明标准，更不是放弃事实真实或人权保障，而是建立起一种尊重合意基础上的新型真实观。那种认为“抛弃证据裁判原则，只要被追诉人放弃沉默权并作出有罪供述，且该供述本身足以定罪，无须收集其他证据”[②] 的冒进观点不能为本书所接受。在实践中，一些认罪认罚错案的发生并不是因为法官采用了更低的证明标准，而是由于没有理顺定罪权与检察权之间的关系，对控辩合意形成错误依赖而疏于对事实基础进行审查，即是证明活动的缺位而非证明标准的降低。最后，唯有适度降低证明标准，方可使认罪认罚从宽制度的运行和推进得到司法机关的积极响应。试想如果仅是追求被追诉人认罪后“证据收集难度”的降低，而不对证明标准加以调整，那么侦查机关和审判机关对于适用该制度将会表现出截然不同的两种态度，认罪及合意的作用也将难以得到有效发挥。

本书认为，在合作型司法模式下，为了在彰显程序价值的同时防范认罪认罚错案，应当为证明标准的适度降低设定一定限度——以守

① 孙长永：《认罪认罚案件的证明标准》，载《法学研究》2018 年第 1 期，第 181-182 页。

② 佀化强：《审判中心主义与认罪认罚程序的“双重陷阱”》，载《苏州大学学报》（哲学社会科学版）2020 年第 5 期，第 36 页。

住底限正义为限。底限正义即正义的最低限度和基本要求。在合作型司法模式中，裁判事实基于被追诉人的认罪而形成，对裁判结果的准确性和诉讼程序的公正性要求较之对抗式诉讼程序都有不同程度的降低。[①] 相对于“最高正义”内涵的模糊，“底限正义”的实践性和可操作性更强，强调合作型诉讼中最起码的程序要求，如被追诉人的主体性、律师的有效帮助、控辩主体的协商、司法审查的保障及错案防范等。具体到案件证明问题上，底限正义的要求之一在于基础性事实认定的无误性。[②] 例如，美国联邦最高法院通过阿尔弗德案，确立了辩诉交易中的证据需要证明被追诉人有罪且达到“压倒性证据”（Overwhelming Evidence）的程度。具体到我国而言，在认罪认罚案件中，至少应当对案件基本事实证明达到“证据确实、充分”的程度。所谓基本事实则至少需要包含两方面的内容：第一，受到指控的犯罪事实是否存在；第二，该事实是否是被追诉人所为。把好上述两方面的证据关，“认假罪”“假认罪”“错认罪”三种形态的认罪认罚错案便都可在审判阶段得到有效防范，进而使控辩双方就案件基本事实所达成的突破底限的错误合意影响得到遏制，防止无辜者被定罪。对于除上述方面的一些次要事实，则不必完全达到“事实清楚，证据确实、充分”的程度，而可以更加注重控辩双方就这部分事实所达成的合意，只要具结行为是在保障知悉权、自愿性的前提下作出的，便应当对此予以充分肯定和适度宽容。

综上，要充分认识适用认罪认罚从宽制度审理的案件与不认罪案件之间的差异，明确证明活动与诉讼程序之间存在的共生关系。一方面，诉讼程序的简化使心证程度降低，审前阅卷等方式已不具备使法官达至“排除合理怀疑”标准的条件。另一方面，诉讼模式发生由对

---

① 闵春雷、杨波：《中国式现代化进程中刑事诉讼法治的体系化建构》，载《中国刑事司法》2024 年第 1 期，第 31 页。

② 吕子逸：《反思与重塑：刑事司法视域中的底限正义》，载《北方法学》2024 年第 6 期，第 150 页。

抗到合作转型的背后，是诉讼效率价值与司法公正之间的再平衡，“客观真实”已经不再是诉讼的至高追求，而应适当尊重并承认控辩双方合意的内容。未来应当强化法官对量刑合意的遵从度，实现量刑权的部分让渡，以使协商行为真正发挥实质性作用。当然，如果控辩之间达成的量刑减让幅度过大，以致产生被追诉人因“不可拒绝”的优惠而非自愿认罪之虞时，则应通过对其认罪自愿性作出否定性评价的方式调整量刑或转换程序。与此同时，应当维持法官对定罪权的独享不变，但在对事实基础的审查认定上，可以放弃原有对抗型司法模式中的真实观，适当降低认罪认罚案件证明标准，但不能突破“基本事实清楚”的底限，以使在追求诉讼效率价值的同时避免发生以“无辜者认罪”为典型形态的认罪认罚错案。

第三节　认罪认罚案件事实基础真实性的程序保障

一、保障律师在认罪认罚案件中无罪辩护的权利

合作型司法模式的重要特征在于控辩双方借助合意放弃了定罪和量刑两方面的对抗。认罪认罚案件中的合作无疑应当是整个诉讼流程的主旋律，但这并不排除存在谦抑的对抗。究其根本，认罪认罚案件仍然需要对事实基础进行审查，并至少将对基本事实的认定达至“证据确实、充分”的程度。然而实践中常出现被追诉人由于庭审外的诸多因素而被迫或虚假接受合意的情况，如果此时仍不允许对抗因素介入，将使合作突破底限正义、破坏司法权威，造成认罪认罚错案的发生。这种合作与对抗的冲突主要集中在认罪认罚与无罪辩护的关系问题上，即当被追诉人作出认罪认罚的表示并经协商签署具结书后，辩护人是否还能就本案提出无罪辩护。理论界对这一问题存在不同认

识，有观点认为既然被追诉人业已认罪，便无须再谈无罪辩护问题，辩护律师与其追求希望渺茫的无罪辩护，不如努力追求被告人利益的最大化，寻求有效辩护的最佳效果。[①] 还有观点认为，认罪不代表有罪，律师仍然可以就此提出无罪辩护。[②] 在我国协商性司法配套机制尚不完善的情况下，认罪认罚案件中律师的无罪辩护实质上是将辩护中心放在庭审阶段的无奈之举，应当允许这种做法。[③]

本书认为，认罪认罚与无罪辩护之间并无矛盾。首先，诉讼合意是被追诉人与司法机关的合意，不对辩护人形成拘束。依照一些既有观点，刑事审判中的合意只能产生于控辩双方之间，而不能存在于当事人与审判者或者当事人与其他诉讼参与人之间。[④] 尽管该观点指出了合意主体的特定性，但仍然存在不周延之处。诚然，合意应当是控辩双方之间的产物，但更准确的说法是应将合意主体限定为被追诉人本人和检察机关，因为达成诉讼合意涉及一些具体权利的放弃，而私权的放弃唯有本人可以作出。因此，尽管广义上的“辩方”还包括辩护人，但其并不能成为诉讼合意的主体，更不能代替被追诉人作出认罪与否的选择，而只能处于辅助和从属的地位，固然也就不能受到合意内容的约束。而广义上的“控方”还包括被害人，其同样不能成为合意的主体。从诉讼地位上看，被害人是辅助的控诉者，公诉案件中的控诉职能几乎全部由检察机关承担。另外，合意涉及国家机关给予弃权被追诉人的司法承诺，而被害人则无权作出实质上的定罪或量刑优惠。《认罪认罚从宽指导意见》明确办理认罪认罚案件需“听取”

---

① 参见闵春雷：《认罪认罚案件中的无罪辩护》，载《当代法学》2023 年第 6 期，第 110 页。

② 参见樊崇义：《认罪认罚从宽与无罪辩护》，载《人民法治》2019 年第 23 期，第 110 页。

③ 参见莫皓：《认罪认罚中无罪辩护的实践图景与理论反思》，载《山东大学学报》(哲学社会科学版) 2023 年第 4 期，第 53 页。

④ 参见刘少军：《刑事审判中的对抗与合意》，中国人民公安大学出版社 2009 年版，第 127 页。

被害方意见，但是其对从宽处理的异议不影响制度的适用。《刑事诉讼法》第174条规定，控辩双方就定罪和量刑达成的合意应当以具结书的形式书面固化下来，而唯有被追诉人需要在该具结书上签字，具结书上同时应当载明公诉机关的名称，但无须公诉机关或检察人员盖章或签字。[①] 可见，无论理论上还是实践中，辩护人都不是合意的主体，不能受到合意之中认罪表示的约束。

其次，辩护人独立展开刑事辩护，不受委托人意见的左右。《刑事诉讼法》第37条规定，辩护人开展工作需以事实和法律为根据，而不是根据委托人的诉求或意愿，这一点在认罪认罚案件中也不能例外。同样是依据该条款，辩护人开展工作的目的在于“维护犯罪嫌疑人、被告人的诉讼权利和其他合法权益”，即需要实现被追诉人利益的最大化。那么此时便可能出现被追诉人和辩护人之间的意见冲突：对于被追诉人原本不认罪的，辩护人可能会基于明确的定罪预期而规劝其认罪认罚；而对于被追诉人已经认罪认罚的，亦可能因为该行为不构成犯罪等原因提出反对的意见。此时，对于辩护人是否提供了有效辩护的判断，不能简单根据当事人的主观判断决定，因为“辩护人有可能乃至于有必要为被告利益但反于被告之意思进行辩护”。[②] 作为一种带有公益色彩的诉讼参与人，辩护人需要遵守更好的行为准则。例如，在德国，辩护人不但要为被追诉人提供帮助，而且必须当作一个非政府的司法机关来行为；在美国，辩护人不仅是被追诉人利益的维护者，还被视为一个需要符合法律和职业道德标准的“法庭官员”。[③] 辩护人对于维护司法公正承担着一定的社会责任，因此不能简

---

① 无须司法机关签章的做法遭受了学界基于“参与形式平等”原则的批判。参见刘原：《认罪认罚具结书的内涵、效力及控辩应对》，载《法律科学》（《西北政法大学学报》）2019年第4期，第168页。

② 林钰雄：《刑事诉讼法（上册·总论篇）》，元照出版有限公司2013年版，第215页。

③ 参见闫召华：《辩护冲突中的意见独立原则：以认罪认罚案件为中心》，载《法学家》2020年第5期，第137-138页。

单认为其行使的辩护权是由被追诉人自身的权利延伸而来，当被追诉人因认罪认罚而放弃该权利时，辩护人就随同性地不再拥有辩护的独立权利。

允许辩护人作出无罪辩护是庭审查明事实的重要信息来源，也是阻断法官依从突破底限的错误合意作出裁判的重要环节，实践中已经出现的案例印证了上述观点的正确性。在阳江市江城区人民法院审理的刘某某涉嫌侵犯公民个人信息案中，① 检察机关出具的量刑建议书显示，② 被追诉人刘某某认罪认罚，并就“诈骗罪”“侵犯公民个人信息罪”两项罪名与司法机关达成协议，获得有期徒刑 7 年以上 9 年以下的幅度刑量刑建议；而如果被追诉人不认罪，则可能会获得有期徒刑 11 年以上 14 年以下的刑罚。在庭审阶段，被追诉人仍然作出认罪认罚的表示，但辩护人基于证据情况就“诈骗罪”提出无罪辩护。通过发问，原本认罪的被追诉人在庭上辩称：“签署认罪认罚是为了能早点判决、早点出去”。根据全案证据，法院最终认定现有证据没有达到确实、充分的程度，对被追诉人犯有诈骗罪的指控不能成立，最终按照“侵犯公民个人信息罪”判处刘某某有期徒刑 6 年。通过该案例可见，在控辩协商环节，被追诉人所作出的关于诈骗行为的供述既非自愿也非真实，如果此时辩护人放弃独立辩护的地位，无视律师职业伦理的要求，而一味迁就或附和委托人的意愿，在被追诉人庭上仍然认罪认罚的情况下，便极有可能因被追诉人“假认罪”而作出错误的刑事判决。同理，“认假罪”“错认罪”的情况也都表现为当事人对定罪事实无异议，需要负责任的辩护人及时就此提出异议。可以说，这种认罪认罚案件中律师的无罪辩护是我国无罪判决率极低的情况下催生出的一种辩护策略，在无罪判决数量几乎可以忽略不计的情况下，在被追诉人有罪供述自愿性得不到充分保障的情况下，没有什

① （2020）粤 1702 刑初 93 号。
② 江检诉量建（2020）48 号。

么理由可以禁止这种矛盾辩护。[①] 通过与一些律师访谈，笔者了解到实践中部分辩护人在认罪认罚案件中已经放弃了独立辩护的立场，以被追诉人已经认罪为由放弃对错误事实的纠正，企图缩短个案办理周期，追求更多经济上的利益。下一步应当在认罪认罚案件中建立起“无效辩护”的惩戒机制，借鉴美国“双重审查”标准，分别从行为和结果两个方面进行评价：一是考察辩护人是否恪守行为准则，是否存在明显不称职的欠缺，如疏于会见、阅卷等；二是评估律师的工作欠缺是否对案件处理结果产生了实质上的不利影响，如本应无罪的案件获得了有罪判决等。通过无效辩护标准的确立，督促辩护人充分履行职责，以更好地维护被追诉人的合法权益为追求，避免因认罪认罚案件表现出的“错误发现难”而掩盖其工作上的失职。

二、保障被追诉人基于事实的认罪认罚撤回权利

对于认罪认罚从宽制度，应当更多地从权利的层面进行理论解读与制度建构。具体而言，被追诉人是否选择认罪认罚、接受简化的诉讼程序等是其享有的诉讼权利。一方面，不能因被追诉人未选择认罪认罚而对其作出否定性评价；另一方面，不应把认罪认罚的权利视为司法机关的“恩赐”，忽视“从宽”的正当性机理缘于被追诉人放弃部分权利的对价。那么，在刑事诉讼活动进程中，一旦发生客观上的情势变更或仅是主观上的策略变化，被追诉人是否可以撤回既有的认罪认罚表示，使案件重新回到对抗型司法模式的状态。这里所谓的“撤回”，区别于认罪认罚被追诉人针对生效判决的上诉，而是指在法庭作出裁判前对既往认罪认罚的否定。从整体上看，上诉与撤回同属于针对认罪认罚的“反悔”，但本书的讨论将是否作出判决作为二者之间的区分标准。针对被追诉人是否享有撤回认罪认罚的权利，学界

---

① 参见韩旭：《认罪认罚从宽案件中的“骑墙式辩护”》，载《西南民族大学学报》（人文社会科学版）2022年第2期，第84页。

存在不同的观点。采“完全肯定说”的观点认为，法律应当赋予被追诉人认罪认罚反悔权，且该权利的行使不得对其产生不利后果；采“限制理由说”的观点认为，被追诉人反悔权的行使必须基于一定理由，如控方违背承诺、法官不认可具结书内容、认罪认罚可能导致错案等；采“不利后果说”的实践做法则认为，被追诉人可以要求撤回具结书，但此时该具结书的内容仍可能作为其曾作出有罪供述的证据使用；等等。

本书认为，需分情况对裁判作出前被追诉人的认罪认罚撤回权予以保障：如果被追诉人因量刑问题要求撤回认罪认罚，此时应要求其提出相应的证据予以支持，从而围绕新的量刑证据展开新一轮的控辩量刑协商，若被追诉人无法提出正当理由，则不应支持其对认罪认罚的撤回；如果被追诉人因事实问题要求撤回认罪认罚，导致“认罪”的“认事+认罪”基础已经不复存在，认罪认罚便无法继续成立，此时应当充分保障其撤回认罪认罚的权利。具体而言，这种因事实原因对认罪认罚的撤回可以分为以下两种情况：第一，被追诉人翻供，即被追诉人否认了受指控的犯罪事实。当然，如果被追诉人仅对个别事实情节提出异议，并不影响此时“认罪”的认定。第二，被追诉人对行为事实的性质提出异议，不认为受指控的行为构成犯罪，要求司法机关撤案、不起诉或者作出无罪判决。

首先，保障被追诉人因事实理由对认罪认罚的撤回是防范错案的应有之义。认罪认罚错案的生成，根源在于控辩之间通过具结的方式达成了错误的合意，而庭审程序的简化、诉讼模式的非对抗化等都使得合意错误极有可能导致法官无法公正裁判，进而依从控辩合意作出突破刑事司法公正底限的判决。如果被追诉人一经认罪认罚便无法基于事实原因将其撤回，将会致使控辩双方诉讼地位的进一步不对等，司法人员可能会利用威胁、引诱、胁迫等多种方式，迫使被追诉人认罪认罚并签署具结书，这无疑将进一步加剧实践中认罪认罚案件的错案风险。允许被追诉人基于事实原因撤回认罪认罚，能够切断由错误合意到错误裁判的生成进路，同时倒逼司法机关在认罪认罚从宽制度适用之初便严把案件事实关，注重对客观证据的收集，防止形成对认罪认罚供述的高度依赖，使刑事案件的质量不因被追诉人认罪认罚而产生明显降低，防范认罪认罚错案的产生。

其次，保障被追诉人因事实理由对认罪认罚的撤回是无罪推定的题中之义。承前所述，被追诉人认罪认罚实际上是放弃了“获得无罪判决的可能”，这是一种否定性的实体法律后果。但是“认罪”不代表“有罪”，《刑事诉讼法》第 12 条“未经人民法院依法判决，对任何人都不得确定有罪”的规定作为一项刑事诉讼原则仍适用于认罪认罚案件。基于这种法律上的无罪地位，被追诉人应当被准许做任何内容的辩护，既可以在做无罪辩护之后将辩护内容调整为有罪辩护，如选择认罪认罚，也可以在做有罪辩护之后将有罪辩护变更为无罪辩护。从这一意义上讲，认罪认罚从宽制度的基础是被追诉人拥有是否认罪以及是否反悔的自主选择权。

最后，保障被追诉人因事实理由对认罪认罚的撤回是认知规律的逻辑之义。人们对案件事实的掌握是随诉讼阶段的不断推进而逐渐强化的，如原本基于对自己行为的错误认识而认罪认罚的被追诉人，很可能在与同监室犯罪嫌疑人交流、法律知识学习等过程中发现自己并未实施某行为或该行为并不构成犯罪，此时保障被追诉人的撤回权便可以有效防范“错认罪”这类认罪认罚错案的发生。此外，随着诉讼活动的不断深入，证据情况等亦可能发生相应的变化，被追诉人将借此形成新的关于诉讼策略选择的认知，如果此时剥夺了被追诉人撤回认罪认罚的权利，无疑将会导致认罪认罚从宽制度在今后的实践适用遇冷。

被追诉人因事实原因撤回认罪认罚后会产生如下法律后果：第一，将带来诉讼模式的转换。由于被追诉人放弃了认罪认罚的权利，案件将不能再按照认罪认罚从宽制度处理，需要由合作型司法模式转换为对抗型司法模式。第二，原有从宽利益将被收回。由于从宽是被追诉人认罪认罚后放弃相关权利的对价，当被追诉人不再认罪或认事后，建立在此基础上的控辩合意将不复存在，量刑建议等便随之丧失了正当性。第三，原有的有罪供述归于无效。被追诉人撤回认罪认罚后，将恢复至“不得强迫自证其罪”的初始地位，不因撤回认罪认罚而受到认罪态度等方面的负面评价。《认罪认罚从宽指导意见》第52条规定，在人民检察院提起公诉前反悔的，具结书失效；第53条规定，案件审理过程中，被告人反悔不再认罪认罚的，人民法院应当根据审理查明的事实，依法作出裁判。具结行为的失效意味着承载于其上的有罪供述不能再被视为证据使用。

综上所述，事实基础的真实性是防范认罪认罚错案发生的最后一道防线。尽管被追诉人认罪认罚后与司法机关达成的诉讼合意带有一定的契约性质，但其毕竟有别于民事法律行为，合意的内容必须符合刑事司法公正的底限要求。法院对案件事实的审查判断，不应该对合意产生过度的依从，至少应当对“是否存在犯罪事实”“犯罪行为由谁而为”等基本事实问题排除合理怀疑，达至“事实清楚，证据确实、充分”的程度，以防范错误合意导致认罪认罚错案的发生。特别是就实体方面而言，当被追诉人以事实为由提起上诉、撤回认罪时，应当受到法律的有效保护，除了收回合作型模式下的从宽优惠外，不得据此减损被追诉人初始享有的诉讼权益，也不得因被追诉人“反悔”而对其作出负面评价。否则，一方面将会极大影响被追诉人选择适用认罪认罚从宽制度的积极性；另一方面也会影响认罪认罚被追诉人行使撤回权的自愿性。

三、保障被追诉人以事实不清为由的合理上诉权

在合作型司法模式下，理论界对于保持、限制甚至取消被追诉人

上诉权始终保持激烈的争论。第一种观点认为，不应当对认罪被追诉人的上诉权做任何限制。例如，有观点认为，当前认罪认罚从宽制度的运行充斥着强烈的职权主义色彩，控辩双方诉讼地位的不平等易造成协商的不公正，应当通过保障上诉权维持刑事司法的现代性。① 还有论者强调，在认罪认罚从宽制度推行初期，无论是针对定罪还是量刑的上诉都不应加以限制，以防范错案的产生，提升制度公正价值。② 第二种观点认为，应当取消认罪被追诉人的上诉权。例如，有观点认为认为，允许被追诉人在认罪认罚案件中上诉不仅无助于提升司法效率、节约司法资源，还会造成对立法本意的疏离。③ 还有论者认为，对于适用速裁程序审理的认罪认罚案件，应当实行一审终审制，不再允许被追诉人上诉。④ 第三种观点认为，应当在保障上诉权的情况下对其加以一定限制。例如，有观点认为，限制认罪被追诉人的上诉权是完善认罪认罚从宽制度的内在要求，符合"以审判为中心"的诉讼制度改革趋势和刑事司法规律，未来可借鉴意大利的立法经验，仅允许在限定的理由范围内上诉。⑤ 有论者指出认为，应当建立二元上诉结构，在速裁程序中引入裁量型上诉和上诉许可制，只有有合理理由且符合上诉条件的才能正式启动二审程序。⑥ 还有观点认为，应当对

---

① 参见郭烁：《二审上诉问题重述：以认罪认罚案件为例》，载《中国法学》2020 年第 3 期，第 244 页以下。

② 参见闵春雷：《回归权利：认罪认罚从宽制度的适用困境及理论反思》，载《法学杂志》2019 年第 12 期，第 7 页。

③ 参见施鹏鹏：《警察刑事交易制度研究——法国模式及其中国化改造》，载《法学杂志》2017 年第 2 期，第 125 页。

④ 参见陈卫东：《认罪认罚从宽制度研究》，载《中国法学》2016 年第 2 期，第 62 页。

⑤ 参见孙长永：《比较法视野下认罪认罚案件被告人的上诉权》，载《比较法研究》2019 年第 3 期，第 51 页。

⑥ 参见牟绿叶：《认罪认罚案件的二审程序——从上诉许可制展开的分析》，载《中国刑事法杂志》2019 年第 3 期，第 105 页以下；牟绿叶：《刑事上诉制度的多元构造》，中国政法大学出版社 2024 年版，第 22 页以下。

被追诉人上诉的真实动因进行分类，设置有条件的上诉权。[①]

从本质上看，上诉权的存废或限制问题之所以会引发观点上的尖锐碰撞，根源在于如何理解上诉行为与先前达成的控辩合意之间的关系：被追诉人业已通过自愿认罪认罚的方式获得了从宽的优惠，如果此时仍允许被追诉人通过上诉的方式推翻这一合意，那么控辩协商所应具备的“诚实信用原则”将彻底被抛弃，建立在合意基础上的实体从宽和程序从缓也将丧失正当性。在辩诉交易制度下，《美国联邦刑事诉讼规则》第 11 条规定，被追诉人不得在法院作出判决后撤回认罪答辩，但可以通过上诉或者申诉程序要求撤销该答辩。但在实践中，联邦或大多数州的司法机关会通过要求被追诉人在答辩协议中明确放弃上诉权的方式来协调这一矛盾。法院认为作出有罪答辩的被追诉人明知、自愿放弃上诉权，不仅符合正当程序的要求，也符合及时终结诉讼、节约司法资源的公共利益。[②] 尽管一些地方和州法院对此持相反意见，如在亚利桑那州诉埃辛顿案（State v. Ethington）中，法院认为即便被告在协议中自愿放弃上诉权，但其仍可在判决生效前就此提起上诉，否则将会使公权力因无法受到司法监督而产生违背公共利益之虞。[③] 不过从总体上看，实践中被追诉人一经与检察机关达成辩诉交易便丧失了上诉权。在德国，宪法法院于 2013 年作出的判决强调，不能将放弃上诉权作为认罪协议的内容，业已作出的弃权行为不能受到法律的认可。这一点与现行《德国刑事诉讼法典》第 35a 条相适应：“如按第 257c 条以协商的方式作出的判决，要告知相关人员在任何情况下他有权自由决定是否上诉。”同时该法第 302 条第 1 款规定：“如以协商的形式达成判决（第 257c 条），则不能放弃提起法

---

① 参见赵菁：《认罪认罚案件上诉问题研究》，载《法学论坛》2020 年第 1 期，第 152 页以下。

② 参见孙长永：《比较法视野下认罪认罚案件被告人的上诉权》，载《比较法研究》2019 年第 3 期，第 42 页。

③ See State v. Ethington, 121 Ariz. 572 (1979).

律救济程序。”① 但德国法律赋予被追诉人的上诉权在实践中并未得到良好的遵守，一项针对德国法官的调查显示，14.7%的法官表示认罪协议中总会（Always）包含放弃上诉权的内容，55.6%的法官表示这种情况常常（Frequently）发生。② 可见在上述两个国家，上诉权的保障同证明标准问题类似，存在“言实不符”的现象：尽管规范性文件都在绝对意义上赋予认罪被追诉人上诉权，但实践中往往都对此加以限制，甚至有时认罪答辩的达成需要以放弃上诉权为代价。

本书认为，认罪认罚从宽制度也应当对被追诉人的上诉权加以必要限制，但不应将“放弃上诉权”纳入“认罚”的范畴，控辩双方就放弃上诉权所达成的刑事合意归于无效。在对抗型司法模式下，我国《刑事诉讼法》始终奉行“绝对上诉权”或者说“无因上诉权”，即被告人对定罪量刑或是程序适用存在异议，只需表示“不服一审判决”即可引发二审程序的启动，而不必对理由进行阐述以备审查。这种立法选择或许更多地受到前苏联立法的影响，认为“上诉自由是公民有权对国家机关和公职人员的行为提出申诉这个基本宪法原则的反映之一”。③ 事实上，这种对上诉权的极致保障是对抗型司法模式下通过完备的诉讼程序保障不认罪被追诉人权利的具体化，意在将这种精细延伸至二审程序。但在合作型司法模式下，被追诉人的弃权行为使得对权利加以保障的内容有所变化，控辩合意的存在亦使得保持程序完备的必要性大为衰减。因此，确立适当的上诉理由审查机制具有正当性。首先，这符合合作型司法模式的效率价值追求。认罪认罚从宽制度的本质是权利放弃与从宽对价，目的是提高效率与节省资源，如

---

① 除特别说明外，本书所引用的德国法律条款均依据本书编委会：《世界各国刑事诉讼法 欧洲卷·上》，中国检察出版社 2016 年版，第 240-330 页。

② See Alexander Schemmel, Christian Corell & Natalie Richter, Plea Bargaining in Criminal Proceedings: Changes to Criminal Defense Counsel Practice as a Result of the German Constitutional Court Verdict of 19 March 2013, 15 German L.J. 43, 48 (2014).

③ ［苏］蒂里切夫等编著：《苏维埃刑事诉讼》，张仲麟等译，法律出版社 1984 年版，第 411 页。

果不对认罪被追诉人的上诉权加以限制，附之上诉不加刑原则的庇佑，将会不当促使被追诉人出于自身利益更大化的意图，单方面推翻既有合意来寻求更多优惠，而此时其所付出的成本近乎为零。有学者通过对 5300 余份认罪认罚二审裁判文书进行分析，得出其中绝大多数为“空白上诉”的结论，即并无任何新证据支持其上诉的诉求。[①]其次，这符合合作型司法模式的诚实信用要求。从性质上看，刑事合意所达成的具结协议类似于私法中的民事合同，双方经意思自治形成一致意见，就应当受到“诚实信用”原则的约束。有学者进一步将刑事合意视为一种“附生效条件的合同”，[②] 一经法院认可，控辩双方就需要严格按照约定履行，不能擅自通过变更或解除协议等方式“毁约”。最后，这符合世界范围内合作型司法模式的发展趋势。除上述的美、德两国之外，意大利法、我国台湾地区“刑事诉讼法”、英国法等都对认罪被追诉人的上诉权做了相应限制，以顺应多元诉讼观的需求。

以诉由作为分类标准，认罪认罚案件中的上诉大概可以分为三类：一是以事实不清为由提起的上诉；二是以量刑不当为由提起的上诉；三是以程序不当为由提起的上诉。在实践中，针对量刑提起的上诉主要是基于两方面的考虑：第一，在轻罪案件中主要是为了通过上诉拖延诉讼周期，使剩余刑期低于 3 个月，以避免转入监狱而达到继续在看守所服刑的目的。第二，是出于一种侥幸心理而试图谋取刑罚上的进一步从轻、减轻，通过“先协商后上诉”的方式获得“减上加减”的刑罚优惠。上述两种目的的上诉行为被普遍称为“技术性上诉”。有数据显示，截止到 2016 年年中，广东省珠海市审理的认罪认罚案件上诉率仅为 2%，但被追诉人提起上诉均是为了通过控制剩余

---

① 参见牟绿叶：《我国刑事上诉制度多元化的建构路径》，载《法学研究》2020 年第 2 期，第 108 页以下。

② 参见马明亮：《认罪认罚从宽制度中的协议破裂与程序反转研究》，载《法学家》2020 年第 2 期，第 121 页。

刑期以达到留所服刑的目的。[①] 基于上述关于量刑合意对法官拘束力的论述，笔者认为应当严格限制认罪被追诉人针对量刑提起的上诉，如果被追诉人未能提供新的影响量刑情节的证据，原审判决采纳或正确调整量刑建议的，二审法院应将之视为“无正当理由上诉”而直接予以驳回，不再启动二审程序。

对于被追诉人以事实不清为由提起的上诉，应当根据所适用的审理程序作出区别处理。对于适用普通程序、简易程序审理的认罪认罚案件，如果被追诉人以事实不清、证据不足为由提起上诉，同样应当采用“上诉理由审查机制”，对其是否有新的事实、证据等进行审查，如果上诉人没有明确的上诉理由或理由不符合上诉条件，二审法院通过审查应当直接予以驳回而不再启动二审程序。对于适用速裁程序审理的认罪认罚案件，如果被追诉人以事实不清、证据不足为由提起上诉，则仍应奉行“无因上诉制度”。这主要是因为速裁程序的审理过程过于简单，很有可能出现对案件事实基础的失察，通过无因上诉制度可以倒逼审判机关强化对事实基础的审查，避免庭审流于形式，也可以激活二审程序的纠错功能，避免认罪认罚错案的发生。《认罪认罚从宽指导意见》对此作出了规定，被追诉人以事实不清、证据不足为由，不服适用速裁程序作出的一审判决，二审法院应当裁定撤销原判，发回原审人民法院适用普通程序重新审理，不再按认罪认罚案件从宽处罚。可以发现该情况下被追诉人一经以事实为由提起上诉，便可触发二审程序，而无须对理由进行审查。但此时将会涉及诉讼程序的转换问题，即需要通过发回原审法院按照普通程序进行审理。

至此，《认罪认罚从宽指导意见》与《刑事诉讼法》及相关司法解释表现出一定的内在矛盾。当原本适用速裁程序审理的案件被发回并按照普通程序审理时，原有的认罪认罚从宽优惠应当被收回，不再

---

① 参见卫跃宁、刘鎏：《认罪认罚从宽制度的上诉程序研究》，载《安徽师范大学学报》（人文社会科学版）2020 年第 9 期，第 124 页。

按照认罪认罚案件处罚，从理论上看便产生了发回重审后的案件量刑可能加重的情况。但是，依据《刑事诉讼法》第 237 条第 1 款的规定，第二审人民法院发回原审人民法院重新审判的案件，除有新的犯罪事实，人民检察院补充起诉的以外，原审人民法院不得加重被告人的刑罚。换言之，发回重审的案件受到上诉不加刑原则的限制。我们不妨做一假设，如果原审认定的事实清楚，证据确实、充分，发回重审按照普通程序审理后发现原有定罪量刑均正确，那么再次量刑时就应当扣除原认罪认罚带来的从宽幅度，即量刑应当较适用速裁程序审理时更重，但这便违反了《刑事诉讼法》第 237 条第 1 款的规定。想要破除上诉不加刑原则的限制，《刑事诉讼法》第 237 条第 2 款规定，人民检察院可以提起抗诉。《刑事诉讼法》第 228 条规定，地方各级人民检察院认为本级人民法院第一审的判决、裁定确有错误的时候，应当向上一级人民法院提出抗诉。可见，区别于被追诉人的上诉权，检察机关的抗诉是一种“有因抗诉”，理由则为“原审确有错误”。那么，何为“确有错误”？对此，2019 年出台的《人民检察院刑事诉讼规则》第 584 条规定了六种情形，分别为：（1）认定的事实确有错误或据以定罪量刑的证据不确实、不充分；（2）有确实、充分证据证明有罪判无罪，或者无罪判有罪；（3）重罪轻判，轻罪重判，适用刑罚明显不当；（4）认定罪名不正确，一罪判数罪、数罪判一罪，影响量刑或者造成严重社会影响；（5）免除刑事处罚或者适用缓刑、禁止令、限制减刑等错误；（6）人民法院在审理过程中严重违反法律规定的诉讼程序。在实践中，检察机关一般会将上述错误归结为第三种情形，即认为之前的量刑建议是在被追诉人认罪认罚的基础上提出的，而被追诉人一经提起上诉即应被视为不再认罪认罚，自然无法享受既有的量刑优惠，造成原审量刑畸轻。① 然而，这种抗诉理由是否正当

---

① 参见周新：《论认罪认罚案件救济程序的改造模式》，载《法学评论》2019 年第 6 期，第 187 页。

值得商榷，因为原审判决基于当时的证据情况作出的定罪与量刑选择都是正确且适当的，被追诉人提起上诉是面向嗣后程序的不认罪认罚，而不能据此否定原有认罪认罚的效力。另外，如果当被追诉人以“事实不清、证据不足”为由提起上诉的同时不对检察机关的抗诉权进行适当限制，实际上等于通过一种威吓的方式限制了被追诉人对上诉权的行使，这将对那些本就是无辜者的认罪被追诉人主张救济带来极大阻碍。

本书认为，在现有法律制度框架下，对于原适用速裁程序审理的认罪认罚案件，当被追诉人以“事实不清、证据不足”为由上诉，二审法院裁定按照普通程序发回重审时，不宜再受上诉不加刑原则的限制。从制度发展角度来看，上诉不加刑原则滥觞于1877年《德国刑事诉讼法典》,[①] 德国法谓之“禁止加重刑罚”，日本谓之“禁止变更为不利”，世界范围内可通称为“禁止不利益变更原则”。从语义上看，尽管该原则带有“上诉”二字，但其关涉的并非提起上诉的行为，而是上诉提起后所启动的二审程序。该制度的法理依据有三个代表性观点：一是“不告不理说”。该观点认为二审法院是基于被追诉人要求减轻刑罚之诉而展开的审理程序，若二审法院最终加重了其刑罚，便超越了上诉人的诉讼主张，违背不告不理和控审分离原则。二是“控辩平衡说”。该观点认为上诉不加刑原则意在实现控辩双方的平等武装，以使天然处于劣势地位的被追诉人具备与控诉机关抗衡的能力。三是“利益均衡说”。该观点认为上诉不加刑原则是程序正义的集中表现，而放弃了具体个案中的实质真实。实际上，上述三种观点都仅具备相对合理性。就第一种观点而言，“控审分离”“不告不理”原则是对法官审理范围的限制，并不能直接等同于对审理结论的干预。第二种观点是完全建立在对抗型诉讼模式基础上的，将控辩双

---

① 亦有观点认为上诉不加刑原则最早出现于1808年《法国刑事诉讼法》。参见刘泉：《“上诉不加刑”原则的异化与回归》，载《法学论坛》2013年第2期，第115页。

方的关系视为一种矛盾，而忽视了控辩合作这种刑事诉讼第四范式存在的可能。第三种观点则将讨论引向不可量化的价值衡量中，而无法回答到底什么是“利益的最大化”，这一问题的答案会随观察的视角不同而有所变化。最为关键的一点是，既有对上诉不加刑原则的讨论都不曾考虑到刑事诉讼程序多元化背景下的程序转化问题，进而忽略了不同程序的适用本身会对刑罚轻重产生直接影响。换言之，并非被追诉人由认罪到不认罪的变化造成了对上诉不加刑原则的突破，而是需要将由速裁程序到普通程序的变化考虑进量刑因素中，即原有量刑优惠会因为程序转化而被收回。前述上诉行为突破上诉不加刑原则的限制，会比以检察机关提起抗诉的方式化解矛盾更有利于被追诉人的权益。因为抗诉和上诉表现为一种控辩之间的对抗，而对抗则很有可能会消解被追诉人本身的上诉积极性。突破上诉不加刑原则后，如果被追诉人确为无辜者，并不影响其获得无罪判决的结果；而如果被追诉人是基于利用规则获取更多利益的侥幸目的，则很有可能会因此而加重刑罚，但此时刑罚的变化并不是一种制裁，而是正当程序适用下罪责刑相适应原则的要求。

结 论

合作型司法模式的域外先行经验使我们得以透过认罪认罚从宽制度的运行现状窥见其中潜藏的错案风险。区别于对抗型司法模式下“侦查中心主义”造成的错案诱因，认罪认罚错案的生成节点主要集中于控辩协商阶段，司法机关利用其优势诉讼地位，通过量刑减让和强制措施适用方面等优惠，对被追诉人造成心理压制进而虚假认罪认罚。本书将视角聚焦于认罪认罚错案的典型形态——无辜者认罪，运用比较研究、实证研究、类型化研究等方法，围绕认罪认罚错案防范机制问题展开研究并得出以下主要结论：

第一，认罪认罚错案是指基于错误认罪合意造成无辜者被定罪的刑事案件。从类型划分的角度来看，认罪认罚案件中的错案可以分为“假认罪”“认假罪”和“错认罪”三种类型。其中，“假认罪”表现为事实无罪之人被迫认罪；“认假罪”表现为事实无罪之人替人顶罪；“错认罪”则是被追诉人因陷入错误认识而认罪。在认罪认罚错案中，被追诉人由于主观或外界介入因素而虚假认罪，并与司法机关达成不真实的控辩合意，最终导致法院在该合意基础上作出不当判决。从成因上看，认罪认罚错案的产生主要是由于被追诉人知悉权、辩护权保障不足，认罪认罚自愿性、真实性审查机制乏力等。实践中的认罪认罚案件在控辩合意生成方面表现出“先羁押、再量刑、后认罪”的倒置现象。由于诉讼对抗性的式微、具有契约性质的控辩合意存在，认罪认罚错案表现出不易发现、难于纠正的特征，由此错案防范视角的选择对于完善当前认罪认罚从宽制度具有重要而深远的理论和现实意义。

第二，认罪认罚错案防范的前提在于知悉权保障。唯有使被追诉人了解案件实施情况、明晰程序选择后果，方能使其作出最优的诉讼策略选择，实现认罪前由“明知”到“明智”的逻辑路径。为了切实保障被追诉人对案件事实的了解，应当在认罪认罚案件中探索建立证据开示制度，要求检察机关在协商阶段承担向被追诉方开示全案证据的职责，改善“强阅卷弱开示”证据信息交换机制在合作型司法模式下表现出的阅卷权利、阅卷动力和阅卷能力多重不足问题；为了切实保障被追诉人对认罪后果的了解，应当进一步完善对认罪认罚法律后果的告知程序，尤其是要强化对选择认罪认罚后可能造成的负面后果之告知。规范值班律师的履职活动，改变口头化、片面化告知的实践弊病，通过明晰认知避免被追诉人陷入可能产生不正确认识的错案风险中。引入“无效辩护”的概念，对值班律师不尽职的行为进行必要的惩戒。

第三，认罪认罚错案防范的重点在于自愿性保障。通过提出认罪认罚自愿性判断“不可拒绝标准”，从量刑减让和非羁押措施准用两方面进行审查：规范司法机关在合理从宽幅度范围内提出量刑建议，避免落入“量刑剪刀差”；严格认罪认罚案件中审前强制措施的适用，不能仅以被追诉人认罪认罚为前提变更强制措施。“不可拒绝标准”的提出在自愿性判断方面融贯实体与程序两方面，将主观内容客观化、客观内容数量化，避免被追诉人因陷入心理强制而违背意愿虚假认罪。应进一步完善认罪认罚自愿性的程序保障：审前阶段应落实“不得强迫自证其罪”规定，同时积极探索现代科技在刑事诉讼中的运用，建立控辩协商该阶段同步录音录像制度，探索如“非羁码”等多层次、多样化的审前羁押替代措施，使被追诉人更为平等自由地参与到控辩协商环节；庭审阶段可以考虑设置相对独立的认罪自愿性审查程序，审理伊始即首先围绕自愿性问题对被告人进行发问，同时激活被告人最后陈述环节的实质意义。

第四，认罪认罚错案防范的底限在于真实性保障。认罪认罚从宽制度是司法公正与诉讼效率双重价值再平衡的产物，尽管设立该制度的主要初衷在于缓解刑事案件数量激增造成的“案多人少”困境，但不能突破司法公正的底限要求。认罪认罚案件庭审程序的简化将使依附于程序上的证明活动协同变化，欲求使得案件达至“事实清楚，证据确实、充分”标准的可能性和必要性不足，但必须保证“是否存在案件事实”和“案件事实为何人所为”这两类基本事实的真实性，以实现对控辩合意的尊重、对诉讼效率的追求和对底限正义的维护。应当允许并尊重辩护人在认罪认罚案件中作出无罪辩护，这是由诉讼合意的相对性和律师执业的独立性所共同决定的。同时，应当正视认罪认罚从宽制度对诉讼模式带来的结构性变革，通过建构多元化的上诉制度避免被追诉人滥用权利，同时保持检察机关行使抗诉权的谦抑性。对于适用速裁程序审理的案件，当被追诉人以事实不清为由提出上诉并发回以普通程序重新审理时，由于关涉合作型司法模式向对抗型司法模式的转换，应考虑不再受上诉不加刑原则的限制，以实现诉讼模式之间的顺畅转化，在保障权利救济、避免错案生成的同时进一步维护认罪认罚从宽制度的诉讼效率价值追求。保障被追诉人因事实理由撤回认罪认罚的权利，切实阻断由错误合意到错误判决的可能进路，守住事实基础真实性的刑事司法公正底限。

作为一项引发刑事诉讼范式转型的重要制度，认罪认罚从宽制度的适用应兼顾效率与公正、统筹实体与程序，切实贯彻宽严相济刑事政策，严格落实罪责刑相适应原则，防止案件结果严重偏离一般司法认知，避免案件处理明显违背普遍的公平正义观。要进一步关注该制度在司法实践中的具体适用，从侦查、审查起诉和审判等刑事诉讼全流程着眼，从保障知悉权、自愿性和真实性三个方面入手，建立相应的认罪认罚错案防范措施，切实保障被追诉人的各项诉讼权益，防止突破公正底限的错案生成。此外，司法人员应当以一种更为平和的心态迈入合作型司法模式的大门，使制度能够最大限度地发挥及时惩罚犯罪、强化人权保障、推动繁简分流、节约司法资源、化解社会矛盾、促进社会和谐的作用，进而从刑事司法领域推动国家治理体系和治理能力的现代化。

参考文献

一、中文类

（一）著作

1. 陈瑞华：《刑事审判原理论（第三版）》，法律出版社 2020 年版。

2. 董坤：《侦查行为视角下的刑事冤案研究》，中国人民公安大学出版社 2012 年版。

3. 董玉庭：《疑罪论》，法律出版社 2010 年版。

4. 樊崇义等：《刑事诉讼法学》，中国政法大学出版社 2013 年版。

5. 郭志媛：《刑事证据可采性研究》，中国人民公安大学出版社 2004 年版。

6. 何家弘：《亡者归来——刑事司法十大误区》，北京大学出版社 2014 年版。

7. 胡铭等：《错案是如何发生的——转型期中国式错案的程序逻辑》，浙江大学出版社 2013 年版。

8. 胡云腾等：《宣告无罪实务指南与案例精析》，法律出版社 2014 年版。

9. 胡云腾：《认罪认罚从宽制度的理解与适用》，人民法院出版社 2018 年版。

10. 黄士元：《正义不会缺席——中国刑事错案的成因与纠正》，中国法制出版社 2015 年版。

11. 江国华等：《错案追踪 2010－2013》，中国政法大学出版社 2016 年版。

12. 李建明：《刑事司法错误——以刑事错案为中心的研究》，人民出版社 2013 年版。

13. 林喜芬：《转型语境的刑事司法错误论——基于实证与比较的考察》，上海人民出版社 2011 年版。

14. 林钰雄：《刑事诉讼法（上册・总论编）》，中国人民大学出版社 2005 年版。

15. 林钰雄：《刑事诉讼法（下册・各论编）》，中国人民大学出版社 2005 年版。

16. 刘品新：《刑事错案的原因与对策》，中国法制出版社 2009 年版。

17. 刘少军：《刑事审判中的对抗与和合意》，中国人民公安大学出版社 2009 年版。

18. 祁建建：《认罪认罚处理机制研究——无罪推定基础上的自愿性》，中国人民公安大学出版社 2019 年版。

19. 隋光伟：《羁押法论》，吉林人民出版社 2006 年版。

20. 孙道萃：《认罪认罚从宽制度研究》，中国政法大学出版社 2020 年版。

21. 孙应征：《刑事错案防范与纠正机制研究》，中国检察出版社 2016 年版。

22. 王爱立主编：《中华人民共和国刑事诉讼法释义》，法律出版社 2018 年版。

23. 王进喜：《美国〈联邦刑事证据规则〉（2011 重塑版）条

解》，中国法制出版社 2012 年版。

24. 苑宁宁：《刑事冤案比较研究——一个国家的视角》，中国人民公安大学出版社 2016 年版。

25. 张建伟：《司法竞技主义》，北京大学出版社 2005 年版。

26. 周长军、于改之主编：《恢复性司法：法理及其实践展开》，山东大学出版社 2008 年版。

27. 周长军、王胜科主编：《恢复性正义的实现——恢复性司法的理论纬度与本土实践》，山东人民出版社 2010 年版。

28. 左卫民等：《简易刑事程序研究（第二版）》，法律出版社 2020 年版。

（二）译著

1. ［美］乔治·费希尔：《辩诉交易的胜利——美国辩诉交易史》，郭志媛译，中国政法大学出版社 2012 年版。

2. ［美］亚历山德拉·纳塔波夫：《无罪之罚：美国司法的不公平》，郭航译，上海人民出版社 2020 年版。

3. ［美］拉里·劳丹：《错案的哲学：刑事诉讼认识论》，李昌盛译，北京大学出版社 2015 年版。

4. ［美］安东尼·刘易斯：《穷人能够获得公正审判：吉迪恩诉温赖特案实录》，陈虎译，北京大学出版社 2018 年版。

5. ［美］斯蒂芬诺斯·毕贝斯：《庭审之外的辩诉交易》，杨先德、廖钰译，中国法制出版社 2018 年版。

6. ［美］达马斯卡：《漂移的证据法》，李学军译，中国政法大学出版社 2003 年版。

7. ［美］布莱恩·福斯特：《司法错误论——性质、来源和救济》，刘静坤译，中国人民公安大学出版社 2007 年版。

8. ［英］威廉·特文宁：《证据理论：边沁与威格莫尔》，吴洪淇、杜国栋译，中国人民大学出版社 2015 年版。

9. ［日］秋山贤三：《法官因何错判》，曾玉婷译，法律出版社 2019 年版。

10. ［日］田口守一：《刑事诉讼法（第七版）》，张凌、于秀峰译，法律出版社 2019 年版。

11. ［日］松尾浩也：《日本刑事诉讼法（上）》，丁相顺译，中国人民大学出版社 2005 年版。

12. ［德］托马斯·达恩史戴特：《失灵的司法：德国冤错案启示录》，郑惠芬译，法律出版社 2017 年版。

13. ［德］冯·李斯特：《论犯罪、刑罚与刑事政策》，徐久生译，北京大学出版社 2016 年版。

14. ［德］克劳斯·罗科信：《刑事诉讼法（第 21 版）》，吴丽琪译，法律出版社 2003 年版。

15. ［德］托马斯·魏根特：《德国刑事诉讼程序》，岳礼玲、温小洁译，中国政法大学出版社 2003 年版。

16. ［德］卡尔·拉伦茨：《法学方法论》，陈爱娥译，商务印书馆 2003 年版。

17. ［法］贝尔纳·布洛克：《法国刑事诉讼法（第 21 版）》，罗结珍译，中国政法大学出版社 2009 年版。

（三）期刊论文

1. 鲍文强：《认罪认罚案件中的证据开示制度》，载《国家检察官学院学报》2020 年第 6 期。

2. 卞建林、张可：《构建中国式认罪协商制度：认罪认罚从宽制度的反思与重构》，载《政法论坛》2024 年第 4 期。

3. 卞建林、李艳玲：《认罪认罚从宽制度适用中的若干问题》，载《法治研究》2021 年第 2 期。

4. 卞建林、孔祥伟：《论刑事诉讼法的修法技术——由 2018 年〈刑事诉讼法〉再修改展开》，载《法学》2020 年第 6 期。

5. 卞建林、陶加培：《认罪认罚从宽制度中的量刑建议》，载《国家检察官学院学报》2020 年第 1 期。

6. 卞建林、陶加培：《认罪认罚从宽制度下检察机关的主导责任》，载《人民检察》2019 年第 23 期。

7. 卞建林、谢澍：《职权主义诉讼模式中的认罪认罚从宽——以中德刑事司法理论与实践为线索》，载《比较法研究》2018 年第 3 期。

8. 卞建林、谢澍：《认罪认罚从宽与台湾地区刑事司法协商之比较研究》，载《法学杂志》2018 年第 5 期。

9. 陈光中、李作：《论以审判为中心与刑事第一审程序的完善》，载《比较法研究》2024 年第 5 期。

10. 陈光中：《认罪认罚从宽制度实施问题研究》，载《法律适用》2016 年第 11 期。

11. 陈光中、马康：《认罪认罚从宽制度若干重要问题探讨》，载《法学》2016 年第 8 期。

12. 陈光中、张佳华、肖沛权：《论无罪推定原则及其在中国的适用》，载《法学杂志》2013 年第 10 期。

13. 陈瑞华：《刑事辩护制度四十年来的回顾与展望》，载《政法论坛》2019 年第 6 期。

14. 陈瑞华：《刑事诉讼的公力合作模式——量刑协商制度在中国的兴起》，载《法学论坛》2019 年第 4 期。

15. 陈瑞华：《认罪认罚从宽制度的若干争议问题》，载《中国法学》2017 年第 1 期。

16. 陈瑞华：《“认罪认罚从宽”改革的理论反思——基于刑事速裁程序运行经验的考察》，载《当代法学》2016 年第 4 期。

17. 陈实：《刑事庭审实质化的维度与机制探讨》，载《中国法学》2018 年第 1 期。

18. 陈卫东：《认罪认罚案件量刑建议研究》，载《法学研究》2020 年第 5 期。

19. 陈卫东：《认罪认罚从宽制度的理论问题再探讨》，载《环球法律评论》2020 年第 2 期。

20. 陈卫东：《认罪认罚从宽制度试点中的几个问题》，载《国家检察官学院学报》2017 年第 1 期。

21. 陈卫东：《认罪认罚从宽制度研究》，载《中国法学》2016 年第 2 期。

22. 陈学权：《论不被强迫自证其罪的保护客体》，载《政法论坛》2013 年第 5 期。

23. 陈学权：《发现冤案的新方法——美国定罪后 DNA 检测立法及启示》，载《当代法学》2013 年第 5 期。

24. 陈永生：《冤案为何难以获得救济》，载《政法论坛》2017 年第 1 期。

25. 陈永生：《论刑事错案的成因》，载《中外法学》2015 年第 3 期。

26. 陈永生：《我国刑事误判问题透视——以 20 起震惊全国的刑事冤案为样本的分析》，载《中国法学》2007 年第 3 期。

27. 陈永生：《死刑与误判——以美国 68%的死刑误判率为出发点》，载《政法论坛》2007 年第 1 期。

28. 程雷：《刑事诉讼法律解释方法的顺序规则初探——以反对强迫自证其罪原则与应当如实回答之关系为范例的分析》，载《中国刑事法杂志》2018 年第 1 期。

29. 董坤：《认罪认罚案件量刑建议精准化与法院采纳》，载《国家检察官学院学报》2020 年第 3 期。

30. 董坤：《认罪认罚从宽中的特殊不起诉》，载《法学研究》2019 年第 6 期。

31. 董坤：《检察环节刑事错案的成因及防治对策》，载《中国法学》2014 年第 6 期。

32. 杜磊：《认罪认罚从宽制度适用中的职权性逻辑和协商性逻辑》，载《中国法学》2020 年第 4 期。

33. 杜磊：《论认罪认罚自愿性判断标准》，载《政治与法律》2020 年第 6 期。

34. 樊崇义：《认罪认罚从宽与无罪辩护》，载《人民法治》2019 年第 23 期。

35. 樊崇义：《值班律师制度的本土叙事：回顾、定位与完善》，载《法学杂志》2018 年第 9 期。

36. 樊崇义：《认罪认罚从宽协商程序的独立地位与保障机制》，载《国家检察官学院学报》2018 年第 1 期。

37. 冯俊伟：《比较法视野下我国非法证据排除规则的评价与反思——以 2012〈刑事诉讼法〉及司法解释相关条文为对象》，载《山东审判》2013 年第 6 期。

38. 郭华：《新制度：认罪认罚从宽制度的定位》，载《探索与争鸣》2016 年第 12 期。

39. 顾永忠：《检察机关的主导责任与认罪认罚案件的质量保障》，载《人民检察》2019 年第 18 期。

40. 顾永忠：《关于“完善认罪认罚从宽制度”的几个理论问题》，载《当代法学》2016 年第 6 期。

41. 顾永忠、胡婧：《“疑罪从无”判决的再审》，载《法学》2016 年第 9 期。

42. 郭烁：《认罪认罚背景下屈从型自愿的防范——以确立供述失权规则为例》，载《法商研究》2020 年第 6 期。

43. 郭烁：《在自愿与真实之间：美国阿尔弗德答辩的启示》，载《当代法学》2020 年第 4 期。

44. 何挺：《附条件不起诉制度实施状况研究》，载《法学研究》2019 年第 6 期。

45. 何挺：《附条件不起诉适用对象的争议问题：基于观察发现的理论反思》，载《当代法学》2019 年第 1 期。

46. 何挺：《司法改革试点再认识：与实验研究方法的比较与启示》，载《中国法学》2018 年第 4 期。

47. 侯学宾：《中国特色社会主义司法体制论纲》，载《黑龙江社会科学》2017 年第 2 期。

48. 胡铭：《律师在认罪认罚从宽制度中的定位及其完善——以 Z 省 H 市为例的实证分析》，载《中国刑事法杂志》2018 年第 5 期。

49. 胡铭：《认罪协商程序：模式、问题与底线》，载《法学》2017 年第 1 期。

50. 胡云腾：《完善认罪认罚从宽制度改革的几个问题》，载《中国法律评论》2020 年第 3 期。

51. 胡云腾：《聂树斌案再审：由来、问题与意义》，载《中国法学》2017 年第 4 期。

52. 胡云腾：《明确错案概念，科学划分不同类型的错案》，载《人民法治》2016 年第 6 期。

53. 黄士元：《刑事错案形成的心理原因》，载《法学研究》2014 年第 3 期。

54. 贾志强：《“书面审”抑或“开庭审”：我国刑事速裁程序审理方式探究》，载《华东政法大学学报》2018 年第 4 期。

55. 贾志强：《论“认罪认罚案件”中的有效辩护——以诉讼合意为视角》，载《政法论坛》2018 年第 2 期。

56. 李昌盛：《错案的轨迹：以虚假供述为中心》，载《中国人民公安大学学报》（社会科学版）2015 年第 6 期。

57. 李奋飞：《认罪认罚量刑建议精准化的检视与改良》，载《中国应用法学》2023 年第 3 期。

58. 李奋飞：《论“确认式庭审”——以认罪认罚从宽制度的入法为契机》，载《国家检察官学院学报》2020 年第 3 期。

59. 李奋飞：《论“交涉性辩护”——以认罪认罚从宽作为切入镜像》，载《法学论坛》2019 年第 4 期。

60. 李刚：《认罪认罚从宽制度的海淀模式》，载《中国检察官》2019 年第 1 期。

61. 李建明：《刑事错案的深层次原因——以检察环节为中心的分析》，载《中国法学》2007 年第 3 期。

62. 李建明：《重复性刑事司法错误的三大原因》，载《政治与法律》2002 年第 4 期。

63. 李思远：《论轻微犯罪记录封存制度的构建》，载《清华法学》2024 年第 6 期。

64. 李玉华：《诉讼真实观下的法律真实与客观真实再认识》，载《中国检察官》2018 年第 13 期。

65. 林维：《中国死刑七十年：性质、政策及追问》，载《中国法律评论》2019 年第 5 期。

66. 刘计划：《刑事冤错案件的程序法分析——以聂树斌案为例》，载《比较法研究》2017 年第 3 期。

67. 刘计划：《死刑冤案的程序控制》，载《中国人民大学学报》2013 年第 6 期。

68. 刘玫、鲁杨：《我国刑事诉讼简易程序再思考》，载《法学杂志》2015 年第 11 期。

69. 龙宗智：《完善认罪认罚从宽制度的关键是控审平衡》，载《环球法律评论》2020 年第 2 期。

70. 龙宗智：《认罪认罚案件中如何实现“以审判为中心”》，载《中国应用法学》2022 年第 4 期。

71. 刘晨琦：《认罪认罚从宽制度亟待厘清的四个问题——以第四次〈刑事诉讼法〉修改为背景》，载《中国应用法学》2024 年第 5 期。

72. 刘品新：《论刑事错案的制度防范体系》，载《暨南学报》（哲学社会科学版）2016 年第 7 期。

73. 刘仁琦：《共同犯罪案件认罪认罚从宽制度的适用问题研究——以诉讼客体单一性原理解析》，载《西南民族大学学报》（人文社科版）2020 年第 5 期。

74. 刘少军：《认罪认罚从宽制度中的被害人权利保护研究》，载《中国刑事法杂志》2017 年第 3 期。

75. 刘少军：《论刑事诉讼合意的理论基础》，载《安徽大学学报》（哲学社会科学版）2008 年第 5 期。

76. 刘茵琪：《论认罪认罚案件量刑建议中从宽的“最高限度”——基于 522 份故意伤害案件判决书的实证分析》，载《甘肃政法学院学报》2020 年第 3 期。

77. 马静华、李科：《新刑事诉讼法背景下认罪认罚从宽的程序模式》，载《四川大学学报》（哲学社会科学版）2019 年第 2 期。

78. 马明亮：《认罪认罚从宽制度中的协议破裂与程序反转研究》，载《法学家》2020 年第 2 期。

79. 马明亮：《认罪认罚从宽制度的正当程序》，载《苏州大学学报》（哲学社会科学版）2017 年第 2 期。

80. 苗生明、周颖：《认罪认罚从宽制度适用的基本问题——〈关于适用认罪认罚从宽制度的指导意见〉的理解与适用》，载《中国刑事法杂志》2019 年第 6 期。

81. 闵春雷：《回归权利：认罪认罚从宽制度的适用困境及理论

反思》，载《法学杂志》2019 年第 12 期。

82. 闵春雷：《认罪认罚案件中的有效辩护》，载《当代法学》2017 年第 4 期。

83. 闵春雷：《认罪认罚从宽制度中的程序简化》，载《苏州大学学报》（哲学社会科学版）2017 年第 2 期。

84. 潘金贵、黄海强：《被追诉人非自愿认罪认罚的认定与救济》，载《人民司法》2019 年第 25 期。

85. 侣化强：《审判中心主义与认罪认罚程序的“双重陷阱”》，载《苏州大学学报》（哲学社会科学版）2020 年第 5 期。

86. 侣化强：《事实认定“难题”与法官独立审判责任落实》，载《中国法学》2015 年第 6 期。

87. 宋志军：《刑事合意证明模式研究》，载《中国社会科学院研究生院学报》2012 年第 2 期。

88. 史立梅：《认罪认罚从宽程序中的潜在风险及其防范》，载《当代法学》2017 年第 5 期。

89. 孙长永：《认罪认罚从宽制度实施中的五个矛盾及其化解》，载《政治与法律》2021 年第 1 期。

90. 孙长永：《认罪认罚从宽制度的基本内涵》，载《中国法学》2019 年第 3 期。

91. 孙长永：《认罪认罚案件的证明标准》，载《法学研究》2018 年第 1 期。

92. 孙远：《“一般应当采纳”条款的立法失误及解释论应对》，载《法学杂志》2020 年第 6 期。

93. 孙远：《论认罪认罚案件的证明标准》，载《法律适用》2016 年第 11 期。

94. 唐丰鹤：《错案是如何生产的？——基于 61 起刑事错案的分析》，载《法学家》2017 年第 2 期。

95. 汪海燕：《认罪认罚从宽制度视野下的“以审判为中心”》，载《中国法学》2023 年第 6 期。

96. 汪海燕：《重罪案件适用认罪认罚从宽程序问题研究》，载《中外法学》2020 年第 5 期。

97. 汪海燕：《被追诉人认罪认罚的撤回》，载《法学研究》2020 年第 5 期。

98. 汪海燕：《三重悖离：认罪认罚从宽程序中值班律师制度的困境》，载《法学杂志》2019 年第 12 期。

99. 汪海燕：《认罪认罚从宽制度中的检察机关主导责任》，载《中国刑事法杂志》2019 年第 6 期。

100. 汪海燕：《刑事冤错案件的制度防范与纠正——基于聂树斌案的思考》，载《比较法研究》2017 年第 3 期。

101. 汪建成：《以效率为价值导向的刑事速裁程序论纲》，载《政法论坛》2016 年第 1 期。

102. 王彪：《中国非法证据排除规则的最新发展》，载《兰州大学学报》（社会科学版）2018 年第 2 期。

103. 王戬：《认罪认罚从宽的程序性推进》，载《华东政法大学学报》2017 年第 4 期。

104. 王戬：《论“排除合理怀疑”证明标准的中国意义》，载《华东政法大学学报》2015 年第 6 期。

105. 王敏远、杨帆：《认罪认罚从宽制度的新发展——〈关于适用认罪认罚从宽制度的指导意见〉解析》，载《国家检察官学院学报》2020 年第 3 期。

106. 王敏远：《认罪认罚从宽制度中的重点、难点问题》，载《人民司法》2019 年第 10 期。

107. 王敏远：《认罪认罚从宽制度疑难问题研究》，载《中国法学》2017 年第 1 期。

108. 王新清、张瀚文：《美国无罪证据开示制度研究》，载《证据科学》2017 年第 3 期。

109. 王志远：《以审判为中心的诉讼模式核心要义：评价中心主义》，载《法律科学》（《西北政法大学学报》）2020 年第 4 期。

110. 魏晓娜：《冲突与融合：认罪认罚从宽制度的本土化》，载《中外法学》2020 年第 5 期。

111. 魏晓娜：《结构视角下的认罪认罚从宽制度》，载《法学家》2019 年第 2 期。

112. 魏晓娜：《完善认罪认罚从宽制度：中国语境下的关键词展开》，载《法学研究》2016 年第 4 期。

113. 魏晓娜：《“排除合理怀疑”是一个更低的标准吗?》，载《中国刑事法杂志》2013 年第 9 期。

114. 吴宏耀：《认罪认罚从宽制度的体系化解读》，载《当代法学》2020 年第 4 期。

115. 吴宏耀：《我国值班律师制度的法律定位及其制度建构》，载《法学杂志》2018 年第 9 期。

116. 吴宏耀：《非法证据排除的规则与实效——兼论我国非法证据排除规则的完善进路》，载《现代法学》2014 年第 4 期。

117. 吴洪淇：《以审判为中心改革视域下刑事诉讼法再修改的基本路径》，载《比较法研究》2024 年第 5 期。

118. 吴洪淇：《印证的功能扩张与理论解析》，载《当代法学》2018 年第 3 期。

119. 吴洪淇：《证据排除抑或证据把关：审查起诉阶段非法证据排除的实证研究》，载《法制与社会发展》2016 年第 5 期。

120. 肖沛权：《认罪认罚案件上诉问题研究》，载《政法论坛》2021 年第 2 期。

121. 谢进杰：《认真对待无罪命题》，载《四川大学学报》（哲学社会科学版）2018 年第 2 期。

122. 谢登科、周凯东：《被告人认罪认罚自愿性及其实现机制》，载《学术交流》2018 年第 4 期。

123. 谢登科：《论刑事简易程序中的证明标准》，载《当代法学》2015 年第 3 期。

124. 谢登科：《论刑事简易程序扩大适用的困境与出路》，载《河南师范大学学报》（哲学社会科学版）2015 年第 2 期。

125. 谢澍：《直面认罪协商制度的“复杂性”——〈庭审之外的辩诉交易〉之方法论启示》，载《政法论坛》2019 年第 6 期。

126. 谢澍：《认罪认罚从宽制度中的证明标准——推动程序简化之关键所在》，载《东方法学》2017 年第 5 期。

127. 谢佑平：《被羁押者人身危险的制度防范》，载《法学》2010 年第 7 期。

128. 熊秋红：《认罪认罚从宽制度的实践分歧及其回应》，载《比较法研究》2024 年第 5 期。

129. 熊秋红：《认罪认罚从宽制度中的量刑建议》，载《中外法学》2020 年第 5 期。

130. 熊秋红：《比较法视野下的认罪认罚从宽制度——兼论刑事诉讼“第四范式”》，载《比较法研究》2019 年第 5 期。

131. 熊秋红：《美国非法证据排除规则的实践及对我国的启示》，载《政法论坛》2015 年第 3 期。

132. 闫召华：《认罪认罚后“反悔”的保障与规制》，载《中国刑事法杂志》2021 年第 4 期。

133. 朱孝清：《认罪认罚从宽制度中的几个争议问题》，载《法治研究》2021 年第 2 期。

134. 闫召华：《论认罪认罚案件量刑建议的裁判约束力》，载《中国刑事法杂志》2020 年第 1 期。

135. 闫召华：《辩护冲突中的意见独立原则：以认罪认罚案件为中心》，载《法学家》2020 年第 5 期。

136. 闫召华：《“一般应当采纳”条款适用中的“检”“法”冲突及其化解——基于对〈刑事诉讼法〉第 201 条的规范分析》，载《环球法律评论》2020 年第 5 期。

137. 闫召华：《听取意见式司法的理性构建——以认罪认罚从宽制度为中心》，载《法制与社会发展》2019 年第 4 期。

138. 杨波：《审判中心主义视域下刑事冤错案防范机制研究》，载《当代法学》2017 年第 5 期。

139. 杨波：《审判中心下统一证明标准之反思》，载《吉林大学社会科学学报》2016 年第 4 期。

140. 杨宇冠：《论中国刑事诉讼定罪证明标准——以排除合理怀疑为视角》，载《浙江工商大学学报》2017 年第 5 期。

141. 杨宇冠、刘曹祯：《辩诉交易制度简论》，载《人民检察》2016 年第 11 期。

142. 叶青、韩东成：《轻罪刑事政策下认罪认罚从宽制度的司法适用程序若干问题研究》，载《中国刑事法杂志》2020 年第 5 期。

143. 叶青：《认罪认罚从宽制度的若干程序展开》，载《法治研究》2018 年第 1 期。

144. 叶青、吴思远：《认罪认罚从宽制度的逻辑展开》，载《国家检察官学院学报》2017 年第 1 期。

145. 易延友：《从周文斌案看中国的辩诉交易与辩审协商》，载《中国案例法评论》2017 年第 2 期。

146. 易延友：《非法证据排除规则的中国范式——基于 1459 个刑事案例的分析》，载《中国社会科学》2016 年第 1 期。

147. 张保生：《刑事错案及其纠错制度的证据分析》，载《中国法学》2013 年第 1 期。

148. 张栋：《我国轻罪案件的程序实验检讨》，载《中国法学》2024 年第 6 期。

149. 张栋：《我国拘留和批捕的定位与完善》，载《政法论坛》2020 年第 6 期。

150. 张栋：《未成年人案件羁押率高低的反思》，载《中外法学》2015 年第 3 期。

151. 张建伟：《协通型司法：认罪认罚从宽制度的诉讼类型分析》，载《环球法律评论》2020 年第 2 期。

152. 张建伟：《认罪认罚从宽处理：中国式辩诉交易?》，载《探索与争鸣》2017 年第 1 期。

153. 张建伟：《认罪认罚从宽处理：内涵解读与技术分析》，载《法律适用》2016 年第 11 期。

154. 张建忠：《认罪认罚从宽制度中的诚信机制构建》，载《中国刑事法杂志》2024 年第 6 期。

155. 张潋瀚：《论权利语境下的侦查程序简化》，载《西部法律评论》2016 年第 6 期。

156. 张泽涛：《认罪认罚从宽制度立法目的的波动化及其定位回归》，载《法学杂志》2019 年第 10 期。

157. 张泽涛：《值班律师制度的源流、现状及其分歧澄清》，载《法学评论》2018 年第 3 期。

158. 赵恒：《论检察机关的刑事诉讼主导地位》，载《政治与法律》2020 年第 1 期。

159. 赵恒：《论量刑从宽——围绕认罪认罚从宽制度的分析》，载《中国刑事法杂志》2018 年第 4 期。

160. 郑英龙：《认罪认罚“程序从宽”的理论反思》，载《政法论坛》2024 年第 4 期。

161. 周长军：《认罪认罚从宽制度推行中的选择性不起诉》，载

《政法论丛》2019年第5期。

162. 周长军：《后赵作海时代的冤案防范——基于法社会学的分析》，载《法学论坛》2010年第4期。

163. 周新：《认罪认罚从宽制度立法化的重点问题研究》，载《中国法学》2018年第6期。

164. 自正法：《论认罪认罚具结书的效力规范构造》，载《中国刑事法杂志》2024年第6期。

165. 左卫民：《实证研究：正在兴起的法学新范式》，载《中国法律评论》2019年第6期。

166. 左卫民：《认罪认罚何以从宽：误区与正解——反思效率优先的改革主张》，载《法学研究》2017年第3期。

167. 左卫民：《对抗式刑事审判：谱系与启示——读兰博约教授〈对抗式刑事审判的起源〉》，载《清华法学》2016年第5期。

168. 郭华：《认罪认罚从宽制度深入展开的实践逻辑》，载《检察日报》2020年11月26日第3版。

169. 蒋安杰：《认罪认罚从宽制度若干争议问题解析（上）——专访最高人民检察院副检察长陈国庆》，载《法治日报》2020年4月29日第9版。

170. 娄凤才：《检察机关是刑事错案的第一责任人》，载《检察日报》2020年3月11日第3版。

171. 王恩海：《认罪认罚后辩护人能否做无罪辩护》，载《上海法治报》2020年8月19日B6版。

172. 王帅琳、王杰：《证据开示表：破解值班律师见证效率与效果难题》，载《检察日报》2020年3月8日第3版。

173. 王迎龙：《认罪认罚从宽制度下轻罪冤假错案的防范》，载《人民法院报》2019年2月14日第6版。

174. 吴宏耀、徐艺宁：《充分发挥认罪认罚从宽制度的社会治理功能》，载《检察日报》2020 年 10 月 22 日第 3 版。

175. 张建伟：《认罪认罚从宽制度的价值功能》，载《检察日报》2020 年 10 月 14 日第 3 版。

176. 张军：《认罪认罚从宽：刑事司法与犯罪治理“中国方案”》，载《检察日报》2020 年 11 月 6 日第 1 版。

177. 张军：《最高人民检察院关于人民检察院适用认罪认罚从宽制度情况的报告》，载《检察日报》2020 年 10 月 17 日第 2 版。

178. 最高人民法院：《关于认真学习贯彻十三届全国人大常委会第二十二次会议对〈最高人民检察院关于人民检察院适用认罪认罚从宽制度情况的报告〉的审议意见的通知》，载《检察日报》2020 年 12 月 11 日第 3 版。

（四）学位论文

1. 陈士渠：《刑事错案的证据分析——以侦查为视角》，中国政法大学 2008 年博士学位论文。

2. 董凯：《中美刑事错案比较研究》，黑龙江大学 2017 年博士学位论文。

3. 胡志风：《刑事错案与侦查程序研究》，中国政法大学 2011 年博士学位论文。

4. 贾志强：《刑事简易程序研究》，吉林大学 2016 年博士学位论文。

5. 刘杰：《侦查中的认知偏差及其修正——刑事错案导因溯源》，中南财经政法大学 2018 年博士学位论文。

6. 刘少军：《刑事审判中的对抗与合意》，中国政法大学 2006 年博士学位论文。

7. 谢登科：《认罪案件诉讼程序研究》，吉林大学 2013 年博士学位论文。

8. 张松：《刑事错案及其治理》，吉林大学 2019 年博士学位论文。

二、外文类

1. Alschule. "The Defense Attorney's Role in Plea Bargaining.". 84 *Yale L. J.* (1975) 1179.

2. Daniel S. McConkie. Judges as Framers of Plea Bargaining. 26 *Stanford Law & Policy Review* (2015) 61.

3. E. Bodenheimer. *Jurisprudence: The Philosophy and Method of the Law (Revised Edition)*. Harvard: Harvard University Press, 1974.

4. Jenia Iontcheva Turner. *Judicial Participation in Plea Negotiations: A Comparative View*. Oxford: Oxford University Press, 2006.

5. Megan Stevenson and Sandra Mayson. The Innocence Movement and Misdemeanors. 98 *Boston University Law Review* (2018) 918.

6. Regina Rauxloh. *Plea Bargaining in National in National and International Law: A Comparative Study*. New York: Routledge Press, 2012.

7. Robert Schehr. "Standard of Proof, Presumption of Innocence, And Plea Bargaining: How Wrongful Conviction Data Exposes Inadequate Pre – Trail Criminal Procedure." 55 *California Western Law Review* (2017) 51.

8. Stephanos Bibas. Small Crimes, Big Injustices. 117 *Michigan Law Review* (2019) 837.

9. William J. Stuntz. Plea Bargaining and Criminal Law's Disappearing Shadow. 117 *Harvard Law Review* (2004) 2548.

10. YuHao Wu. On the Effect of the Chinese Version of Speedy Trail and Plea Bargaining Pilot Programs: Observation from DUI Case in Fujian Province. 74 *Crime, Law and Social Change* (2020) 457.

后 记

最近一两年间，我在几个不同场合分别听到对于认罪认罚从宽制度的反思与质疑，其中甚至还有呼吁将其彻底取消的声音。不过，当前高达85%以上的刑事案件适用率表明，这项制度具有相当强大的实践生命力。更重要的是，作为合作型司法模式的中国表达，认罪认罚从宽制度并不违背刑事诉讼的客观规律，属于符合世界刑事法治发展潮流的顺势而为。因此，我相信这项制度将持续在我国治理体系和治理能力现代化过程中发挥不可或缺的作用。跳出简单的是非判断，这些围绕认罪认罚从宽制度的尖锐观点无疑仍十分具有启发性，观点背后的理据或多或少揭示出当前制度运行的状况和问题，这促使我关注和思考这类案件的特殊之处，并最终立足“认罪认罚错案”这类刑事司法错误新样态，围绕“底限正义”“合意真实”等理论命题展开本书的写作。

事实上，回顾我迄今为止尚不算长的学术经历和并不算多的研究成果，发现自己一直对刑事诉讼中的“特殊之处”格外感兴趣，无论是本书聚焦的认罪认罚案件，还是既往关注的缺席审判案件、国家安全案件等，都因表现出区别于一般案件的特质而对我产生强烈的吸引力。这种研究旨趣的偏好本质上是无意识的，当盘点总结时才发现它确为一座理论富矿。因为围绕刑事诉讼特殊之处的研究，触及权利义务的增减配置、价值理念的调整平衡、程序证明的融贯互动等几乎所有重要领域，集中映射出刑事诉讼理论与实践的复杂性和多元化。与此同时，“特殊”是在同“一般”的比较中得出的，对“特殊”的探究以对“一般”的熟稔为前提，并需要在此基础上通过努力来实现突破和超越，所以这类研究其实并不容易。以本书主题为例，合作型司法模式语境下的控辩协商、程序简化等特征，使认罪认罚错案表现出与传统刑事错案不同的生成逻辑，甚至消除对抗、达成合意等因素导致刑事司法的容错阈值也在发生变化，因此认罪认罚错案的防范路径并无成规可循。这些特殊之处着实给研究带来不小的挑战，当然我想这也正是写作和阅读本书的动力所在。

除了个人的研究兴趣以外，能够面对挑战完成本书写作的更重要原因在于来自师长的关心和鼓励。感谢我的博士生导师闵春雷教授。自有幸拜入师门以来，我的每一份学术增量均得益于老师的指导，这本专著当然也不例外，从选题到写作都饱含着她的悉心点拨和殷切期望，特别是读完老师专门为本书所作的序言，感恩之余使我对很多理论问题有了更加深入的思考和领悟。感谢中国政法大学诉讼法学研究院和院长熊秋红教授，研究院及熊老师为年轻学者搭建了殊为重要的学术平台，提供了成长进步所需要的帮扶托举。在日益喧嚣的时下，能够工作在这样一方天地，静坐于这样一张书桌，本身就是十分值得感谢和珍惜的事情。此外，中国人民公安大学出版社的编辑为本书的出版做了大量细致的编辑工作。中国政法大学的硕士研究生曹书航、栗璇和高兴同学协助我完成了相关资料和文字的整理，在此谨表谢忱。

作为我的第一本专著，尽管认真且虔诚，但其难免可能带有初作的稚嫩和青涩。不过这种即将接受读者评判的惶恐只是刹那的闪念，便立刻被努力写作所带来的底气和信心所冲散。书中总会有一些观点和论证能够引发读者的思考，无论赞同还是反对，都将是它存在于这一特定时空的意义与价值。倘若真能如此，对我而言，这将成为一名理论研究者在畅快完成学术表达时所不敢多求的最大幸事。

我对此抱有期待！

鲍文强

2025 年 7 月于蓟门法大